史上最強 図解

よくわかる社会心理学

立教大学現代心理学部教授
小口孝司［監修］

ナツメ社

日常にいかす！社会心理学の法則

社会心理学は、社会に生きる、人の心のしくみを調べる学問。
朝起きてから寝るまでの、すべての行動が研究対象となる。
A子の一日を例に、日常に隠された社会心理学の法則を見てみよう。

満員電車で足をふまれて、
イライラ……。
最近、ろくなことないなあ

▶▶▶ いやな気分のときは、
いやな記憶ばかり思い出す

気分一致効果

Part1「自分の心理」 P17〜

最近、チームの雰囲気が悪くて。何とかならないのかな

▶▶▶ チームへの満足度が下がると、業績も落ちる

チームワークの法則

Part4「集団・組織の心理」 P107～

最近、モデルの○○ちゃんがCMやってる、お茶にはまってるの

▶▶▶ 美人がCMに出ると、商品の魅力もアップ

ハロー効果

Part5「メディア・文化の影響」 P137～

仕事だからしかたないけど……、
えらそうな課長に
ニコニコするの、ほんと疲れる！

▶▶▶ 感情を押し殺すことが、
ストレスになる

感情管理の法則

Part4「集団・組織の心理」 P107～

最近なかよくなった
友だちとごはん。
趣味がすごく似てて
びっくり！

▶▶▶ 似た相手ほど
好きになる

類似性の法則

Part2「1対1のコミュニケーション」 P51～

最近、メールがよく来るなあ。すごくかっこいいわけじゃないけど、悪くないかも

▶▶▶ 自分と同レベルの相手を好きになる

マッチング効果仮説

Part3「恋愛・結婚の心理」P83〜

寝る前は必ず誰かとメールしたり、ネットを見たり。携帯がないと、落ち着かなくて

▶▶▶ 孤独をおそれる心理で、携帯を手放せなくなる

ケータイ依存の法則

Part6「現代社会の心理」P169〜

社会心理学は、研究対象が幅広い

心理学には、臨床心理学、認知心理学、発達心理学など、さまざまな分野がある。なかでも社会心理学は、研究対象が幅広く、ほかの領域と重なるところも多い。

社会心理学

- **個人の心理** (→ Part1)
- **1対1の対人行動の心理** (→ Part2、3)
- **集団行動の心理** (→ Part4)
- **社会の心理** (→ Part5、6)

「人は社会的存在である」ことを前提に、社会のできごとや周囲の人との関係が、私たちの心にどのような影響をおよぼすかを調べる。個人の心理から社会現象まで、対象は幅広い。

社会学

社会や文化の構造と機能を調べる学問。心理学ではないが、社会心理学とのかかわりは深く、研究対象も、国家や都市、マスメディアなどのマクロな対象から個人まで、幅広い。

心理学的社会心理学と、社会学的社会心理学がある

社会心理学は、個人と、個人をとりまく環境のふたつの要素で成り立っているが、どちらに重きを置くかが、両者の違いだ。個人の心を中心に分析するのが心理学的社会心理学で、環境を主軸《しゅじく》とするのが、社会学的社会心理学である。

心の働きや変化は、つねに社会や他者の影響を受けている。そこで個人の心理から、社会事象までを幅広く科学するのが、社会心理学だ。

実験などで心の働きを調べる「基礎心理学」と、社会をよくするための実践的な提言をする「応用心理学」の、両方が含まれる。

臨床心理学

問題解決のための援助をおこなう。方法は、精神分析的心理療法、行動療法的心理療法、ヒューマニスティック的心理療法、トランスパーソナル的心理療法の4つに大別される。

家族心理学

親子やきょうだい、夫婦など、家族関係で起こる心理的問題に迫る。家族カウンセリングなどで、実践的な支援をおこなうことも多い。

パーソナリティ心理学

性格心理学ともいう。性格にはどんな特性やタイプがあり、どのように形成されるかを研究。健康な人の性格も、精神病質的な性格も、対象となる。

発達心理学

人が成長する過程での心の発達を調べる。胎児期、幼児期から、老いとともに新たな変化を迎える老年期まで、生涯にわたる発達を追う。

教育心理学

学校や家庭での教育に関する研究。学習のメカニズムを調べる「学習心理学」や発達心理学のほか、いじめなどの具体的な問題も含まれる。

産業・組織心理学

応用心理学の一種。組織で働く人々の心理・行動傾向をもとに、どうすれば組織の生産性を高め、快適に健康に過ごせるかを提案する。

認知心理学

ものごとや他者などの情報を、どのようにとらえ、処理しているかを調べる基礎的な心理学。空間や色・形の知覚、記憶のメカニズムなども対象。

実験、データ、観察で気になる問題を分析

社会心理学の研究法はおもに、データ重視の実験法、調査法、解釈重視の観察法の、3つにわけられる。

量的研究
（＝データと客観性を重視）

実験法

特定の行動場面をつくり出し、参加した人がどんな行動をとるかを調べ、データを分析する。条件の異なる群にわけて行動の違いを比べ、仮説が支持されるか否かを検討する。

調査法

アンケートのような「質問紙調査」や、口頭での質問を多くの人におこない、得られたデータを解析し、特定の傾向を見出す。最近は、インターネット調査も増えている。

グラウンデッド・セオリー・アプローチ

個別のデータや事例から、事象《じしょう》全体を説明する概念や理論を導き出す。

観察法

対象をよく見て、行動傾向をあきらかにする。対象集団に入りこんでおこなう「フィールドワーク」もそのひとつで、実験法に比べ、日常のリアルな行動が観察できる。

質的研究
（＝個別性と解釈を重視）

社会心理学の始まりは、1908年ごろ。主観的思考や解釈だけに頼らず、心の働きを定量化し、客観的に分析する、新たな研究法として誕生した。
そのため現在も、実験やデータを中心に研究がおこなわれることが多い。しかし最近は、解釈的な要素をとり入れた「グラウンデッド・セオリー・アプローチ」などの手法も注目されている。

はじめに

社会心理学ほど、私たちの生活に密着した学問はありません。

朝目覚めたときから、学校や会社から帰宅して眠るまでのあらゆる行動が、その研究対象です。たとえば、毎朝使う化粧品を、どのブランドの商品にするか。クラスメイトや同僚、上司とどんな会話をし、どのような気持ちで一日を過ごすか。

このような日常の心理や行動にも、必ず法則がひそんでいます。

データや行動観察から導き出された法則は、社会をよくするために役立つものばかり。働きやすい雰囲気をつくり、生産性を高めるための理論などは、その典型例です。先の見えない現代では、今まで以上に、社会心理学の知見をいかした社会への提言が求められるようになるでしょう。

本書では、実証的研究にもとづく社会心理学の最新の知見を、イラストや図解でわかりやすく紹介しています。本書を手にした皆さんにとって、より豊かな生活を送るために役立つ一冊となることを願っています。

最後になりましたが、本書は、ナツメ出版企画の木村結さん、編集協力の佐藤道子さん、オフィス２０１の川西雅子さんのご尽力の賜物です。深く感謝いたします。

立教大学現代心理学部教授
小口孝司

CONTENTS

Part 1 「本当の私」は、どこにもいない

ステキッ

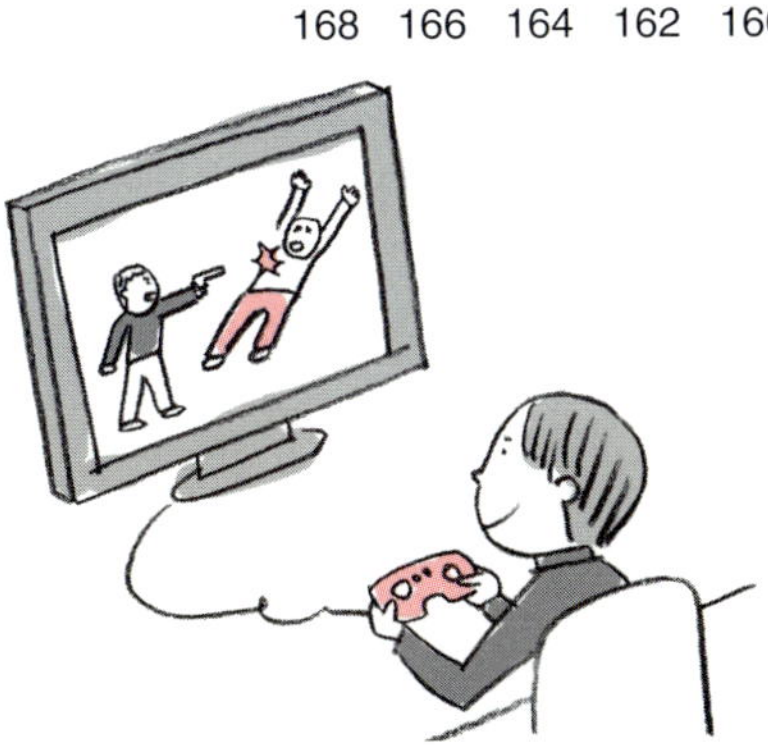

Part 6 ストレスだらけの現代社会を、しなやかに生きる

時事問題からわかる、現代人の孤独とエゴ

Part 1

「本当の私」は、どこにもいない

——自分の心にひそむ、矛盾だらけの心理

自分探し、自己実現、自己啓発……。私たちのまわりは、
本当の自分を知り、自分を高めるための言葉でいっぱいだ。
では、本当の自分とは何だろう？
自分の心のなかでは、何が起こっているのだろう。

他人の気持ちより、自分の気持ちが大事

私たちは、自分で思っている以上に自意識が強く、自分にばかり注目しがちだ。そして、そのような心のメカニズムは、自分ではほとんど意識することができない。

自分で意識できるのは心のごく一部だけ

「どうして怒っているの？」などと尋ねられて、「まるでわからない」という人はいないだろう。自分の感情や言動について、何らかの理由を答えるはずだ。

しかしその理由は正確ではなく、ただの憶測であることも多い。

心のなかの活動は、**意識**に上るものより、**無意識的**におこなわれているもののほうが多い。

そのため、自分の心の変化とその理由を正しく理解することは、とてもむずかしい。

心のなかに備わっている３つのシステム

心には、自己概念、認知、感情の３つが備わっている。なかでも自己概念が占める割合は大きい。

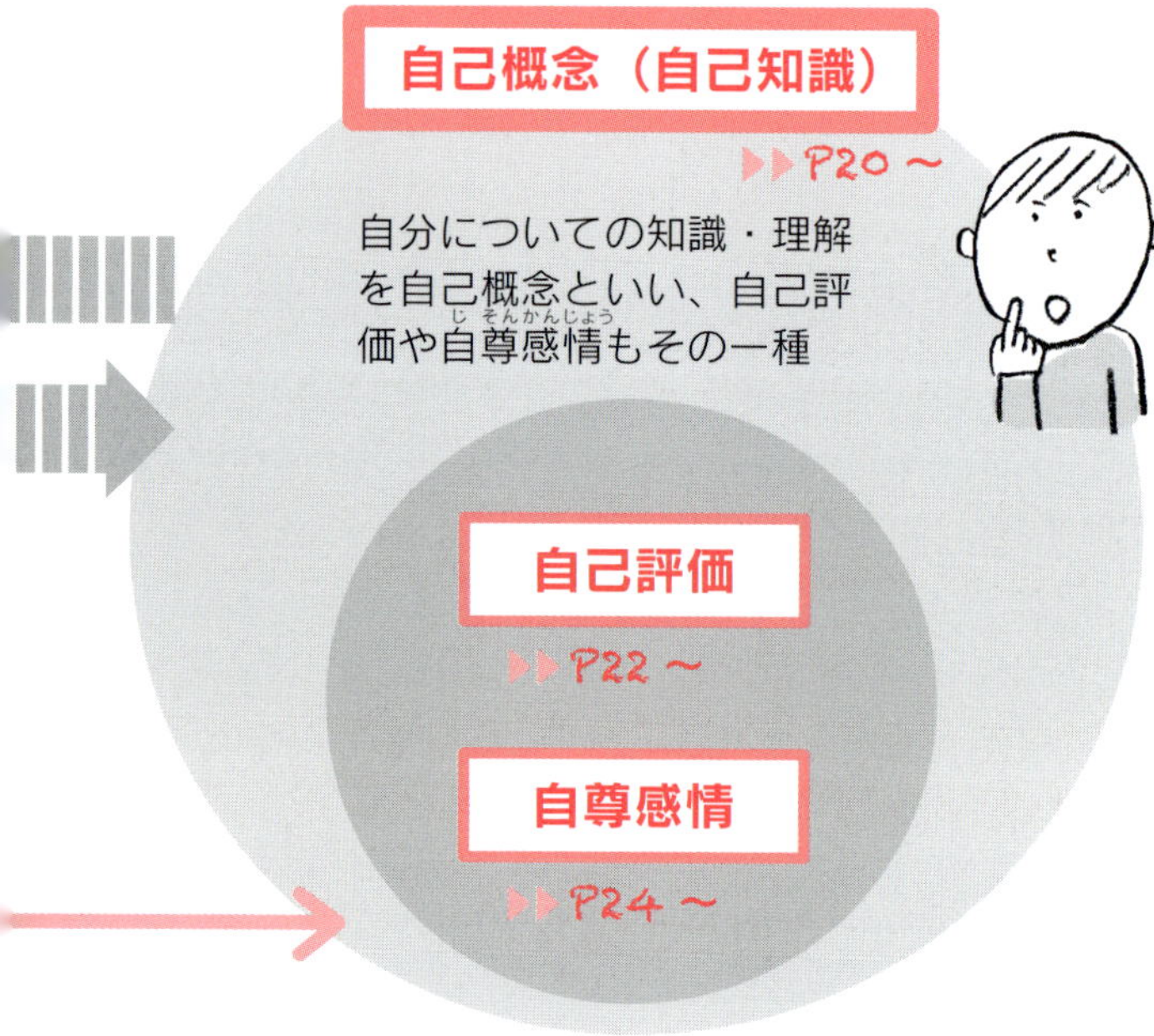
自己概念（自己知識）
▶▶P20～
自分についての知識・理解を自己概念といい、自己評価や自《じ》尊《そん》感情《かんじょう》もその一種
自己評価
▶▶P22～
自尊感情
▶▶P24～

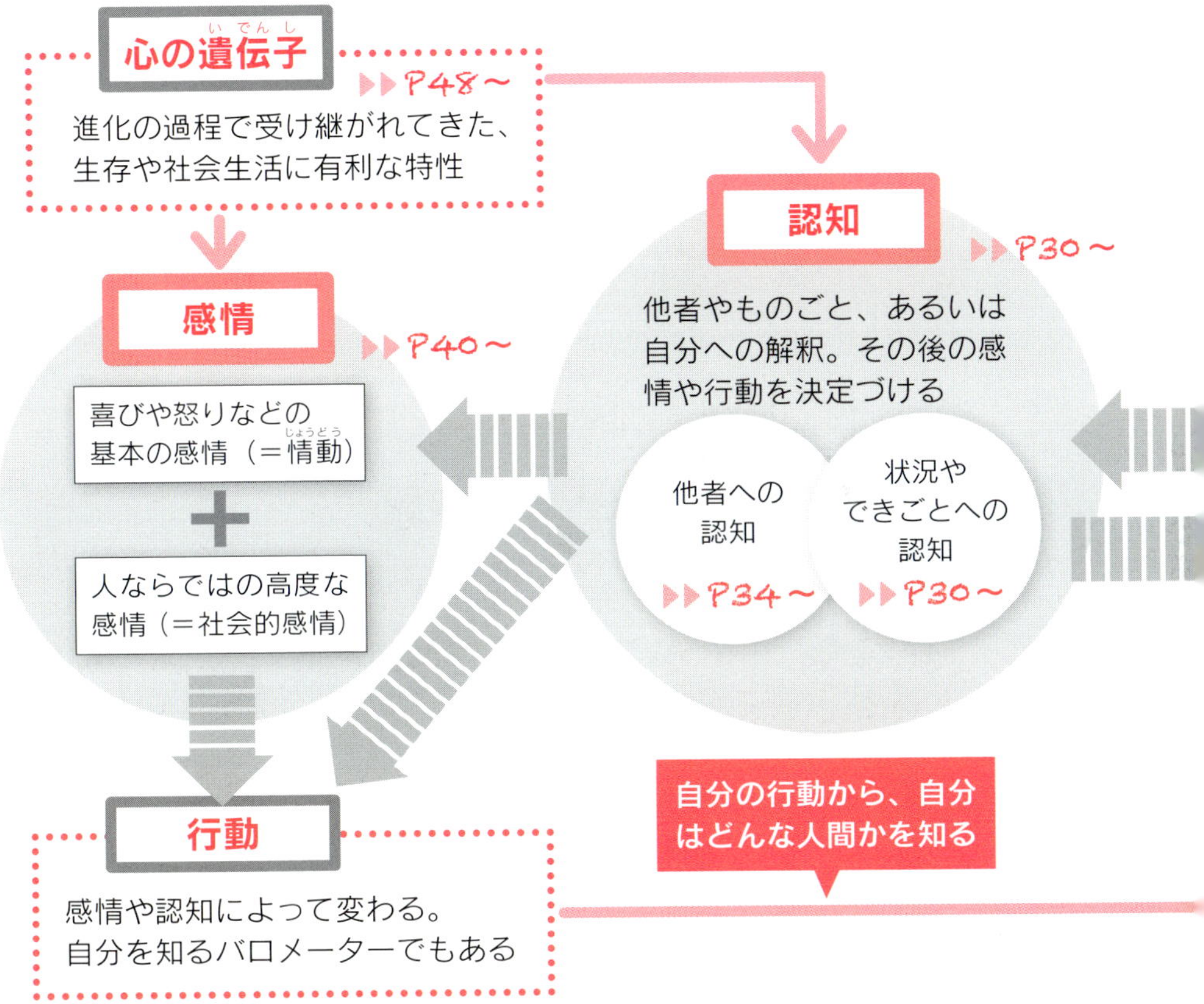
心の遺伝子《いでんし》
▶▶P48〜
進化の過程で受け継がれてきた、
生存や社会生活に有利な特性
認知
▶▶P30〜
他者やものごと、あるいは
自分への解釈。その後の感
情や行動を決定づける
他者への
認知
▶▶P34〜
状況や
できごとへの
認知
▶▶P30〜
感情
▶▶P40〜
喜びや怒りなどの
基本の感情（＝情動《じょうどう》）
人ならではの高度な
感情（＝社会的感情）
行動
感情や認知によって変わる。
自分を知るバロメーターでもある
自分の行動から、自分
はどんな人間かを知る

頭のなかは自分のことでいっぱい

心には、上図のように**自己概念**《じこがいねん》、**認知**、**感情**の3つがあり、とくに自己概念が占める割合は大きい。

人には必ず、自分について知りたい欲求がある（**自己査定動機**《じこさていどうき》）。

さらに、自分にまつわる過去のできごとなどが、知識として貯蔵されている。

そのため、自分についての情報の割合が大きいのである。

他人の気持ちは何となくわかれば十分

一方、他者への理解のしかたは、もっと大ざっぱで、なるべく少ない手間ですませる傾向がある。

人はみな他者より自分に注目しがちで、さらに自分では気づけない「心のクセ」をもっている。

「私らしさ」ほど、不確かなものはない

「自分のことは、自分がいちばんよくわかっている」と、多くの人が思っている。しかし人にはさまざまな側面があり、「私らしさ」も場面に応じてつねに変化している。

個人的な「私らしさ」と社会的な「私らしさ」

「あなたはどのような人か」との質問に、「私はこのような人間だ」と回答するような内容を、**自己概《じこがい》念《ねん》**という。

自己概念は、大きく2種類にわけられる。

ひとつは、「髪が長い」「絵が好き」などの、性格や能力についての**個人的アイデンティティ**。

もうひとつは、「○○社の社員」「○○県出身」といったような、所属する集団の一員としての、**社会的アイデンティティ**である。

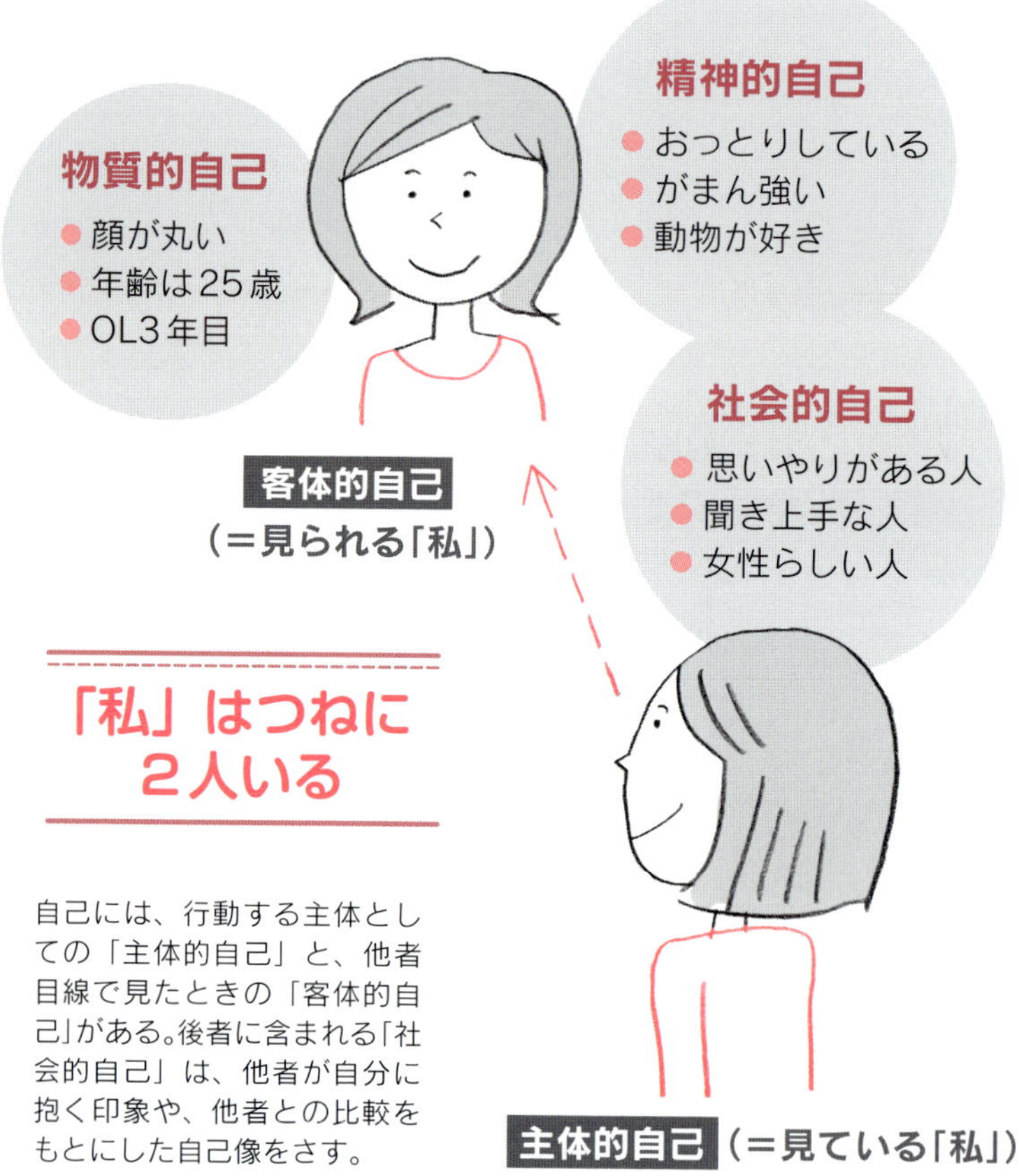

物質的自己
顔が丸い
年齢は25歳
OL3年目
精神的自己
おっとりしている
がまん強い
動物が好き
社会的自己
思いやりがある人
聞き上手な人
女性らしい人
客体的自己
(=見られる「私」)
主体的自己
(=見ている「私」)

「私」はつねに2人いる

自己には、行動する主体としての「主体的自己」と、他者目線で見たときの「客体的自己」がある。後者に含まれる「社会的自己」は、他者が自分に抱く印象や、他者との比較をもとにした自己像をさす。

相手や目的によって、「見せる自分」が変わる

自己スキーマ 1

現実自己
客観的に見た場合の、ありのままの自分の姿

自己スキーマ 2

理想自己
「こうありたい」と思い描く理想の自分

自己スキーマ 3

義務自己
「こうでなくては」と義務的に感じる自分の姿

自己スキーマ 4

可能自己
「そうなれるかもしれない」という自分の姿

ex.
「気になる異性に好かれたい」

作動的自己概念 = **2の「理想自己」を選択**

複数の自己概念のうち、特定のものが、「自己スキーマ」として無意識的に選択される。たとえば好きな相手を前にしたときには「理想自己」が選択され、明るくてやさしい自分になる。

いいことがあった日は自分がいい人間に思える

さまざまな「私らしさ」のうち、意識に上っているのは、ごく一部分だけである。

とくに意識に上っている自己概念を**作《さ》動的《どうてき》自《じ》己《こ》概念《がいねん》**といい、状況や相手によって、つねに変わることがわかっている。

たとえば上司にきびしく叱責《しっせき》されると、自分のダメな部分ばかりに目がいく。「何をやってもダメな自分」というふうに、自己を否定的にとらえてしまいがちだ。反対に、仕事が成功すると自己を肯定的にとらえる。自分が人よりすぐれ、価値ある人間だと感じられる。

感情も、自己概念に影響している。気分が落ち込んでいると自分のマイナス面ばかりが見え、気分がいいとプラスの面に目がいく。

自分はいい人、価値ある人だと思いたい

「自分は人よりダメな人間だ」と感じると、心がつらくなってしまう。そこで人は、自分と他者を比較するとき、無意識のうちに自分に甘い採点をしている。

他人と比べることで自分自身を知る

自分のさまざまな側面について、よいか悪いかなどを判断することを**自己評価**という。その対象は、外見から性格まで、幅広い。

自己評価をするときは、「自分はやさしい人間か」などと頭のなかで考えてみても、結論は出せない。基準となる比較対象が必要だ。

そこで提唱されたのが、フェスティンガーの**社会的比較理論**である。人はつねに他者との比較（社会的比較）によって、自己評価をしていると考えられている。

自分への評価はつねに甘口

自分にきびしいと心がつらくなるため、無意識に高い評価をしている。

「私には価値がある」と思いたい

＝ **自己奉仕的動機**

自己高揚動機《じここうようどうき》

自分の価値を高め、実際以上によい人間だと思おうとする

自己防衛動機《じこぼうえいどうき》

低い自己評価でつらくならないように、自分を守ろうとする

↓

「私は人並み以上の人間だ！」

＝ **平均以上効果**

落ち込みそうなときは下を見る

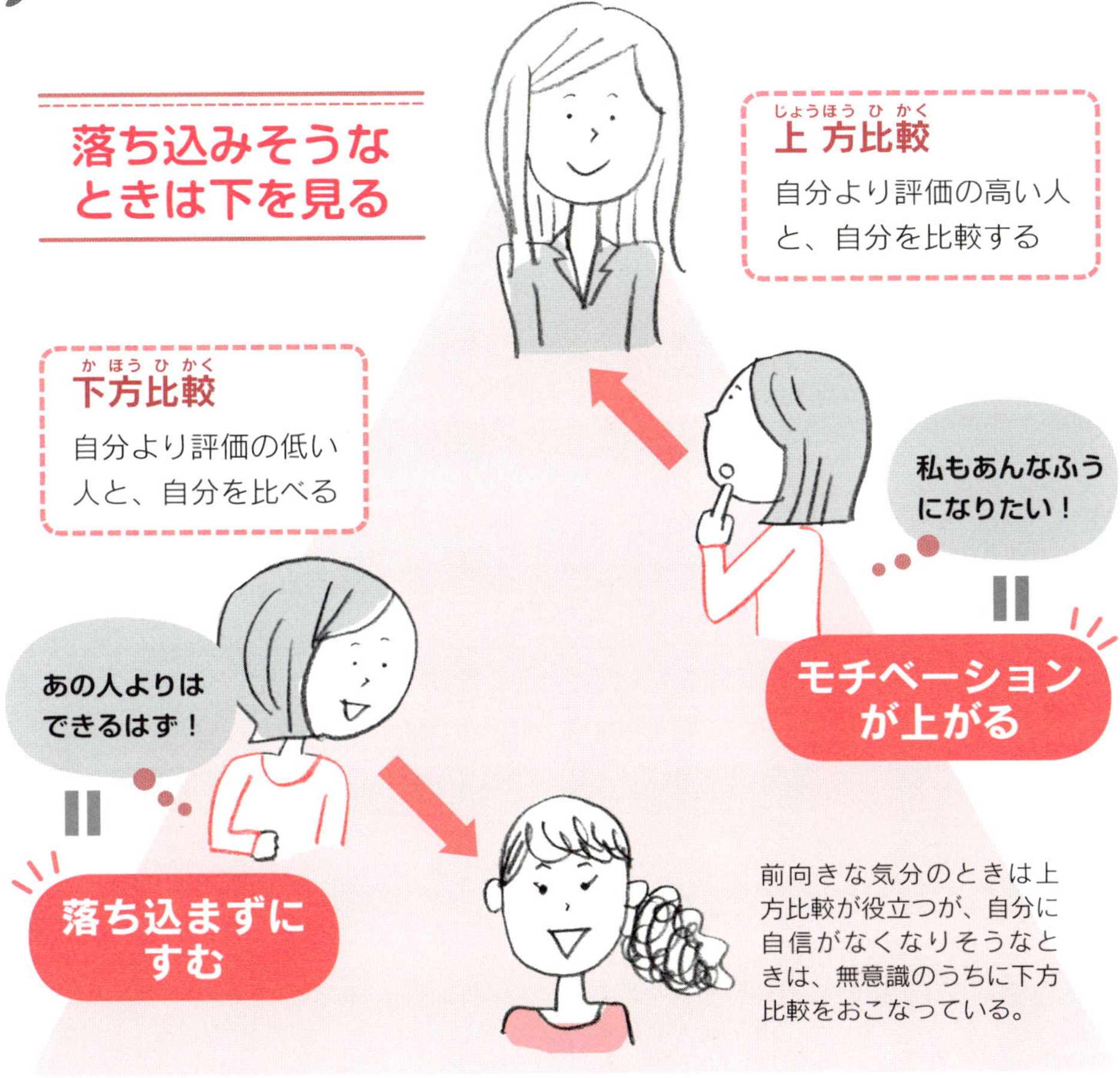
上《じょう》方《ほう》比《ひ》較《かく》
自分より評価の高い人と、自分を比較する
下《か》方《ほう》比《ひ》較《かく》
自分より評価の低い人と、自分を比べる
私もあんなふうになりたい！
モチベーションが上がる
あの人よりはできるはず！
落ち込まずにすむ
前向きな気分のときは上方比較が役立つが、自分に自信がなくなりそうなときは、無意識のうちに下方比較をおこなっている。

自分を守る方略を無意識に選んでいる

他者との比較により、「自分は人より劣っているようだ」と感じると、生きることがつらくなってしまう。そこで私たちは、他者との比較から自分を評価するとき、自分に甘い採点をする傾向がある。

たとえば、集団のなかでの自分を評価するとき、ほとんどの人は、「平均的な人より、上だと思う」と答えることがわかっている。

現実には、全員が平均以上であることなどありえない。しかし、自分をよりよく評価しようとする心理特性が働き、このようなズレが生じる（**平均以上効果**）。

このように、実際よりも自分を高く評価し、心理的危機から身を守ろうとする欲求を**自《じ》己《こ》奉《ほう》仕《し》的《てき》動《どう》機《き》**という。

自分への評価は、ほどほどがいい

自分への評価が低い人は落ち込みやすく、反対に高すぎる人は、周囲とうまくなじめない。心の健康を保つには、ほどほどの評価がちょうどいいといえる。

自尊感情は、高すぎても低すぎてもつらい

ローゼンバーグの自尊感情尺度

自己評価をはかる尺度として、よく使われている心理検査。
10の質問に対して、もっともよくあてはまる数字に、○をつける。

	まったくそう思わない	そう思わない	どちらともいえない	そう思う	非常にそう思う
私は少なくとも他の人と同じ程度には価値のある人間だと思う	1	2	3	4	5
自分にはたくさんの長所があると思う	1	2	3	4	5
自分を失敗者だと感じることが多い	5	4	3	2	1
何をしてもたいていの人と同程度にはうまくできる	1	2	3	4	5
私には自慢できるようなものはほとんどない	5	4	3	2	1
自分を好ましい人間だと思っている	1	2	3	4	5
自分に大体満足している	1	2	3	4	5
自分をもっと尊敬できたらと思う	5	4	3	2	1
自分が役立たずな人間だと思うことがときどきある	5	4	3	2	1
自分はだめな人間だと思うことがときどきある	5	4	3	2	1

10項目の合計得点は？ □点

10の質問で選んだ数字を合計する。
合計得点が高いほど、自尊感情が高いことを表す。

自尊感情が低いと抑うつ的になる

自分を価値ある人間だと評価する感情を、**自尊感情**《じそんかんじょう》という。

自尊感情が低い人は、「こうありたい」という理想自己と、現実自己とのギャップが大きい。その結果、劣等感《れっとうかん》を感じて落ち込んでしまう。あまりに低い場合は、うつ病などになる可能性もある。

自尊感情が高すぎると周囲とうまくいかない

一方、自尊感情が高すぎると、人間関係がギクシャクしやすい。自己主張が強く、ときに周囲の人をばかにした態度をとるからだ。

また、自尊感情が高く、かつ揺れ動きやすい人は、他者に敵意を抱きやすく、抑うつ的になりやすいことがわかっている。

自尊感情が高い（40～50点）

自信をもって高い目標にとりくみ、成功を収めることが多い。その反面、他者を否定しがちで、周囲とうまくいかない傾向がある。

プラス面

自信と高い目標をもって、ものごとにとりくめる

▼

目標を達成しやすく、精神的にも健康でいられる

＝

ポジティブ幻想の効果

マイナス面

プライドが高すぎて他者が受け入れられず、もめることもある

自尊感情が低い（10～20点）

自分を否定しがちなタイプ。つねに周囲にあわせて行動するため、人から受け入れられやすい反面、ストレスに悩まされやすい。

マイナス面

プライドがもてず、劣等感に悩まされる

▼

無気力やうつになることもある

プラス面

周囲に対して尊大な態度をとらない

出典：Rosenberg,M.（1965).『Society and adolescent self image.』Princeton Univercity Press.：
安藤清志（1987).「さまざまな測定尺度」末永俊郎（編）『社会心理学研究入門』 東京大学出版会

日本人は、自尊感情が低いふりをする

自尊感情を調べるテストでは、欧米人では自尊感情得点が高く、日本人では低く出やすい。しかし日本人の自尊感情が、本当に低いわけではなく、謙遜の文化が影響しているのだ。

隠された自尊感情をはかるテストもある（IAT：潜在連合テスト）

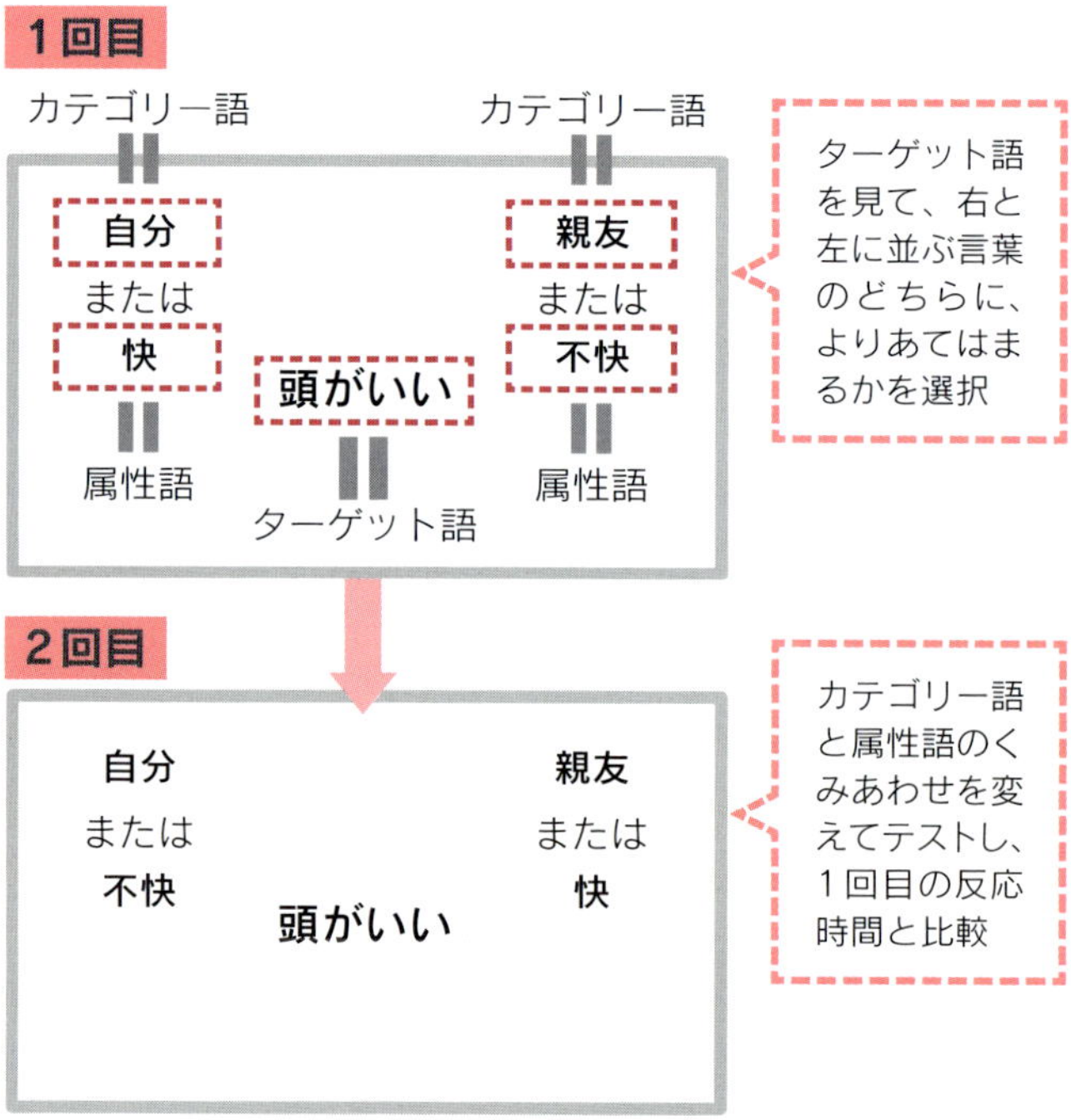
1回目
カテゴリー語
カテゴリー語
自分
または
快
親友
または
不快
頭がいい
属性語
属性語
ターゲット語
ターゲット語を見て、右と左に並ぶ言葉のどちらに、よりあてはまるかを選択
2回目
自分
または
不快
親友
または
快
頭がいい
カテゴリー語と属性語のくみあわせを変えてテストし、1回目の反応時間と比較

コンピュータ画面中央のターゲット語を見て、左右の言葉のどちらと関連が強いかを選ぶ。反応時間が短いほど、本音に近い。上の例では、1回目に「自分または快」を選んだ場合の反応時間が、2回目に「自分または不快」を選んだときの反応時間より短い場合、「自分は頭がいいと思っている」ことがわかる。

本音の自尊感情と、建て前の自尊感情がある

自尊感情《じそんかんじょう》に関する研究では、欧米人は自尊感情が高く、日本人は低いと考えられてきた。

しかし最近では、両者の自尊感情に差はないか、または日本人の

日本人もアメリカ人も、本音の自尊感情は違う

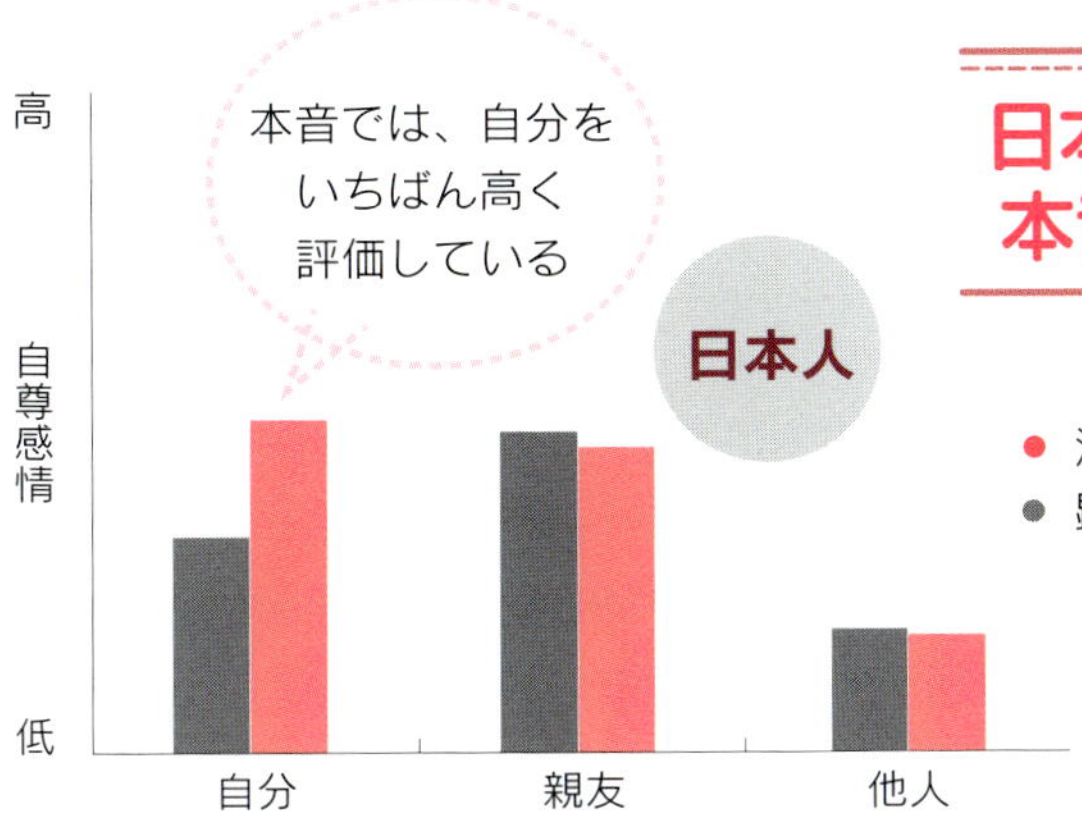
高
自尊感情
低
本音では、自分をいちばん高く評価している
日本人
自分
親友
他人

● 潜在的自尊感情テスト（IAT）
● 顕在的自尊感情テスト（質問紙法）

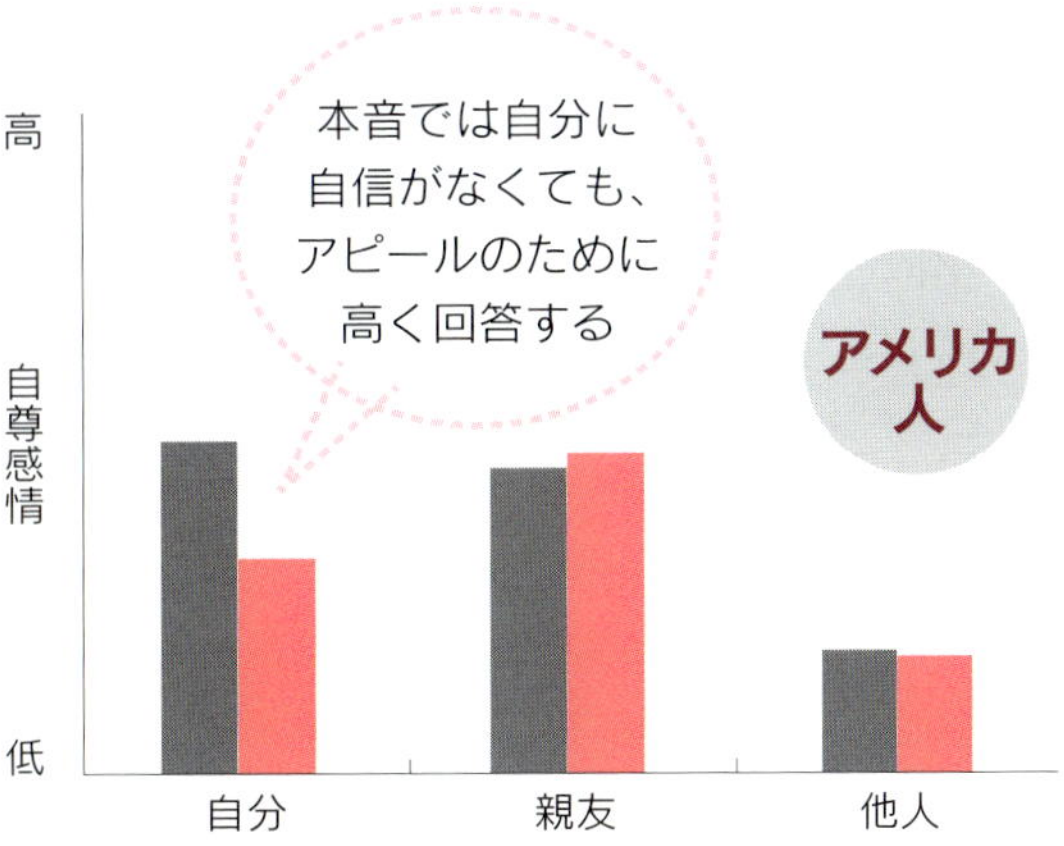
高
自尊感情
低
本音では自分に自信がなくても、アピールのために高く回答する
アメリカ人
自分
親友
他人

従来の質問紙法とIATとで、自尊感情のテスト結果を比較。質問紙法では、日本人はわざと、親友より自分を低く回答しがち。アメリカ人は自分を高く見せる回答をする傾向がある。

潮村公弘・村上史朗・小林知博（2003）.「潜在的社会的認知研究の進展——IAT（Implicit Association Test）への招待——」『人文科学論集　人間情報学科編』37, 65-84より作成した概念図

ほうが高いことがわかってきた。潜在的自尊感情がわかる、新たな方法が開発されたからだ。

代表的なものが、**ＩＡＴ（潜在《せんざい》連合《れんごう》テスト）**である。

ＩＡＴでは、人からどう見られたいかによって、答えを調節することができない。そのため、日本人の本音があらわになったのだ。

アメリカ人は自己主張で、日本人は謙遜で得をする

なぜ日本人は、本当は自尊感情が高いのに、低く回答するのか。理由は文化の影響だ（↓Ｐ158）。

日本は**謙遜《けんそん》**を美徳とする文化のため、自分を低く評価したほうが、社会から受け入れられやすい。

一方、欧米では、自信をもって**自己アピール**をする人が評価される。そのため、自分を実際よりよく見せようとする傾向が強い。

成功は自分のおかげ、失敗は条件のせい

自尊感情を保つために、人は無意識にいろいろな心理作戦をとり入れている。失敗しそうなときに、わざと言い訳の材料を用意するのも、そのひとつだ。

不利な条件のおかげでプライドは保たれる

明日のプレゼン、うまくいかないかも
このあいだも、契約とれなかったし…
失敗することへの恐怖を感じる

＝

「明日のプレゼンでうまく話せないかもしれない」

結果に不安を感じると、わざと不利な条件をつくる。それにより、成功したら自分の実力、失敗したら不利な条件のせいにでき、自尊感情を維持できる。

「勉強してないよ」は自尊感情を守る準備

試験の前、周囲の人に「ぜんぜん勉強していなくて」と、わざといった経験はないだろうか。

これは、自尊感情《じそんかんじょう》を維持するための無意識の方略で、**セルフ・ハンディキャッピング**とよばれる。課題達成の妨害《ぼうがい》となる要因を、自らつくり出しているのだ。

試験の結果が悪かったとしても、「勉強しなかったせい」と言い訳できる。反対に結果がよければ、「勉強しなくてもできた」と、自分の能力を高く評価できる。

不利な条件で成功
成功
「自分はすごい」
そこで我が社の…
失敗しそうなことをあえてする
朝まで飲む
今日は飲むよ
失敗
えー
あの…
その…
不利な条件で失敗
「しかたがない」

自分を守る方略を無意識に選んでいる

栄光浴《えいこうよく》とよばれる、自尊感情維持の方略もある。成功した他者や集団との結びつきを周囲に強調することで、その栄光のおこぼれにあずかるのだ。

代表的なのは、有名人の知りあい自慢。すごい人との結びつきを示すことで、「すごいね」といってもらえて、一目置かれる可能性がある。さらに身近な例としては、家族や友人が勤めている大企業の名前を出す人も少なくない。

栄光浴はとくに、何らかの失敗をした後に使うことが多い。失敗によって損なわれた自尊感情を、回復しようとする。

ただし多用すると、自慢話ばかりで鼻につくだけでなく、自分に自信がない人と見られてしまう。

ものごとは、100%客観的には見られない

人は自分にとって都合のよい面に目を向け、都合の悪い面には目をつぶりやすい。このようなものの見かたの偏りは、自分を守るための認知的方略といえる。

都合の悪い情報には注目しない

バッグAを買う
「気に入ったデザインが見つかった！」
これにします！

バッグAの購入後に、より素敵なバッグBを見つけた場合、Aに対する認知と行動、Bに対する認知が矛盾する。すると無意識のうちにAを高く評価し、Bを低く評価しようとする心理が働く。

どんな情報にもメガネで色をつけている

人やものごとに対する認識、理解を、**認知**という。何かを目にしたときに、それが何かを判断できるのは、認知の働きによるものだ。

目などの感覚器から入ってきた情報は、脳に送られて、脳内の知識にあてはめて認識される。たとえば犬を見たときには、「四本足」「耳としっぽがある」「ワンワンほえる」などの情報が脳で統合され、はじめて「犬」と認識できる。

認知は物理的対象だけでなく、できごとに対しても働いている。

認知の矛盾を避けるため考えや態度を変える

　私たちは、「このできごとは、どんな意味をもつのか」といった**認《にん》知《ち》的《てき》評《ひょう》価《か》**を、日常的におこなっている。しかし忙しい日常のなかで、ひとつひとつのできごとや対象を正確に理解することは、ほぼ不可能である。そのため認知的評価のプロセスには、効率化や省略がつきものだ（**認《にん》知《ち》的《てき》倹《けん》約《やく》**）。その結果、**認知的バイアス**といって、認知の偏《かたよ》りが生じることがある。

　また、毎日の生活ではさまざまな認知が生まれ、状況も日々変化するため、認知どうしが互いに矛盾することもある（**認《にん》知《ち》的《てき》不《ふ》協《きょう》和《わ》**）。

　そこで不協和による不快感を解消するために、認知を都合よく変えるなどして、無意識につじつまあわせをしていることも多い。

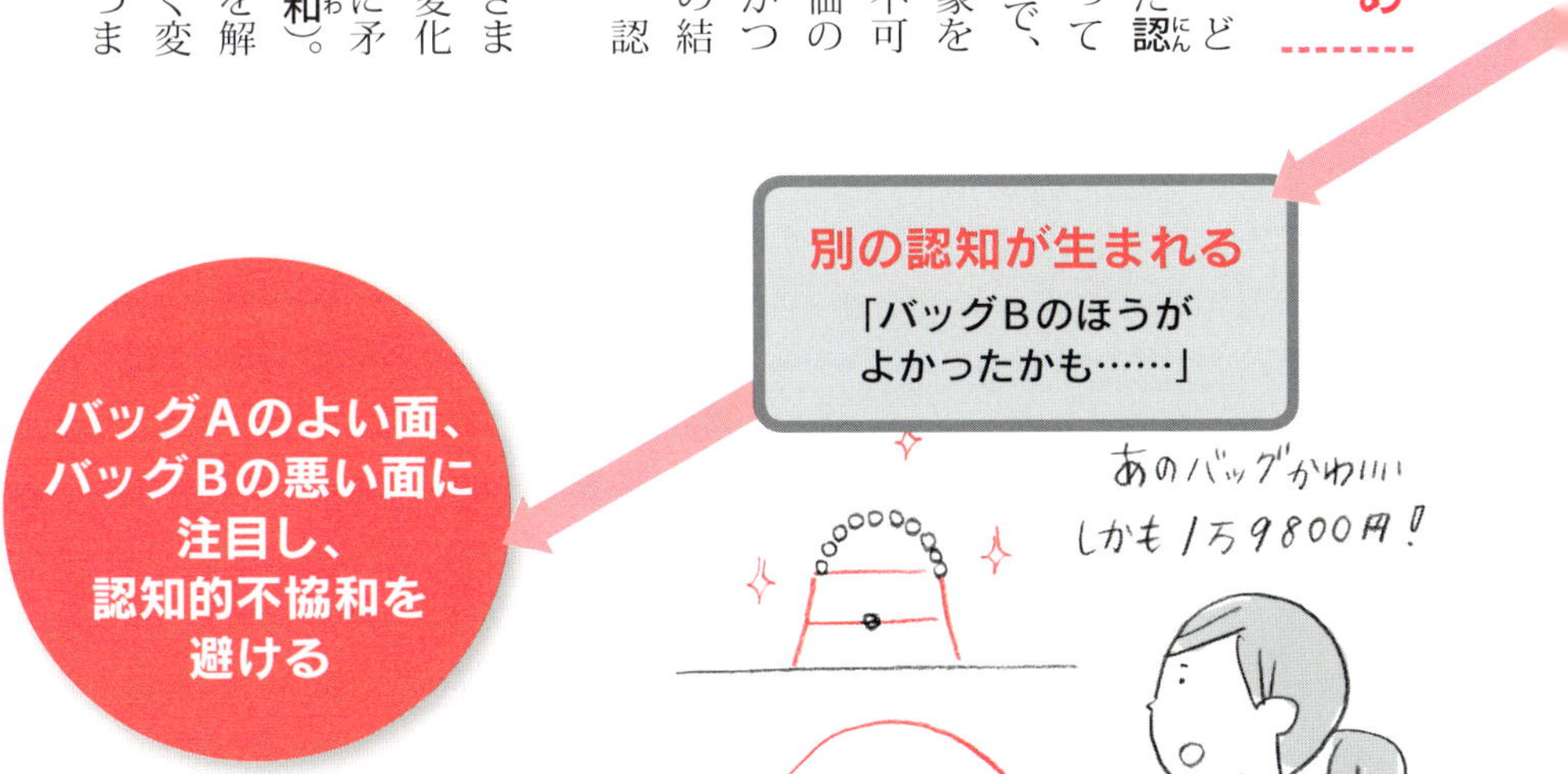
別の認知が生まれる
「バッグBのほうが
よかったかも……」
バッグAのよい面、
バッグBの悪い面に
注目し、
認知的不協和を
避ける

あのバッグかわいい
しかも1万9800円!

	バッグB	バッグA
よい面	値段は1万9800円 お手ごろ	ほしかったデザイン かわいくていっぱい入る！
悪い面	希望とはやや異なるデザイン かわいいけど小さすぎる	値段は3万9000円 ちょっと高い

直感的な判断が、危険をまねく

毎日の生活では、あらゆる情報やできごとを判断し、対応していかなくてはいけない。なるべくラクに判断できるよう、私たちの心には、認知の節約システムが備わっている。

簡単な問題でも、直感に頼ると間違える

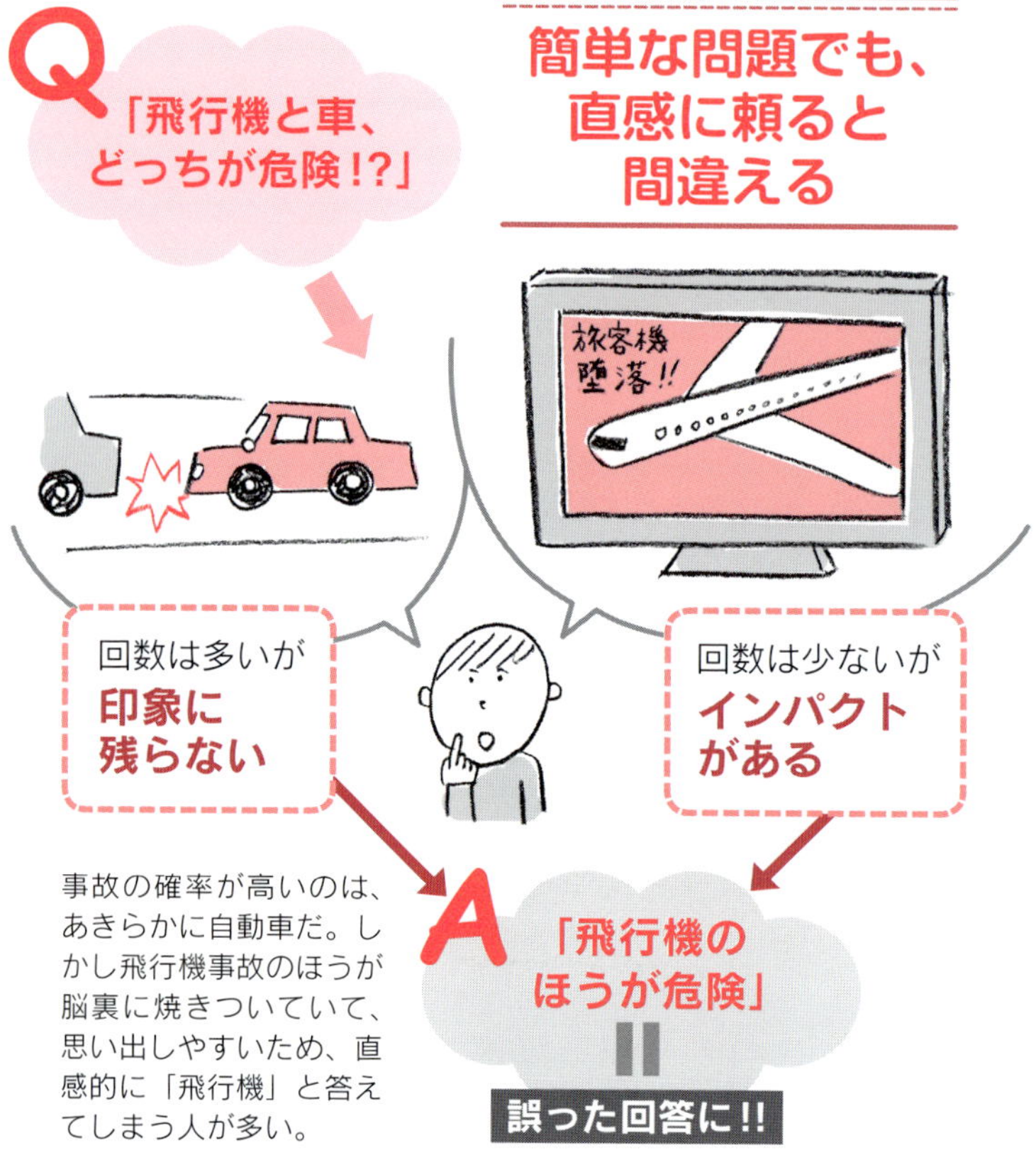
Q
「飛行機と車、どっちが危険!?」
旅客機墜落!!
回数は多いが
印象に残らない
回数は少ないが
インパクトがある
A
「飛行機のほうが危険」
誤った回答に!!

事故の確率が高いのは、あきらかに自動車だ。しかし飛行機事故のほうが脳裏に焼きついていて、思い出しやすいため、直感的に「飛行機」と答えてしまう人が多い。

人は、自分で思う以上に面倒くさがりである

人やものごとを理解するとき、私たちは手に入った情報を論理的に考えあわせて、判断を下しているわけではない。効率よく、ラクに結論を出すべく、認知的倹約《にんちてきけんやく》をしている。

すなわち、理論的な推論をとばし、正確ではなくてもそれほど大きく違ってはいないだろう、直感や勘に頼っているのだ。

このような情報処理や推論《すいろん》のしかたを、**ヒューリスティック処理**という。

情報の出しかたでリスクの選択も変わる

右のセリフも左のセリフも、いっている内容は同じだが、受ける印象はずいぶん違う。情報のどこに焦点をあてるかによって、印象や判断が変わる「フレーミング効果」の例。

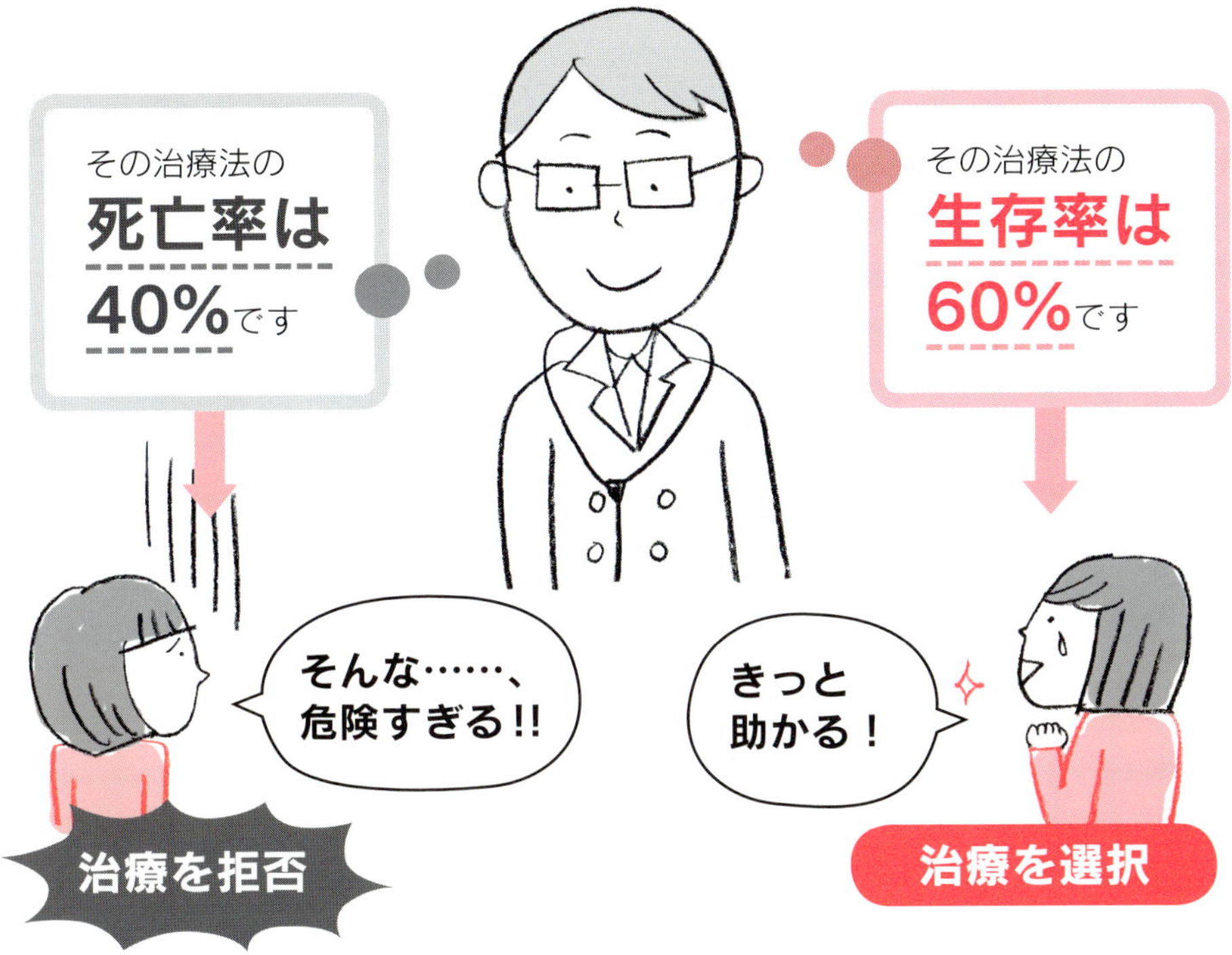
その治療法の
死亡率は
40%です
その治療法の
生存率は
60%です
そんな……、危険すぎる!!
きっと助かる!
治療を拒否
治療を選択

人生の大事な局面でも印象や勘につられがち

ヒューリスティック処理のひとつは、代表的なことがらや、頻度の高いものを判断材料にしてしまう手法だ。これは**代表性ヒューリスティック**とよばれる。

このほかに、思い出しやすい事例を基準として判断する**利用可能性ヒューリスティック**など、複数のヒューリスティックの存在が指摘されている。

認知のバイアスはこれだけではない。たとえば上の例のように、情報への焦点のあてかたによっても、人の判断は簡単に変わる。

直観的判断は、忙しい日常生活に欠かせない、便利な方略である。

しかし大事な局面では、情報を多極的に見るようにし、誤った判断に至らないように気をつけたい。

他人のミスには、つい目がいってしまう

人に対する解釈にも、認知という心のフィルターが働いている。他者の言動に対して、「なぜそうなのか」という理由づけを、心のなかでしているからだ。

そのミスは性格のせい？ 状況のせい？

友人が待ちあわせに遅れる

なぜ？

誰のせい？

「遅刻は本人のせい」＝内的帰属

相手の遅刻の理由を、「時間にルーズな性格のせい」と判断する。このように行動の原因を、その人の性格や気質に求めることを、内的帰属という。

＝

対応バイアス

外的帰属より、理解しやすい内的帰属に重きを置きやすい。

「仕事が忙しいせいだ」＝外的帰属

「仕事が忙しいせいだ」などと、相手が置かれた状況や環境などに原因を求めることを、外的帰属という。

いい印象より、悪い印象が強く残る

Aさんに関する情報の多くは、誠実さや魅力をあらわすもの。しかしたったひとつでも悪い面に目がいくと、つい悪い人と判断してしまうことが多い（ネガティビティ・バイアス）。

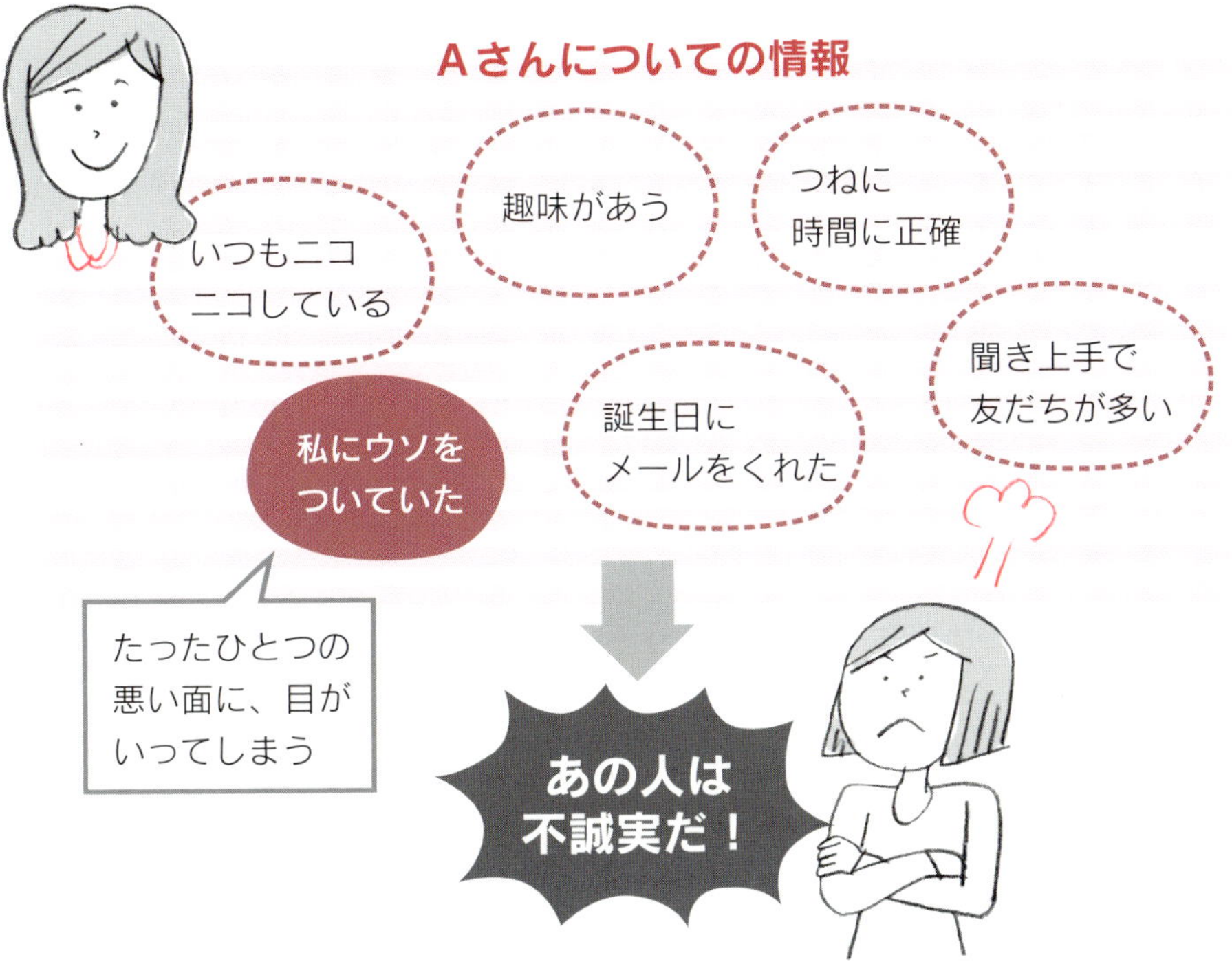
Aさんについての情報
いつもニコニコしている
趣味があう
つねに時間に正確
聞き上手で友だちが多い
誕生日にメールをくれた
私にウソをついていた
たったひとつの悪い面に、目がいってしまう
あの人は不誠実だ！

遅刻の原因は「相手がだらしないから」

人やものごとを理解しようとするときには、原因を考える。たとえば相手が待ちあわせに遅れたときに、遅刻の理由が気にならない人はいないだろう。認知的評価をするときに、何かに原因を求めることを、**原因《げんいん》帰《き》属《ぞく》**という。

他者に対する原因帰属には、ふたつの種類がある。

ひとつは、相手の行動の原因を「ルーズな人だから」などと、性格に求める場合（**内的《ないてき》帰《き》属《ぞく》**）。もうひとつは、「忙しい職場だから」など、状況や環境のせいにする場合だ（**外的《がいてき》帰《き》属《ぞく》**）。

性格のせいと考えるほうが納得しやすいため、私たちは無意識のうちに、内的帰属をしていることが多い。

興味のない相手は、属性で判断する

自分は偏見にとらわれず、客観的に人を判断していると、多くの人が信じている。しかし100%客観的に判断することはできず、必ず何らかの偏《かたよ》りが生じているものだ。

相手への関心しだいで評価は180度変わる

人と知りあうときは、まず簡単な属性情報から、人物像をつかむ。相手に高い関心がある場合は、さらに個人的な情報に目を向け、相手をよく知ろうとする。関心のある相手には、認知的な労力を惜しまないのだ。

初期カテゴリー化

女性　A型　総務課

Aさんに興味がある

個人のエピソードに注目

「仕事がいつもていねいで、気配りができる」

「昨日、スカートのファスナーが開いていた」

Aさんに興味がない

カテゴリーに注目

「女性＝まじめ、細やか」
「A型＝まじめ、几《き》帳面《ちょうめん》」
「総務課＝細かい」

失敗

Aさんへの認知が決まる

「Aさんは、まじめで信用できるうえ、楽しい面もある人」

「Aさんは、気まじめな人」

ステレオタイプは温かさと能力で決まる

個人に対するステレオタイプは、「能力」「温かさ」の二次元から、４タイプに分類される。相手を低く見るような評価だけでなく、手放しの賞賛も、一種の偏見だ。

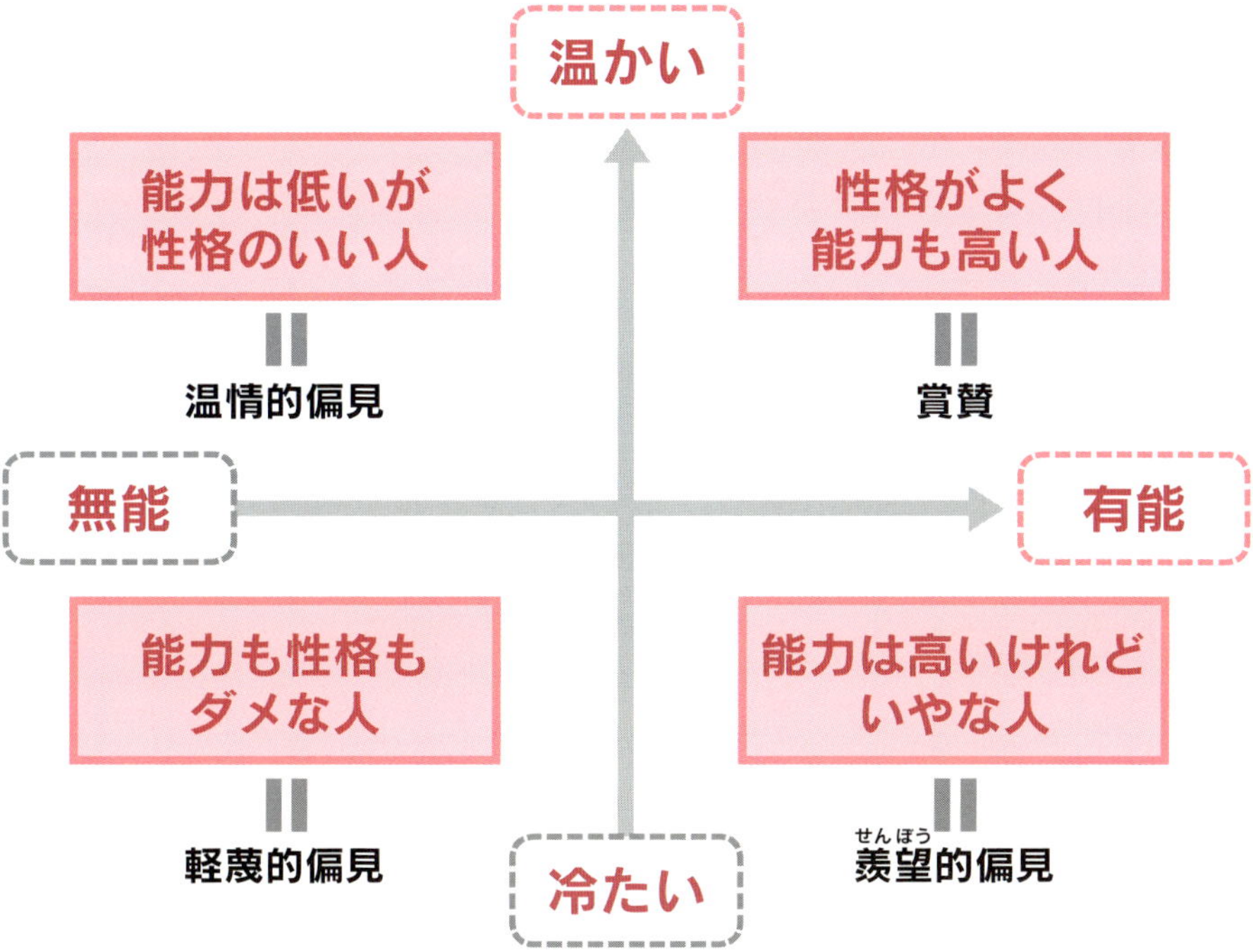
温かい
能力は低いが性格のいい人
温情的偏見
性格がよく能力も高い人
賞賛
無能
有能
能力も性格もダメな人
軽蔑的偏見
能力は高いけれどいやな人
羨望《せんぼう》的偏見
冷たい

A型の人は、何をやってもA型に見える

「教師だからまじめ」「○○国の人だから陽気」など、性別や人種、所属する集団などのカテゴリーに対する固定イメージを、**ステレオタイプ**という。

そのひとつに**血液型ステレオタイプ**がある。科学的根拠が不十分なのに人気があるのは、人を判断するのにラクだからである。

ステレオタイプが差別につながることも

ステレオタイプで人を判断してしまうと、「女だから」「○○人だから」といった**差別**や**偏見**をまねきやすい。とくに外見ですぐにカテゴリーがわかる場合、偏見による誤った理解、行動につながりやすいので、十分な注意が必要だ。

出典：Fiske,S.T., Cuddy, A.J.C., Glick, P., & Xu, J.（2002）.「A Model of（often mixed）stereotype content：Competence and warmth respectively follow from perceived status and competition.」『Journal of Personality and Social Psychology』82, 878-902.

理想を追うか、目先の利益を求めるか

ものごとの解釈のしかたは、人によっても場面によっても、まるで違う。とくに顕著《けんちょ》なのが、高次元で解釈するか、低次元に解釈するかという違いである。

崇高な恋愛と手ごろな相手、どっちがいい？

近年注目されている**解釈レベル理論**は、時間的・心理的距離の長短によって、ものごとのとらえかたが異なるという理論である。

距離が長い場合、ものごとを抽象的にとらえ、距離が短いと具体的にとらえる傾向がある。前者を**高次解釈**《こうじかいしゃく》、後者を**低次解釈**《ていじかいしゃく》という。

恋愛にたとえると、高次解釈しやすい人は、恋愛を崇高《すうこう》なものと理想化し、現実の恋愛がしにくくなる。反対に低次解釈をした場合は、肉体だけの関係になりやすい。

旅行のしかたにも高次・低次の解釈がある

高次解釈をしやすい人は、明確な目的のもと、長期で質の高い旅行を申し込む傾向がある。低次解釈をする人は、すぐに出かけられる手ごろなパック旅行を選択しやすい。

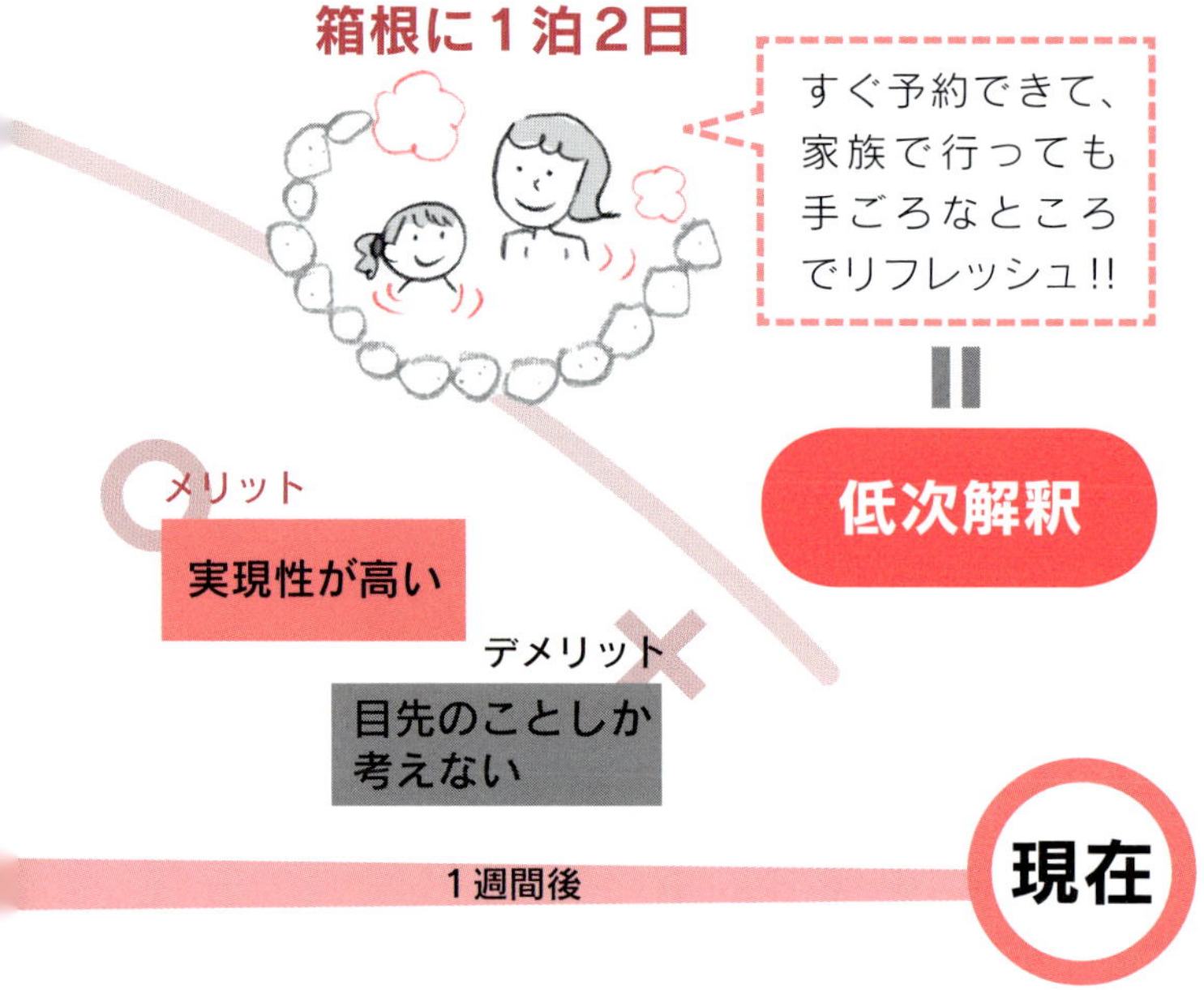
箱根に１泊２日
すぐ予約できて、家族で行っても手ごろなところでリフレッシュ!!
低次解釈
メリット
実現性が高い
デメリット
目先のことしか考えない
現在
１週間後

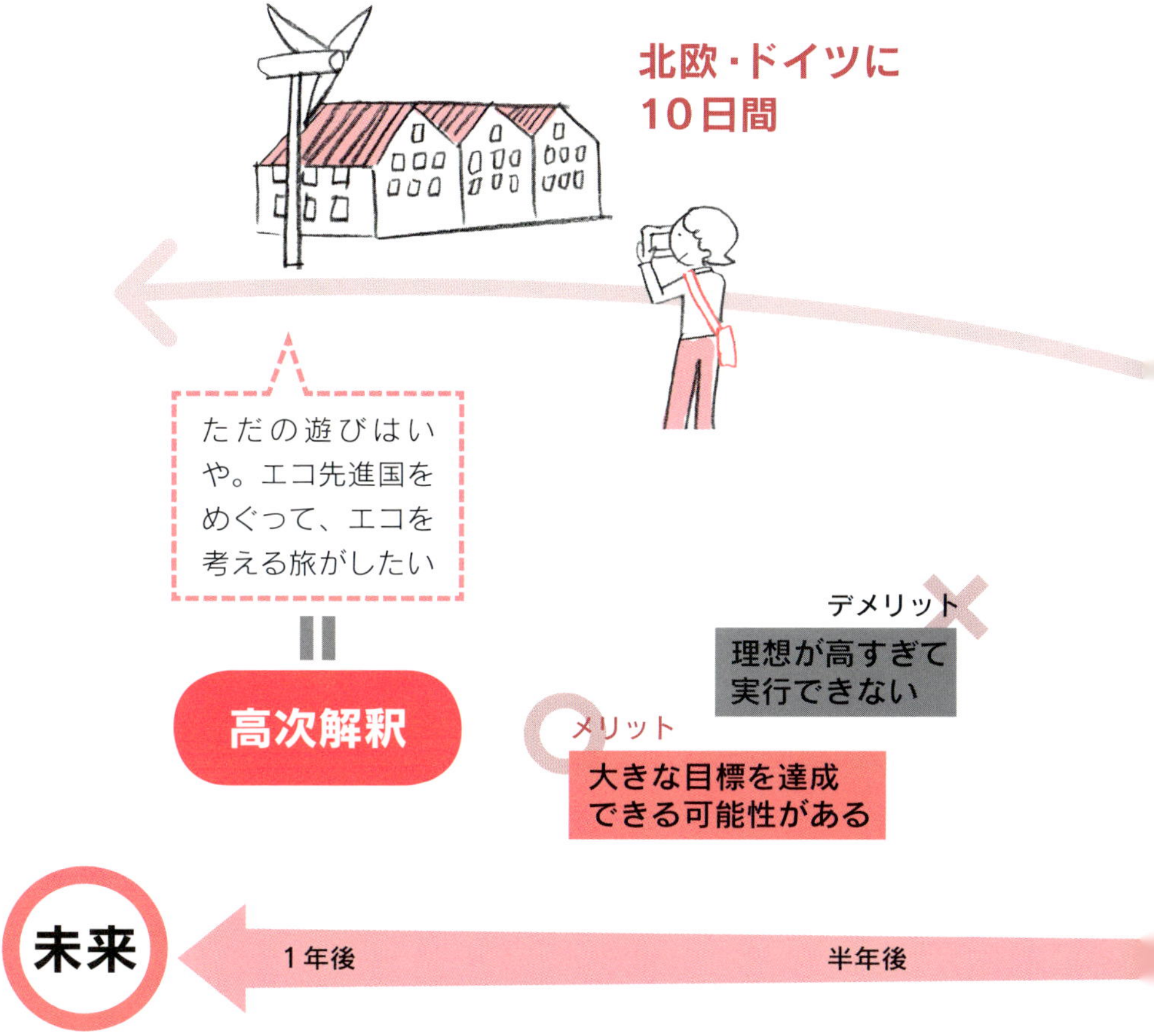
北欧・ドイツに
10日間
ただの遊びはいや。エコ先進国をめぐって、エコを考える旅がしたい
＝
高次解釈
デメリット
理想が高すぎて
実行できない
メリット
大きな目標を達成
できる可能性がある
未来
1年後
半年後

場面に応じて「Ｗｈｙ」と「Ｈｏｗ」を使いわける

つまり、高次解釈は「Ｗｈｙ？」、低次解釈は「Ｈｏｗ？」を中心とした考えかたであり、どちらが重要というわけではない。

場面や目的によって使いわけることが大切である。

解釈レベルの偏《かたよ》りは、意識してコントロールすることができる。

高次解釈では機能を、低次解釈ではお得感を重視

解釈レベル理論は、マーケティングなどにも応用されている。

たとえばデジカメ購入に関して、「いずれほしい」場合と「すぐにほしい」場合とでは、何を基準に選ぶかが異なる。それを機種ごとに調べて比較すると、消費行動の実態を詳細に把握《はあく》できる。

感情のおかげで、社会生活がうまくいく

感情には、喜びや怒りなどの基本的なものと、愛や嫉妬などの社会的なものがある。両方をあわせもつことで、自分の安全を守り、社会生活を営むことができる。

基本的感情と複雑な感情、どちらも欠かせない

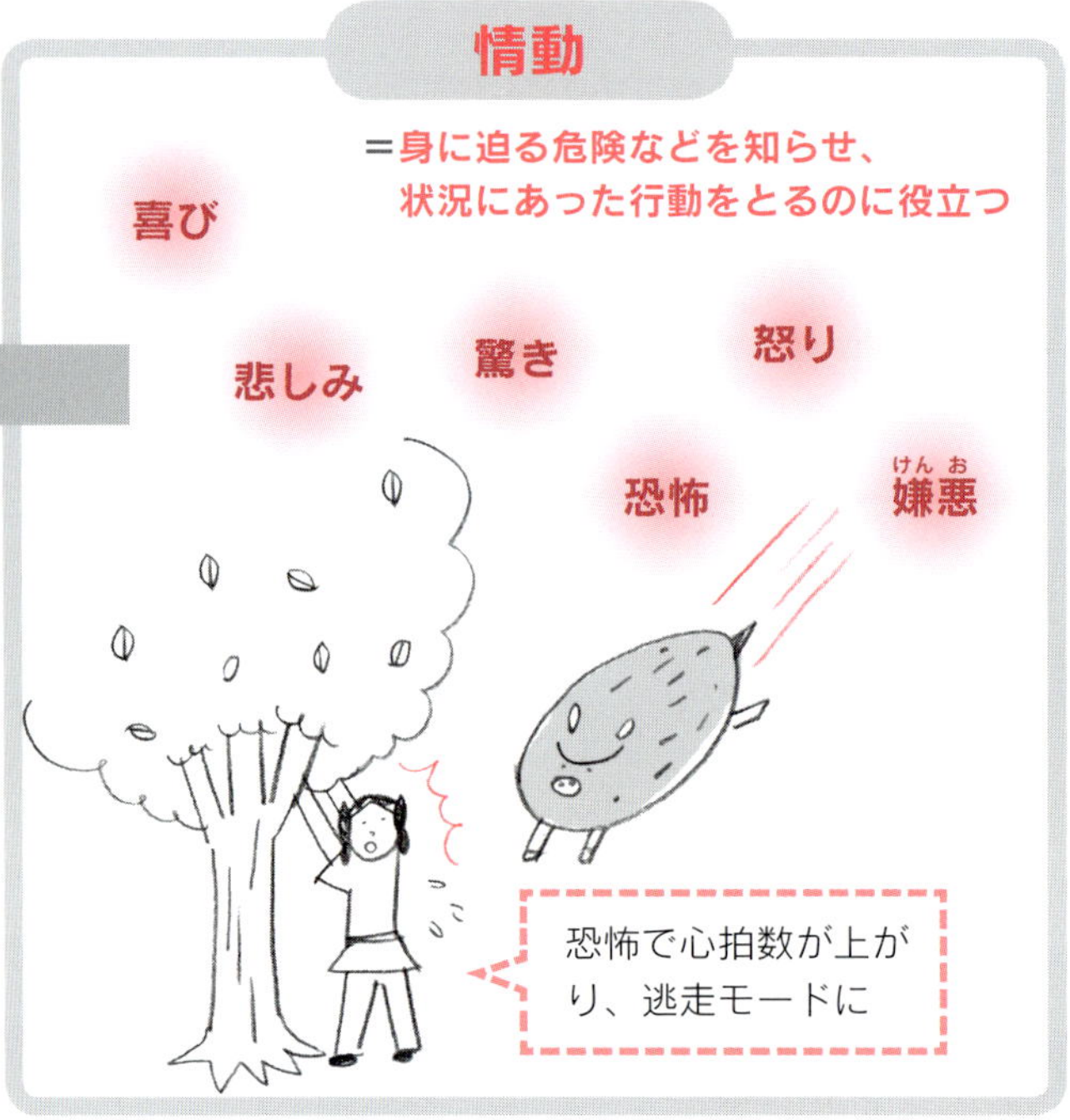
情動
＝身に迫る危険などを知らせ、状況にあった行動をとるのに役立つ
喜び
悲しみ
驚き
怒り
恐怖
嫌悪《けんお》
恐怖で心拍数が上がり、逃走モードに

嫌悪を感じたら逃げ、怒りを感じたら攻撃する

さまざまな感情のうち、喜びや怒り、悲しみなどの強い感情を、**情動**《じょうどう》という。

情動は、何らかのできごとに対する反応であり、発汗《はっかん》などの生理的変化もともなう。

上の例のように、凶暴そうな動物に遭遇《そうぐう》したとき、自分に害をなすものだと評価すると、おそれを感じて逃げる。追い払うなどの対処ができると評価した場合は、怒りの情動があらわれて、攻撃する。

情動は、人間にも動物にも共通

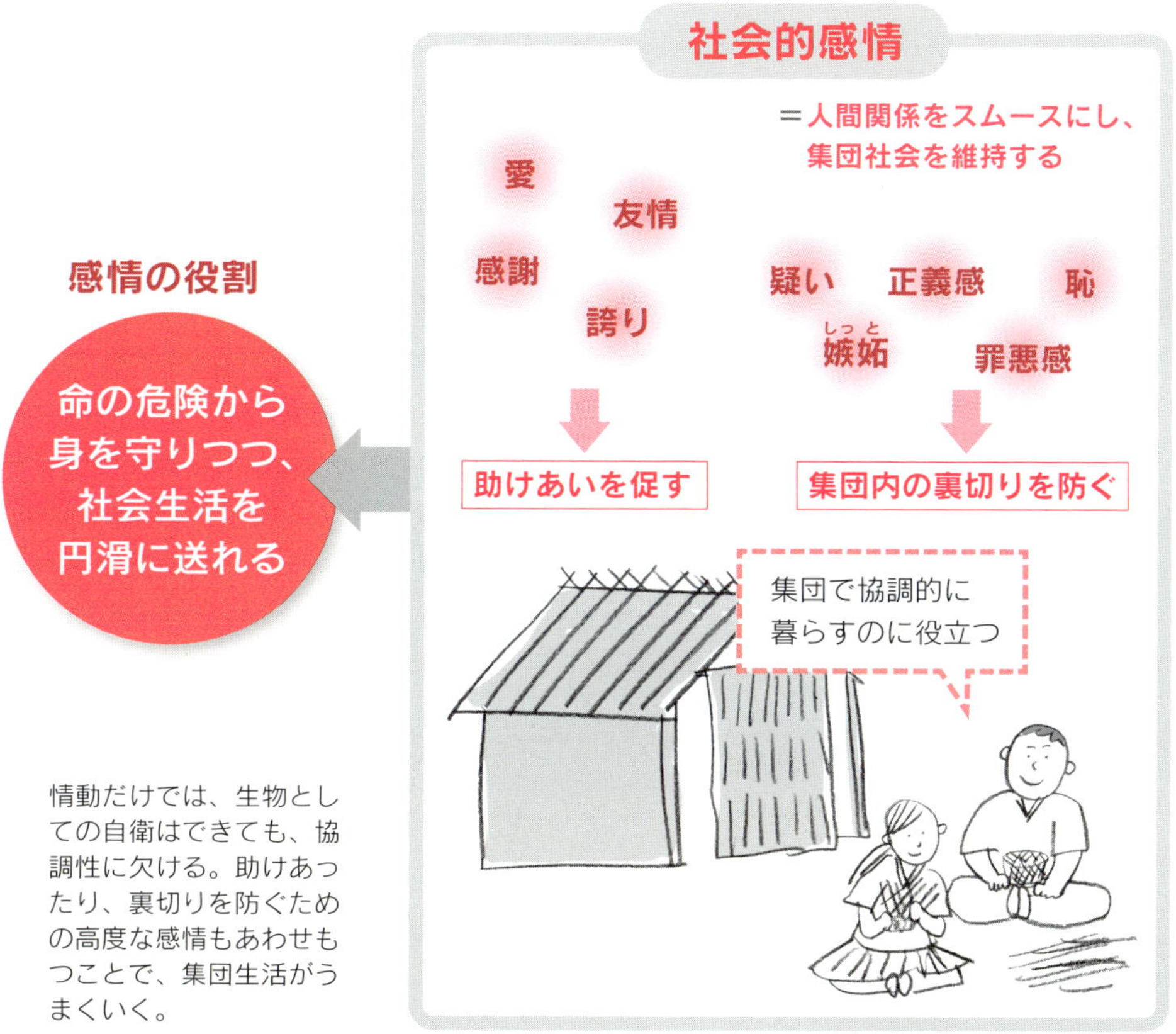
社会的感情
＝人間関係をスムースにし、
集団社会を維持する
愛
友情
感謝
誇り
疑い
正義感
恥
嫉妬《しっと》
罪悪感
助けあいを促す
集団内の裏切りを防ぐ
集団で協調的に
暮らすのに役立つ
感情の役割
命の危険から
身を守りつつ、
社会生活を
円滑に送れる

情動だけでは、生物としての自衛はできても、協調性に欠ける。助けあったり、裏切りを防ぐための高度な感情もあわせもつことで、集団生活がうまくいく。

の基本的感情だ。重要な事態に気づくための信号として生まれ、受け継がれてきたと考えられる。

罪悪感を感じると周囲の許しが得られる

情動のほかにも、私たちは「悔しい」「うらやましい」「情けない」などの複雑な感情を抱く。これらの感情は、社会生活を営む人間にのみ認められる高次《こうじ》の感情で、**社会的感情**とよばれている。

社会的感情にも信号機能はあるが、情動のように身を守るための信号機能ではなく、社会生活を円滑にするための信号機能を果たしている。

たとえば社会の規範に反することをして「罪悪感」を感じると、反省して謝罪し、行動を改善する。その結果、対人関係が円滑に進むのである。

感情は、脳内で無意識につくられる

感情はどこから生まれるのか。これは心理学における、長年の疑問だった。その答えは完全にはわかっていないものの、脳の働きが、重要な鍵を握っている。

感情は脳で生まれ、体へと伝わる

凶暴な動物などの目撃情報が脳の扁桃体に伝わると、恐怖という情動が生じ、発汗《はっかん》などの生理的変化が起こる。これにより危険を察知し、すばやい対処ができる。一方、大脳皮質経由で「害はない」と評価されると、身体反応がおさまる。

大脳辺縁系という原始的な脳が、感情の源

近年の脳研究のめざましい進展により、**脳**と**感情**の関連を調べる研究も進んでいる。情動《じょうどう》が発生すると考えられているのは、原始的な脳ともいわれる**大脳辺縁系**《だいのうへんえんけい》で、とくに**扁桃体**《へんとうたい》という部位である。

情動にかかわる刺激の伝達ルートはふたつある。ひとつは、目や耳から入った情報が、扁桃体に直接伝わるルートだ。ルートが短いので、すばやく反応できる。たとえばヘビを見てパッと逃げようとするのは、このルートでの反応だ。

複雑な感情は、進化した脳から生まれる

ヘビと思って逃げようとしたものの、じつはただのヒモだとわかると、安心して足が止まる。

このとき脳では、対象を分析する、高度な作業をおこなっている。

扁桃体に送られた情報が、さらに進化した脳である**大脳皮質**《だいのうひしつ》で分析され、扁桃体へと戻るのである。

すばやく反応できる直接ルートは自己防御の面で有利であり、大脳皮質経由のルートではその修正をおこなうという、それぞれの役割があると考えられている。

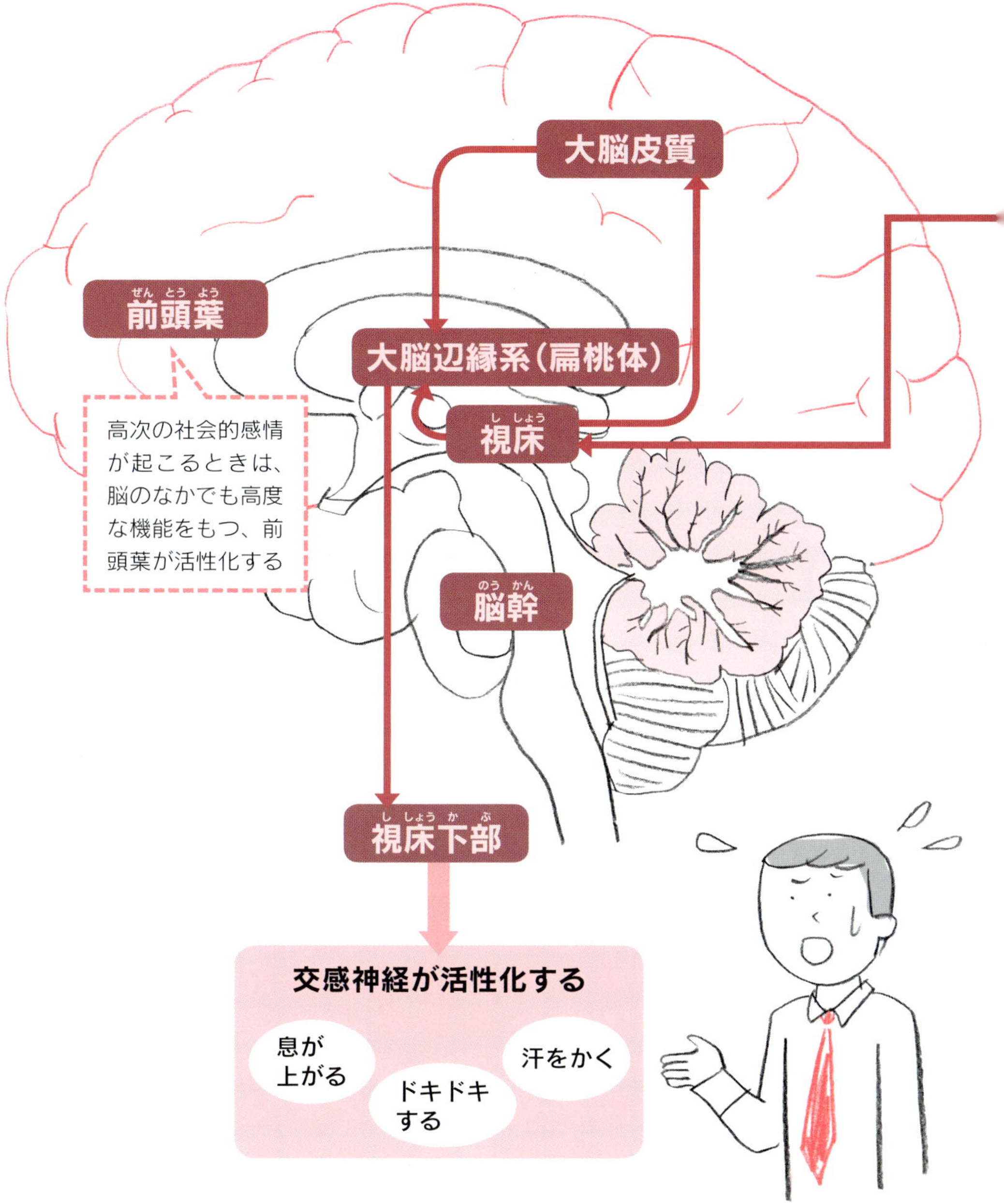
大脳皮質
前頭葉《ぜんとうよう》
大脳辺縁系（扁桃体）
視床《ししょう》
高次の社会的感情が起こるときは、脳のなかでも高度な機能をもつ、前頭葉が活性化する
脳幹《のうかん》
視床下部《ししょうかぶ》
交感神経が活性化する
息が上がる
ドキドキする
汗をかく

気分がいいと、いい記憶ばかり思い出す

感情も記憶も、脳の働きが司っていて、両者は深く結びついている。気分がいい日には、いい記憶ばかりが思い出されるのも、そのためだ。

無数の記憶のうち、特定の記憶が活性化

上司にほめられた記憶
さすが!!優秀だ!!
素敵な男性に誘われた記憶
今度飲みにいこうよ
愛犬がわが家に来た日の記憶
カワイイー

人の脳には無数の記憶がつまっていて、現状に関連するものが、そのつど引き出される。そのため、気分がいいときは、いい記憶ばかりが思い出される。

いやな気分のときは……

- 上司にしかられた記憶
- 彼氏にふられた記憶
- 犬にかまれた記憶

➡ **いやなことばかり思い出す**

人の記憶ほど、あてにならないものはない

そのときの気分で思い出しやすい記憶と、そうでないものがある。ポジティブな気分のときは楽しい記憶を、ネガティブな気分のときは、悲しい記憶を想起しやすい。

これを**気分一致効果**といい、とくにポジティブな気分のときに、顕著《けんちょ》にあらわれる。

相手の気分がうつることもある

相手の感情が自分にうつる、**感情感染**という現象も報告されている。相手がうれしい顔をしているときは、自分もうれしい顔になる。表情の伝染により、同じ感情を共有するというのである。

この現象には、対人関係を円滑にする機能があると考えられる。

気分一致効果を説明する理論の代表が、感情ネットワークモデル。記憶は、脳内のネットワークで蓄積《ちくせき》されている。たとえば喜びを感じると、それに関連する記憶回路が活性化すると考えられている。

ひとつのできごとから、記憶が次々と活性化する

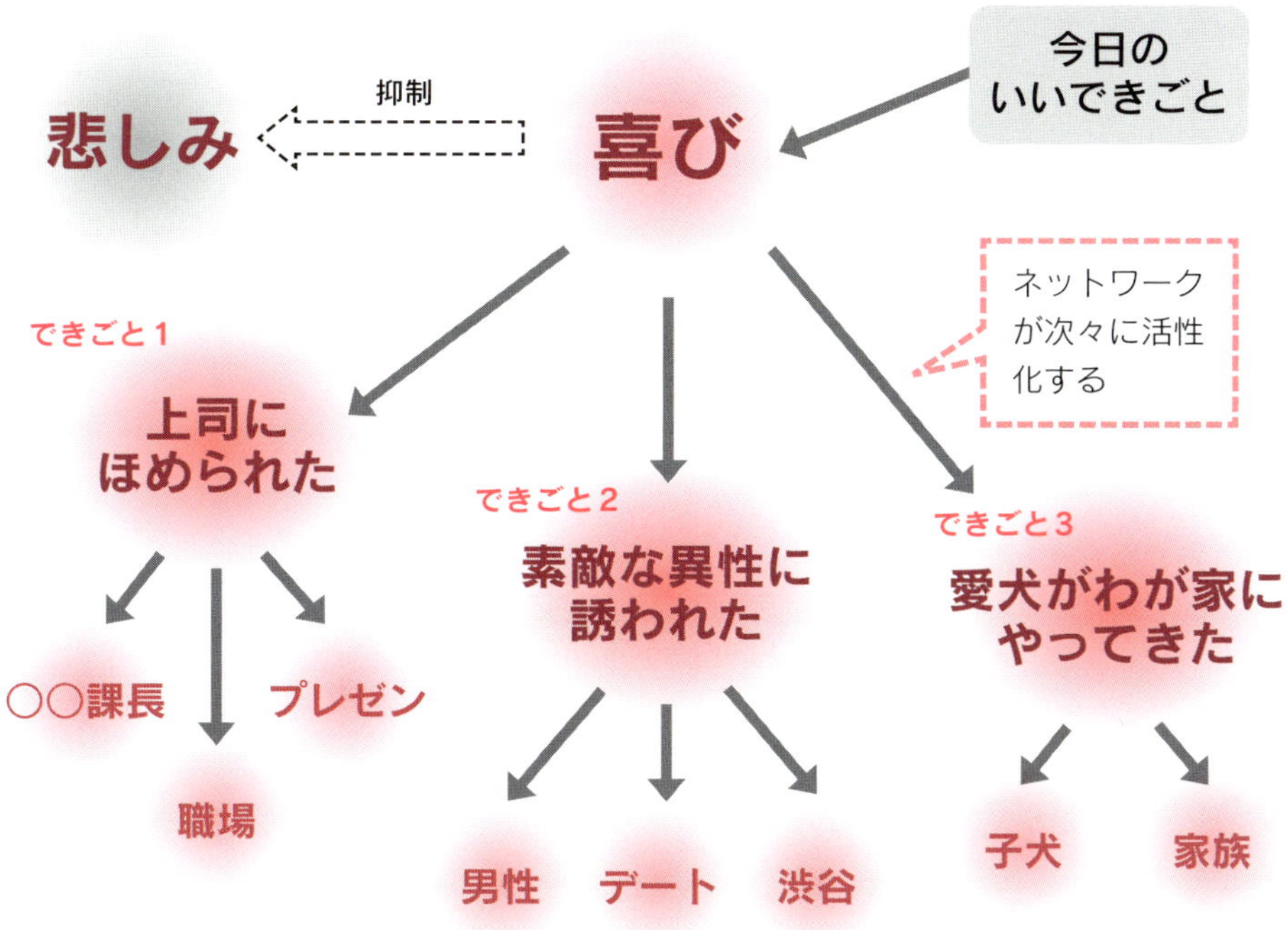
今日のいいできごと
喜び
抑制
悲しみ
ネットワークが次々に活性化する
できごと1
上司にほめられた
○○課長
職場
プレゼン
できごと2
素敵な異性に誘われた
男性
デート
渋谷
できごと3
愛犬がわが家にやってきた
子犬
家族

Bower,G.H.（1981）.「Mood and memory.」『American Psychologist』36，129-148より作成

感情をオープンにすると、健康になる

感情をあらわにしすぎると、人と衝突するが、押さえ込みすぎても心が疲れてしまう。心の健康のためには、感情を適度にオープンにすることが大切だ。

感情を抑え、コントロールする理由

感情を抑制しようとするのには、以下のような理由がある。日本の社会はとくに、抑制的なふるまいを求める傾向がある。

1 合理的に判断するため

感情にまかせて行動すると、理性的な判断が妨げられる

2 疲れやストレスを避けるため

強すぎる感情は、心身を消耗《しょうもう》させ、病気の原因となることも

3 まわりの人によく思われるため

他者から非難されたり、悪い印象を与えることを避ける

4 社会にうまくなじむため

周囲や社会の規範にあわせることで、集団に適応できる

つらい気持ちを押さえ込みすぎない

社会生活で感情をあらわにしすぎると、さまざまな弊害《へいがい》が生じる。そのため、場面に応じて抑制するのが一般的だ。

一方で、感情の抑制は心身の**ストレス**になり、健康に悪影響を与えることも多い。

抑えていた感情をオープンにすると、心身が健康になり、うつなどの病気の予防になる。周囲の人に気持ちを話すことはもちろん、紙に書いて表出する**筆《ひっ》記《き》療《りょう》法《ほう》**にも、注目が集まっている。

感情を紙に書くと、健康になれる

紙に
書きつける
ルール1
1日15分以上
ルール2
静かな場所で
ルール3
誰にも見せない

できごとや状況と、そのときの感情を書く「筆記療法」。感情を適切にオープンにすることで、感情抑制による健康への害を防げる。

心の病気になったら、筆記だけでは効かない

うつ病などの心の病気を防ぐ効果があるが、すでに発症している場合は、医療機関での治療が必要。

効果

いやなことに慣れる

できごとや感情に対する「慣れ」が生じ、心理的に受け入れやすくなる。

できごとの解釈が変わる

できごとを冷静にとらえられ、いままでとは違う認知ができるようになる。

状況・感情を整理できる

自分に注意を向けることで、自己の奥にある認知や感情を理解できる。

効果

抑うつ感がなくなり、免疫力《めんえきりょく》も高まる

心の特徴は遺伝子で受け継がれる

喜びや悲しみ、愛や嫉妬《しっと》などの感情は、なぜいまのようなかたちで存在しているのか。その疑問に答えてくれるのが、進化心理学という新たな視点である。

心の働きを進化の流れから考える

私たちの感情の働きを考えるとき、必要になってくるのが進化論的な発想である。

そこで近年、**進化心理学**という新しい潮流《ちょうりゅう》が誕生し、注目を集めている。生存に適した遺伝子《いでんし》だけが受け継がれていくという、動物生態学での知見をもとに、人間の心理と行動が研究されている。

進化心理学によると、感情も、生存率を高めるのに役立つもののみが、いまに受け継がれているという。

認知も感情も、他者に友好的なほうがいい

人間は、多少のコストはかかっても、血縁者以外にも、利益を与える行動をとる。いわゆる、**助けあいの社会行動**である。

ほかの動物にはあまり見られないこの行動を獲得してきたのは、人ならではの高度な社会生活が関与するといわれる。

集団生活では、限られた資源を他者とわけあうことで、生存率が高まる。そのため他者に好かれ、うまくやっていくほうが、自己の生存に好都合なのだ。

異性の好みも進化論から説明できる

異性の好みには、世界共通の傾向がある。

女性は、安心して子育てできる環境をつくってくれる、経済力のある年上の男性を好む。男性は、自分の子どもをたくさん産んでくれそうな、魅力的な身体の若い女性に惹《ひ》かれる傾向がある。

リスク回避型の特性が、子孫に引き継がれる

社会生活を営んで生きる人間は、社会に受け入れられ、多くの人に好まれるような認知や感情を進化させ、遺伝子の次世代への継承《けいしょう》をはかってきた。

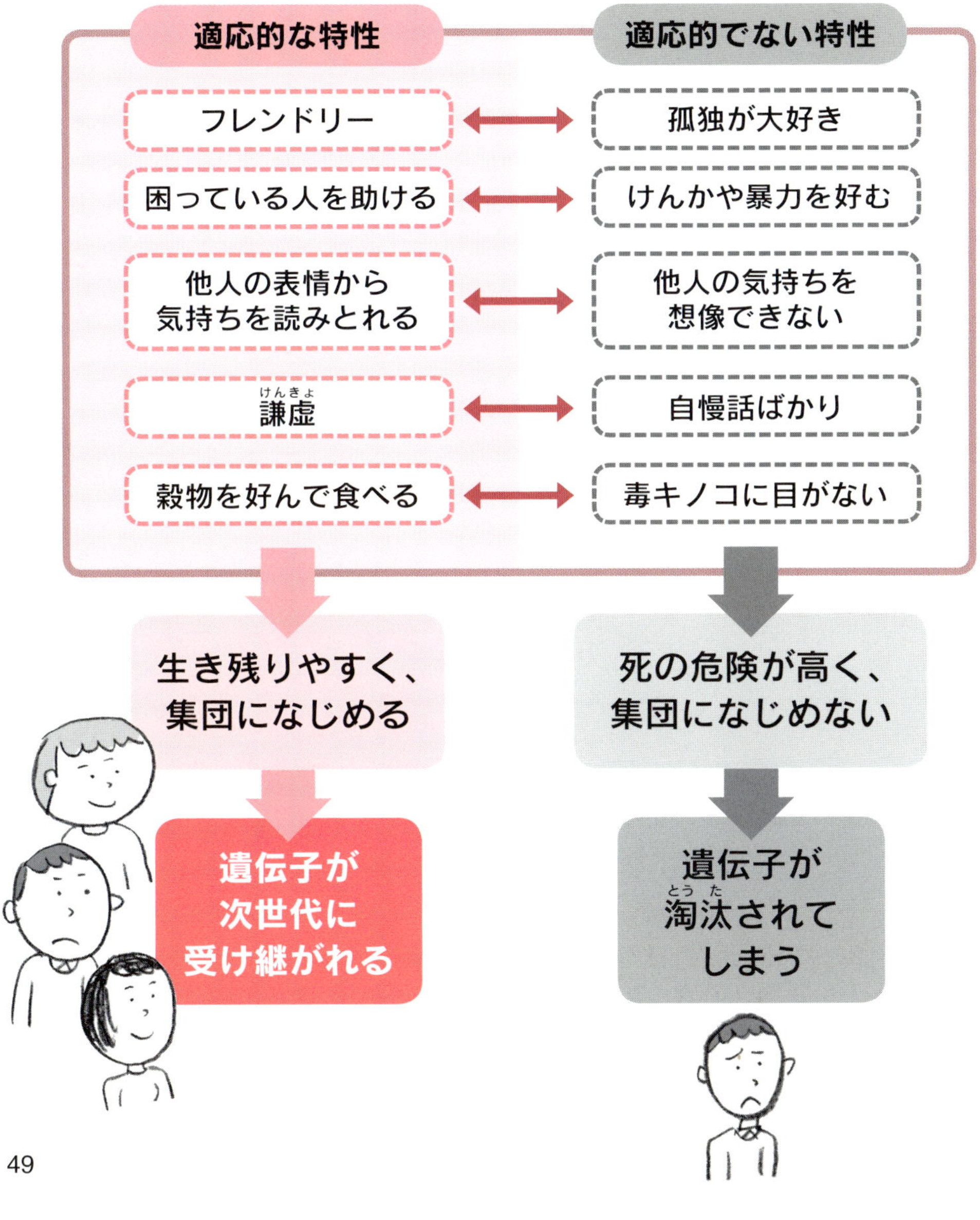
適応的な特性
適応的でない特性
フレンドリー
孤独が大好き
困っている人を助ける
けんかや暴力を好む
他人の表情から気持ちを読みとれる
他人の気持ちを想像できない
謙虚《けんきょ》
自慢話ばかり
穀物を好んで食べる
毒キノコに目がない
生き残りやすく、集団になじめる
死の危険が高く、集団になじめない
遺伝子が次世代に受け継がれる
遺伝子が淘汰《とうた》されてしまう

知って納得！日常の心理

人はなぜ、唐揚げとケーキが好きなのか

太るし、体に悪い。でも食べたい!!

たいていの人は、唐揚げなどの脂っぽい食事や、脂肪や砂糖たっぷりのケーキが大好きだ。太りやすいし、健康に悪いとわかっているのに、やめられない。

このような食行動や好みも、進化心理学的な視点から説明することができる。

究極要因で、無意識の心理が説明できる

人の脳には、脂肪や砂糖への嗜《し》癖《へき》を引き起こすメカニズムがある。これは人の行動を、感情的・生理的反応からとらえる「至近要《しきんよう》因《いん》」による説明だ。

もうひとつは、より根本的な「究極要因」で、「脂肪や砂糖を好む人のほうが生存に有利で、その遺《い》伝《でん》子《し》を受け継いでいるから」というものだ。

私たちが唐揚げを食べたいと思うとき、意識できるのは、せいぜい至近要因だけだ。しかし実際は、進化論的な究極要因が、行動を決定づけていることが多い。

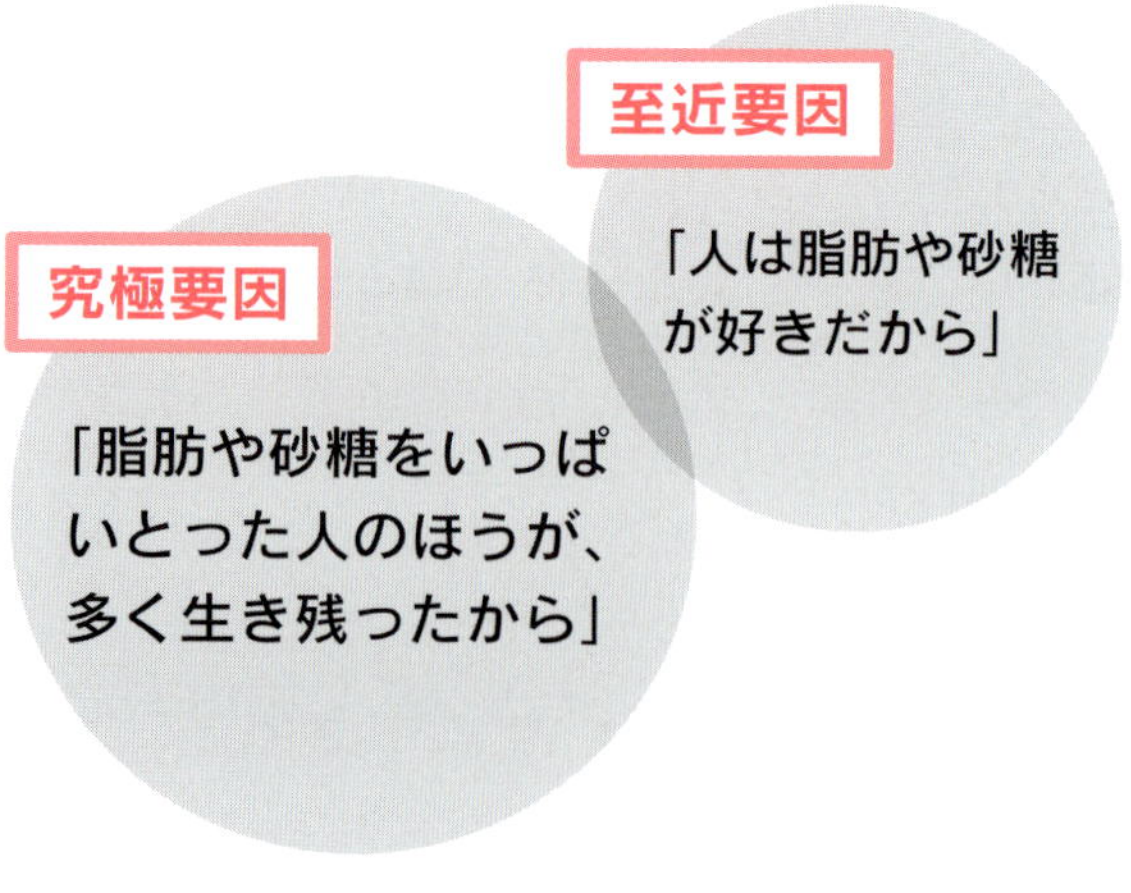
至近要因
「人は脂肪や砂糖が好きだから」
究極要因
「脂肪や砂糖をいっぱいとった人のほうが、多く生き残ったから」

Part

2

相手と親しくなる、相手の気持ちを動かす

——1対1のコミュニケーション

私たちの悩みの多くは、人間関係が原因だ。
誰だって人に好かれたいし、ときには相手を思い通りに
動かしたい。相手といい関係を築き、気持ちを変えるのに役立つ、
コミュニケーションの法則とは何だろう。

6つの心理作戦で、人の気持ちを動かす

人と親しくなったり、気持ちを動かすには、まず好意を示すことだ。しかし、それだけでは十分ではない。相手を助ける行動や、ときには巧妙《こうみょう》な心理テクニックも必要である。

相手を動かして得をする、6つの心理作戦

相手との距離を縮めたり、気持ちを動かすには、おもに6つの方略がある。

自分

言葉や表情でメッセージを発信

▶▶P54～

好意・親密性

▶▶P56～

ひんぱんに顔をあわせ、相手への好意を示すだけで、相手も自分のことを好きになる

自己開示《じこかいじ》

▶▶P62～

うちあけ話をすると、相手からもうちあけ話が返ってきて、互いの距離が縮まる

自己呈示《じこていじ》

▶▶P66～

自分のよい面を強調して見せるなど、印象をコントロールすることも、有効な手段

好意も援助も、自分の利益のため

何を基準に友人を選び、関係を深めるかを聞かれて、「損得勘定《そんとくかんじょう》です」という人はいないだろう。

しかし実際には、人は自分の得にならないことはしない。相手との関係には、必ず**無意識の損得勘定**が働いている。

無償《むしょう》の行為と思われがちな人助けでさえも、じつは自分の利益のための行動なのである。

営業や販売にも役立つ心理テクニック

とくに相手を思い通りに動かしたいときは、心理的なテクニックが有効だ。

段階的要請法《だんかいてきようせいほう》（↓P81）などは、営業職、販売職でもよく使われる戦略である。

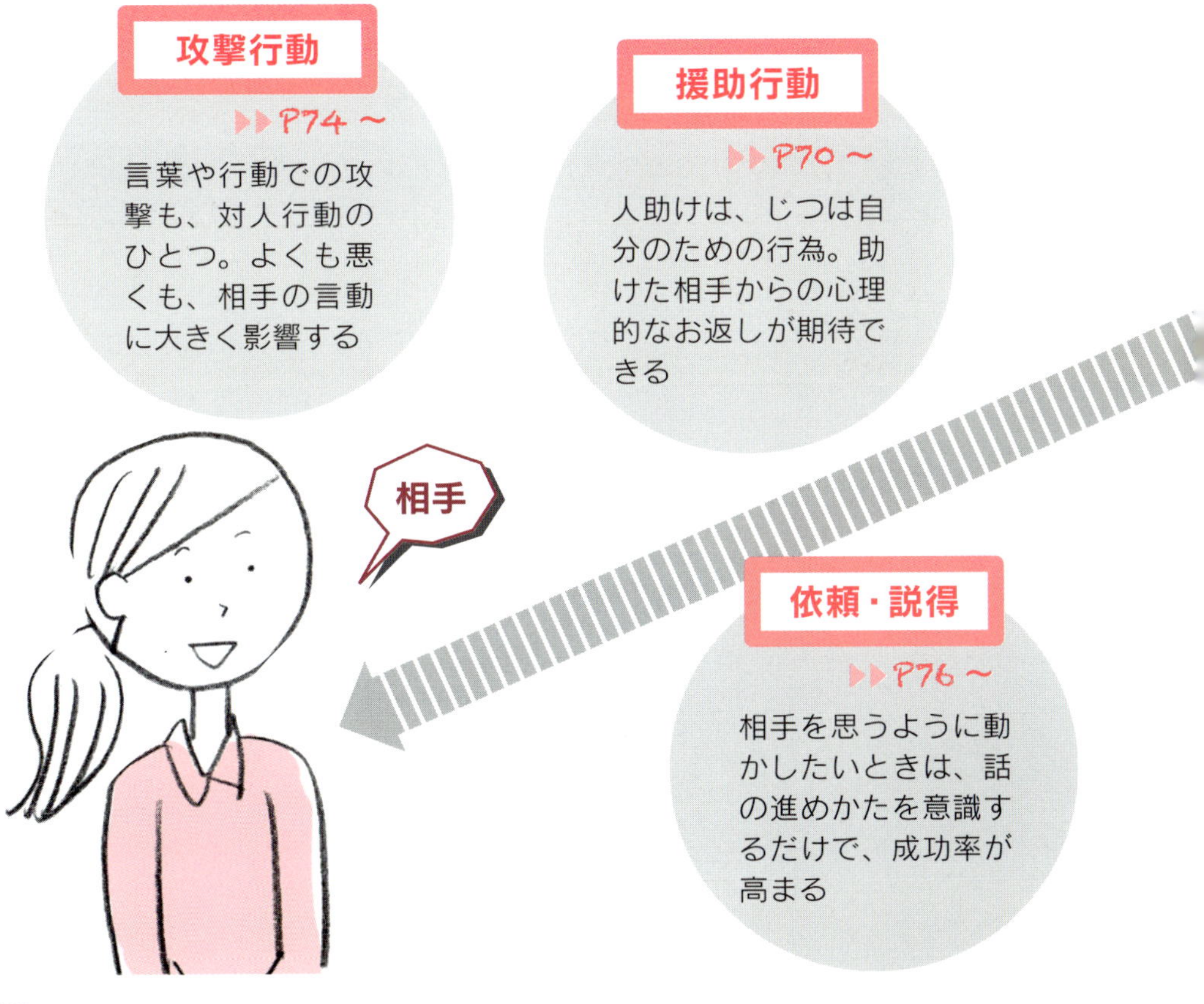

攻撃行動
▶▶P74〜
言葉や行動での攻撃も、対人行動のひとつ。よくも悪くも、相手の言動に大きく影響する
援助行動
▶▶P70〜
人助けは、じつは自分のための行為。助けた相手からの心理的なお返しが期待できる
相手
依頼・説得
▶▶P76〜
相手を思うように動かしたいときは、話の進めかたを意識するだけで、成功率が高まる

表情、しぐさだけでも思いは伝わる

人と話すときには、自分で思っている以上に、多くのメッセージが伝わっている。言葉とは裏腹な思いが、相手にはしっかり届いていることもある。

表情、しぐさ、化粧は相手へのメッセージ

外見の印象

スタイルや容貌《ようぼう》などの「身体特徴」、化粧や洋服などの「人工物の使用」による印象。

ジェスチャー＆接触

会話での身ぶり手ぶり、姿勢、視線などの「身体動作」、相手にふれる「接触動作」など。

言葉で事実を伝え、体で感情を伝える

人と人とのあいだでの情報のやりとりを、**対人コミュニケーション**という。対人コミュニケーションにはふたつの種類がある。

ひとつは、言語で情報を伝える**言語コミュニケーション**。意識的に使われることがほとんどで、情報伝達のための大切な手段である。

もうひとつは、表情やしぐさなどで感情を伝える、**非言語コミュニケーション**だ。会話における話しかたのスピードや、声のトーンなども、非言語情報のひとつである。

誰かと食事に出かけるとき、着ていく服選びから、店選び、店で座る位置の選択までのすべてが、非言語コミュニケーションに含まれる。

環境

雰囲気、インテリア、明るさなどを考えて店を選ぶのも、非言語的な対人メッセージのひとつ。

声のトーン＆口調

声の大きさ、話しかたの抑揚《よくよう》、間のとりかた、せき払いなど、言語にまつわる「パラ言語《げんご》」。

距離＆位置関係

相手との近さ、どこに座るかという位置関係などの空間的距離を、「プロクセミックス」という。

それでさ、その時
田中がさ……

相手が足をくんでいたら退屈している証拠

　非言語コミュニケーションは、上図のように、表情やしぐさから、化粧や行動、対人距離まで、非常に多彩である。

　これらには、相手への親密さの表出や、相手とどのくらいいっしょにいたいかという、**相互作用の調整機能**などがあるといわれる。

　非言語コミュニケーションは、たいていの場合、無意識におこなわれているのが特徴だ。

　たとえば相手の話に興味があるときは、とくに意識しなくても、よくうなずいたり、目を見開いたりしている。興味がない場合は、無意識に足をくんだり、目をそらしたりしているものだ。このような非言語的表現法は、一般に男性より女性によく見られる。

身近な相手、似た相手ほど好きになる

友人をどのように選ぶかと聞かれたら、性格のよさなど、内面的な理由を答える人が多い。しかし友人の選択には、自分で思っている以上に、無意識の法則が作用している。

他人に好意をもつのは、こんなとき

1 会う回数が多い（＝単純接触効果）

隣近所、同じクラスや職場などで、顔をあわせる機会が多いと親しみがわく。

「類は友をよぶ」は本当だった

対人魅力、つまり他者に対する**好意**はどこから生まれるのか。その法則をまとめたのが上図である。

まず、物理的に距離が近く、よく顔をあわせる人とは、なかよくなる可能性が高い。

また、出自《しゅつじ》や経歴、社会的地位、価値観、態度などが似ている人には、好意をもちやすい。似た者どうしのつきあいは、互いの自己評価を高めやすいためだ。

さらに魅力的な外見も、好意を抱く大きな要因になる。

態度の似た相手ほど、好意が増す

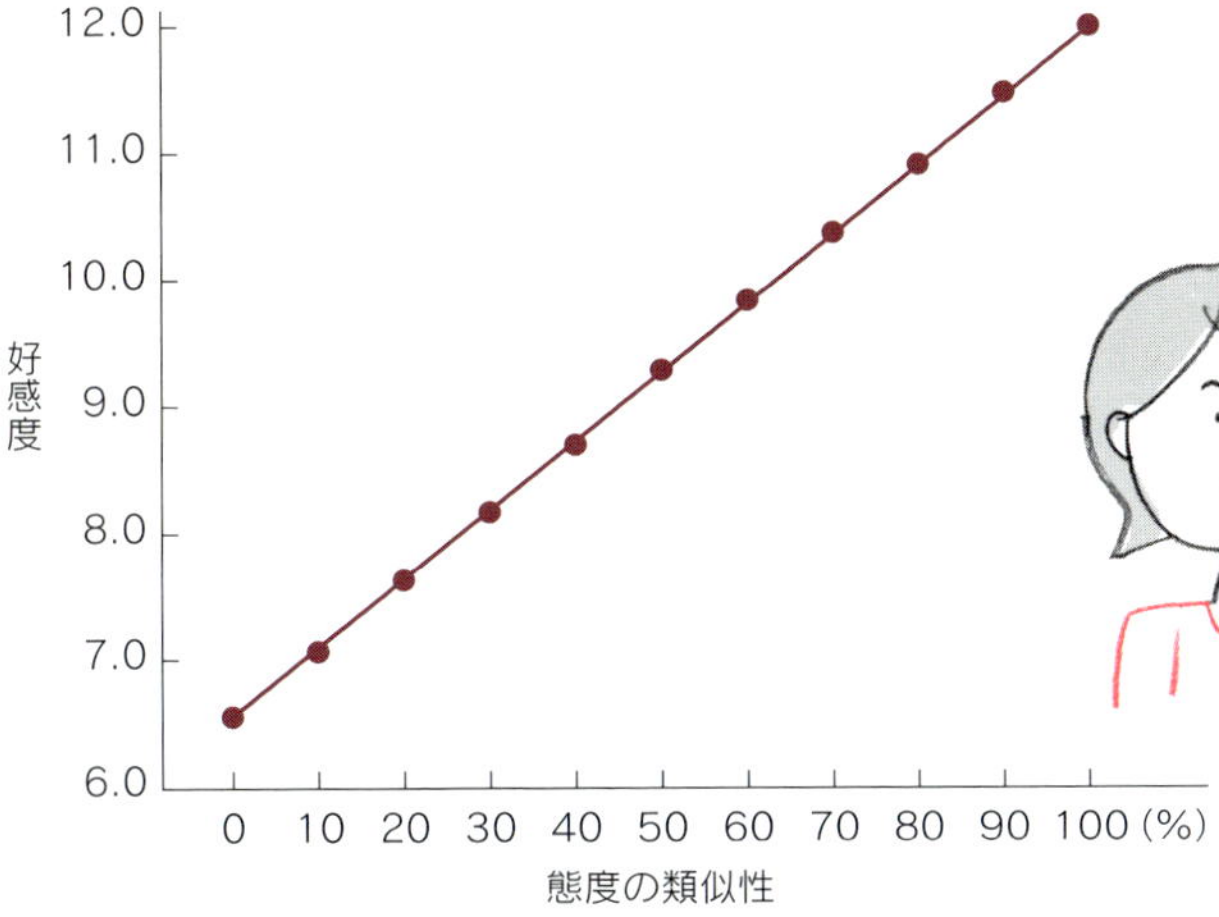

態度質問紙に回答した後、他人の回答用紙を見て、その人の好感度を答えてもらった実験結果。類似性が高いほど好感度も高い。

2 自分と似ている

（＝類似性-魅力仮説）

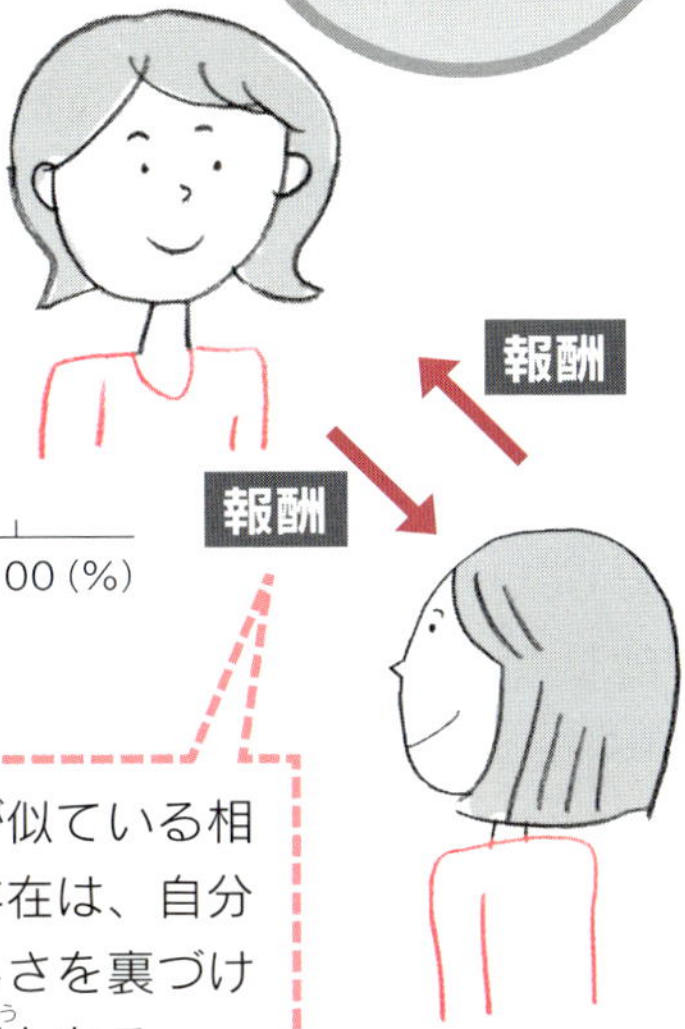

態度が似ている相手の存在は、自分の正しさを裏づける報酬《ほうしゅう》となる

3 外見が魅力的

（＝ハロー効果）

ルックスがいいと、内面の評価まで高まる傾向がある。そのような友人の存在は、自分の魅力や評価を高める効果もある。

外見がいい

↓

「ほかの面もいいに違いない」

- 知性がある
- 思いやりがある
- 地位が高い
- ユーモアがある
- 友だちが多い
- 仕事のスキルが高い

←

「いっしょにいる自分の評価も高まる!?」

グラフ出典：Byne,D. & Nelson,D.（1965）.「Attraction as a linear function of propotion of positive reinforcements.」『Journal of Personality and Social Psychology』1，659-663.

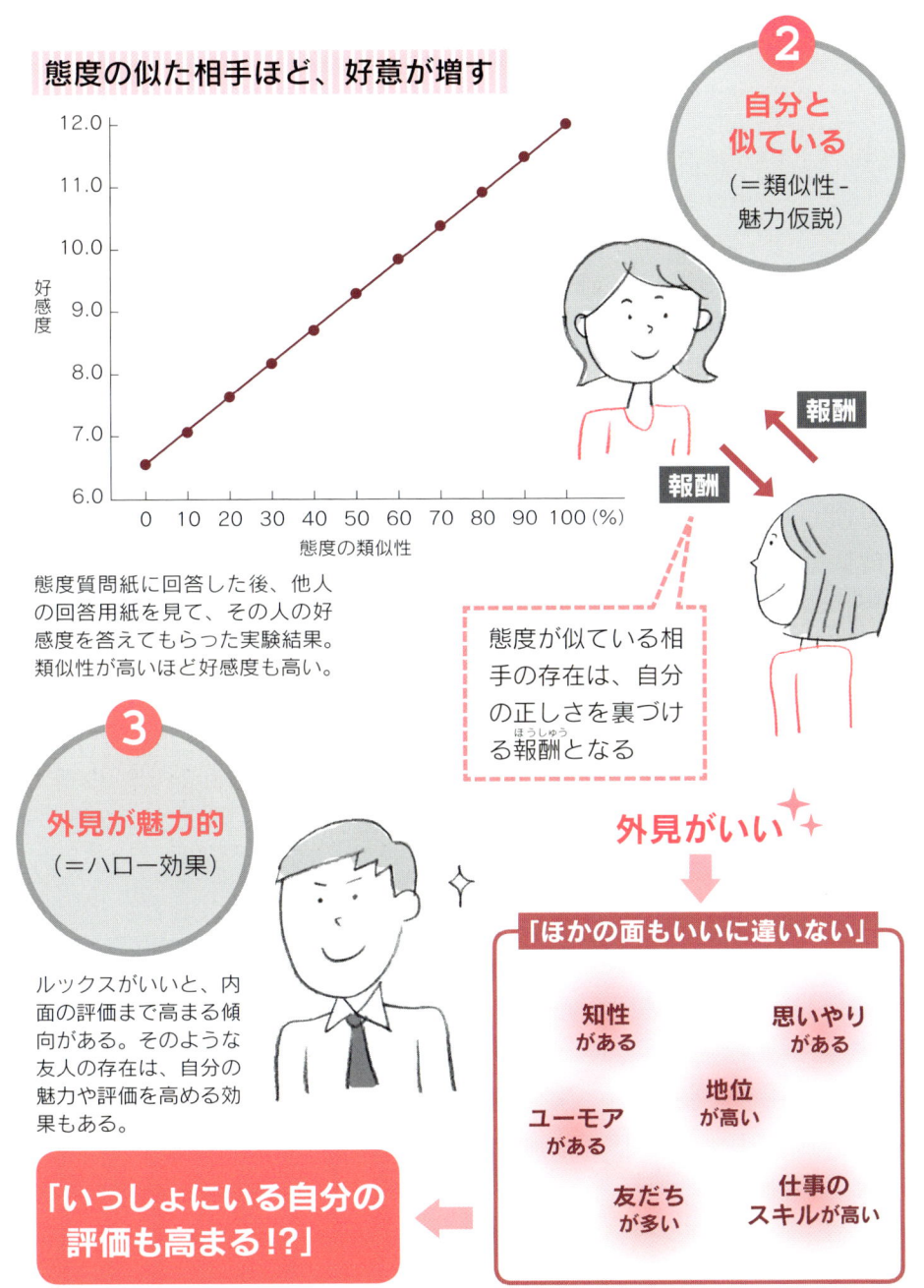

好意を示せば、好意が返ってくる

人から好かれたい、評価されたいという気持ちは、誰の心のなかにもある。そのため、自分のことを好きになってくれる人には、自然と好意が生まれる。

共感的な反応を繰り返し親しみが増していく

誰かと親しくなりたいときは、言葉や態度で、こちらから**好意**を示すのが基本だ。

人は、自分をけなす人より、ほめて好意を示してくれる人に、より魅力を感じる。自己評価が高まり、高い満足感を得られるからだ。

とくに失敗して落ち込んでいるときに、誰かが好意を示してくれると、その相手のことを好きになりやすい。

自分を好きだという人を好きになることを、**好意の返報性《へんぽうせい》**という。

なかよくなるかどうかは最初の2週間で決まる

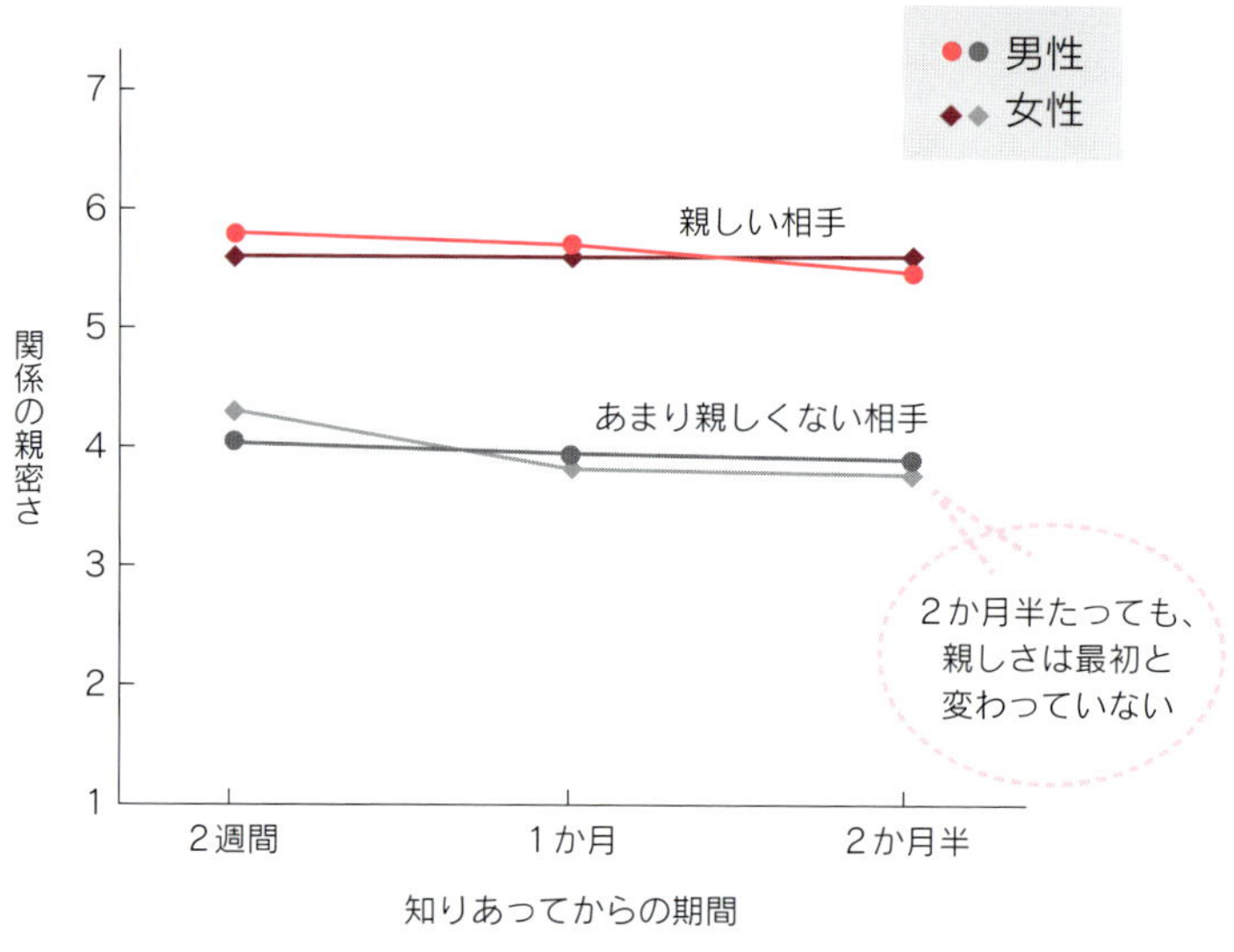
男性
女性
親しい相手
あまり親しくない相手
2か月半たっても、親しさは最初と変わっていない
関係の親密さ
7
6
5
4
3
2
1
2週間
1か月
2か月半
知りあってからの期間

大学入学後に知りあった友人との親密度を、出会いから期間を区切って調査したもの。友だち選びは、出会ってすぐの印象で決まることがわかる。親しくなりたい相手がいたら、早めに好意を示すことだ。

出典：山中一英（1994）.「対人関係の親密化過程の初期分化現象に関する検討」『実験社会心理学研究』34，105-115.

関係の築きかたは人によって違う

他者への評価と自己への評価をもとに、愛着スタイルを分類したもの。他者にも自己にもポジティブな人は、安定した人間関係を築ける。

他者への評価 ＼ 自己評価	ポジティブ（＝不安度が低い）	ネガティブ（＝不安度が高い）
ポジティブ（＝回避傾向が弱い）	**安心型** ● 自立心が旺盛《おうせい》 ● 他者に敬意をもって接する ● 他者とほどよい距離をとり、良好な関係をつくれる	**没頭型** ● 相手のことより自分優先。「僕を認めて、受け入れて！」 ● 他者を理想化しがち ● 感情の起伏《きふく》がはげしい
ネガティブ（＝回避傾向が強い）	**離脱《りだつ》型** ● 他者との関係を軽んじる。「俺は、人と群れるのきらいだから」 ● 感情を表に出さない ● 自立した人間であることをアピール	**畏怖《いふ》型** ● 他者からの拒絶をおそれる。「人にきらわれたりしたら、おしまいだ！」 ● 他者を心から信じられない ● 精神的に不安定になりがち

自己評価が低い人は友人関係も安定しない

人間関係の築きかたには個人差があり、すぐに親愛の情を示す人もいれば、人に対して距離を置く人もいる。

対人関係における、このような**愛着《あいちゃく》スタイル**の差は、**自己評価**の高さと、他者への**回避傾向**にもとづくと考えられている。

自己評価が高く、回避傾向が低い人は、他者と安定した関係を築ける。親密だが依存することはなく、相手の考えを尊重できる。

反対に、自己評価が低く、回避傾向が高い人は、人間関係に積極的になれないタイプだ。友だちができても相手にきらわれたり、見放されることをおそれるため、相手の顔色ばかりうかがうような依存的な関係になりやすい。

上図出典：Bartholomew,K.& Horowitz,L.M.（1991).「Attachment styles among young adult：A test of a four category model.」『Journal of Personality and Social Psychology』61，226-244.

どちらかが損をする関係は、続かない

親しい友人との関係が気まずくなったり、自然と疎遠《そえん》になった経験はないだろうか。友人関係がうまくいかなくなる場合、たいていは、関係のアンバランスが原因だ。

互いの利益にならない関係は、続かない

友人関係は、コストと報酬《ほうしゅう》のバランスしだい。相手に尽くしてばかりでコストが多いと、不満が生じる。尽くされる側も、報酬とコストのアンバランスのせいでストレスを感じる。

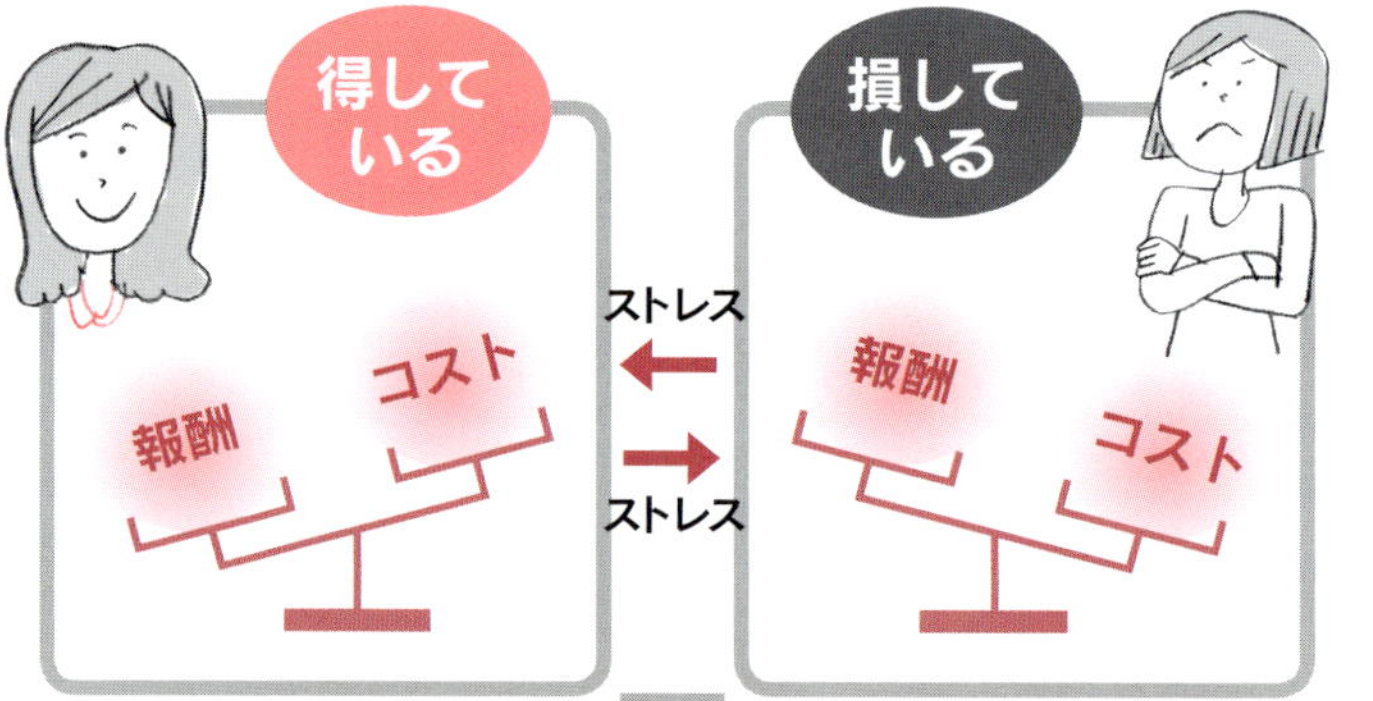

得している
損している
ストレス
ストレス
報酬
コスト
報酬
コスト

報酬とコストのアンバランスが続くと、関係は終わる

親族間より友人間のほうが、バランスがいい

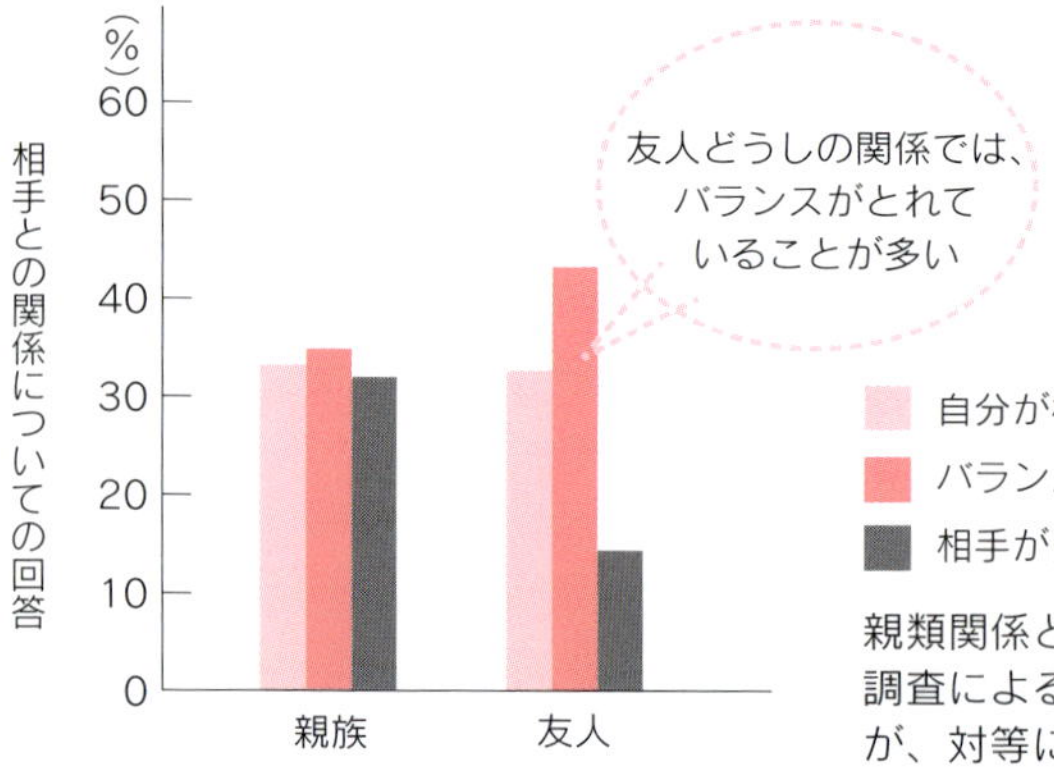

(%)
60
50
40
30
20
10
0
相手との関係についての回答
親族
友人
友人どうしの関係では、バランスがとれていることが多い
自分が相手に与えすぎる傾向
バランスがとれている
相手が自分に与えすぎる傾向

親類関係と友人関係を比較した調査によると、友人関係のほうが、対等に助けあっている場合が多かった。

出典：Essock-Vitale,S. & Mcguire,M.（1985）.「Women's lives viewed from an evolutionary perspective II : Patterns of helping.」『Ethology and Sociobiology』6, 155-173.

仲間を裏切るジレンマ
相手を裏切って
自首すればお前の
刑は軽くしてやる
何度も繰り返す
ゲームの場合
1回限りの
ゲームの場合
とりあえず協力し、
2回目以降は
相手をまねる
＝
2人とも得
2人とも
相手を裏切る
＝
2人とも損

自分の利益だけ優先すると、損をする

2人の共犯者役それぞれに、「相手を裏切って自白したら、刑を軽くする」ともちかけるゲーム。1回限りのゲームでは、互いに裏切りあって損をするが、何度も繰り返すと協力しあう確率が高まる。

ジレンマ・ゲームの利得表

囚人B

囚人A	黙秘	自白
黙秘	2人とも懲役3年	囚人Aは無期《むき》懲役《ちょうえき》、囚人Bは不起訴
自白	囚人Aは不起訴、囚人Bは無期懲役	2人とも懲役10年

互いに裏切ると2人とも損をする

利己的な態度では互いに損をする

仲のよい関係は、好意や援助などを交換しあうことで成り立っている（**社会的《しゃかいてき》交換《こうかん》理論《りろん》**）。助けあいの関係は、上図の**囚人《しゅうじん》のジレンマ**というゲーム理論から説明できる。

このゲームでは、友人を裏切る選択をしたほうが得をするため、多くの参加者は「非協力」を選択する。しかし2人とも「非協力」を選ぶと、結果的には互いに損をする。そこで、ゲームを何度も繰り返す場合は、相手の前回の選択をまねる**応報《おうほう》戦略《せんりゃく》**をとり、互いに協力しあうようになる。

友人どうしが助けあう理由は、ここにある。同じ社会集団で長期的な関係を築く場合、自分だけ得しようとするより、協力的にふるまうほうが、結果的には得なのだ。

互いのうちあけ話が、関係を深める

初対面の相手とは話題を選ぶが、親しい友人と話すときは、気持ちをさらけ出す。オープンに話すほど関係が深まり、さらに互いの心を健康にする効果もある。

自分の気持ちを誰かに聞いてほしい

自己開示には、以下のような目的があるが、たいていは無意識におこなわれている。

理由1
表出
ひとり言と同じ目的。感情を外に出してすっきりする

理由2
自己明確化
人に話すことで、自分や状況に対する理解が深まる

理由3
社会的妥当性
相手の反応から、自分の考えの正しさ、適切さを確認

理由4
関係性の発展
親しくなるためのきっかけとして、自分の話をする

親しくなりたいときはうちあけ話が効果的

対人関係は、**自己開示**《じこかいじ》によって発展する。自己開示とは、自分の人となりや思いを、言葉で素直に伝えることだ。

単に「誰かに聞いてほしい」という気持ちで話すこともあれば、親しくなるために、うちあけ話をする場合もある。

自己開示された相手は、「じつは私も……」と、自己開示で返す（**自己開示の返報性**《へんぽうせい》）。話す内容も徐々に深くなる。その繰り返しで、関係がどんどん深まっていく。

うちあけ話をすると、うちあけ話が返ってくる

話し手が自己開示すると、受け手もそれに応じて、自己開示をする（自己開示の返報性）。その繰り返しで、互いの距離が縮まっていく。

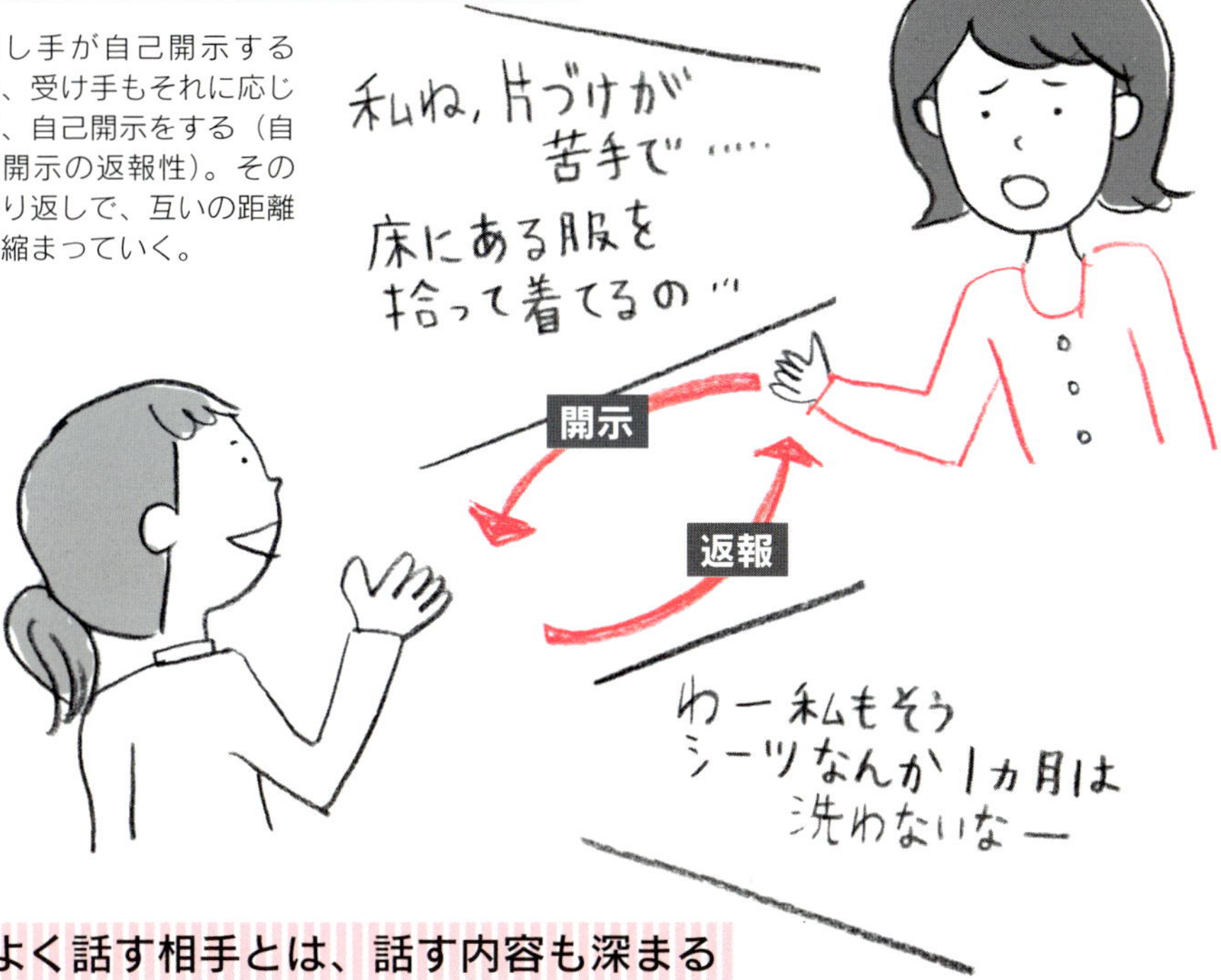
私ね，片づけが
苦手で……
床にある服を
拾って着てるの…
開示
返報
わー私もそう
シーツなんか1ヵ月は
洗わないなー

よく話す相手とは、話す内容も深まる

自己開示の深さは、会う回数に比例する。しかし「この人とはあわない」と途中で気づいた場合は、徐々に浅い自己開示に戻る。

出典：Taylor,S.E., Peplau,L.A., & Sears,D.O.（1994）.『Social Psychology. 8th ed.』Prentice Hall.

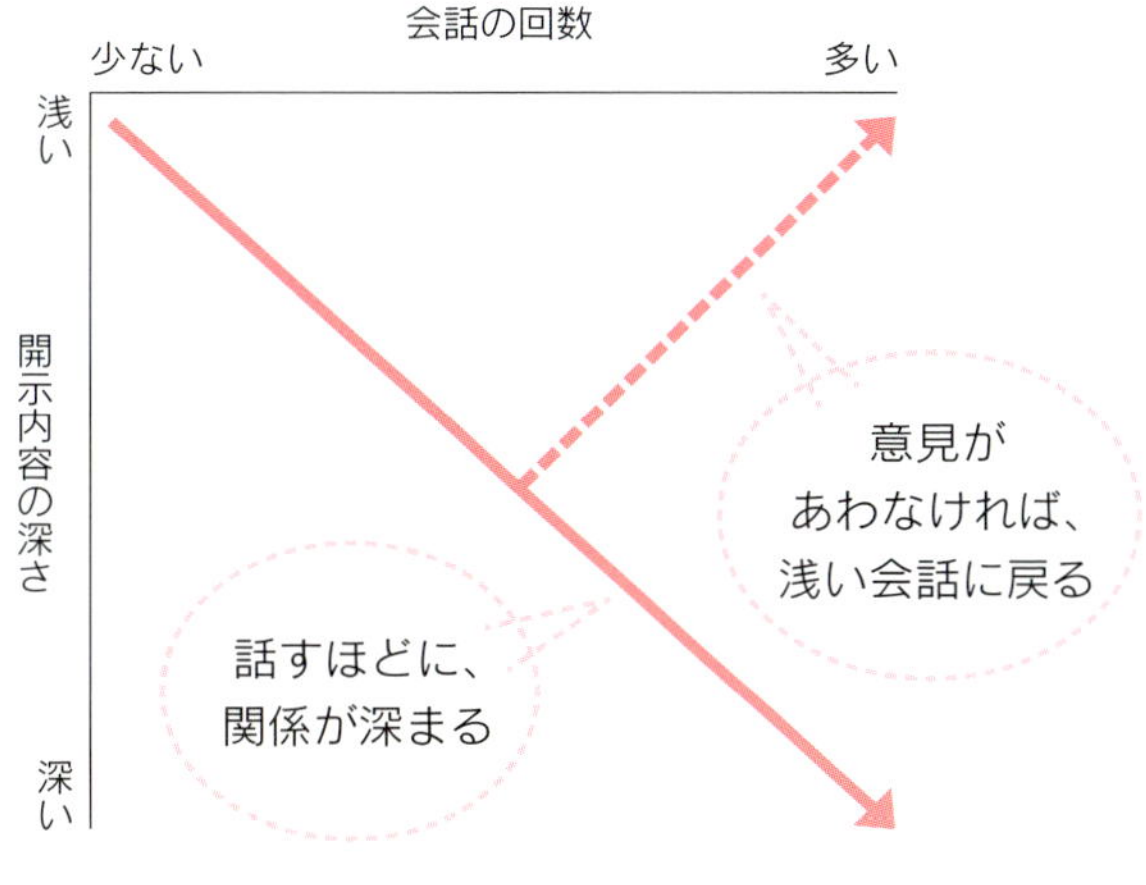
会話の回数
少ない
多い
浅い
開示内容の深さ
深い
意見が
あわなければ、
浅い会話に戻る
話すほどに、
関係が深まる

女性のほうが、人とうちとけるのが得意

一般に、女性は男性よりも友人が多く、とくに社会人になってからはその傾向が強まる。女性は、相手との関係を見ながら、適度な自己開示をおこなえるからだ。

女性は、会話のバランスを見ながら自己開示する

相手と自分との自己開示量の差を、男女で比較したグラフ。男性はその差が顕著《けんちょ》で、女性は少ない。女性は、相手の自己開示度に応じて、話す内容を調節しているのだ。

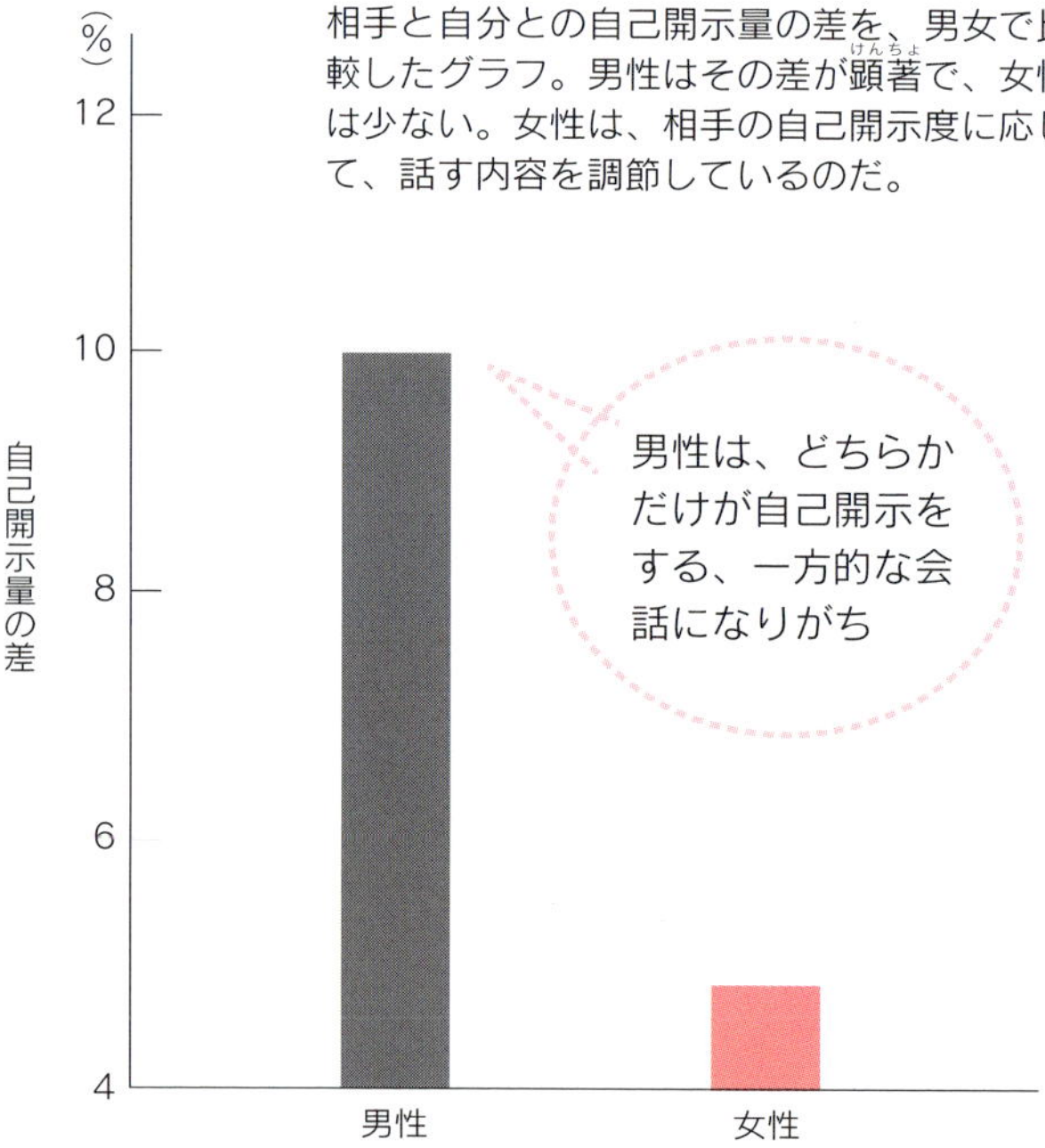
(%)
12
10
8
6
4
自己開示量の差
男性
女性
男性は、どちらかだけが自己開示をする、一方的な会話になりがち

出典：大坊郁夫（1996）.「対人関係のコミュニケーション」 大坊郁夫・奥田秀宇（編）『親密な対人関係の科学』誠信書房

女性の友だちどうしは相手のすべてを知っている

「女性はなぜ、あんなにしゃべることがあるんだろう」と感じている男性は多いはずだ。男性と女性では、会話の量も質も異なる。

女性は、**自己開示**《じこかいじ》に積極的で、プライベートな話をどんどんする。親しい友人のことなら、恋愛や家庭の事情にまで精通している。

一方、男性は自己開示が苦手であることがわかっている。自分の内面や、プライベートにかかわることより、仕事の話ばかりしがちなのは、そのためだ。

自己開示されやすいのは、こんな人

自己開示の受けやすさにも個人差があり、それを測定することができる。以下の10の質問で、もっともあてはまる数字に丸をつける。

オープナー・スケール

		まったくあてはまらない	あまりあてはまらない	どちらともいえない	ややあてはまる	とてもあてはまる
1	人からその人自身についての話をよく聞かされる。	1	2	3	4	5
2	聞き上手だと言われる。	1	2	3	4	5
3	私は他人の言うことを素直に受け入れる。	1	2	3	4	5
4	人は私に秘密を打ち明け信頼してくれる。	1	2	3	4	5
5	人は気楽に心を開いてくれる。	1	2	3	4	5
6	私といると相手はくつろいだ気分になれる。	1	2	3	4	5
7	人の話を聞くのが好きである。	1	2	3	4	5
8	人の悩みを聞くと同情してしまう。	1	2	3	4	5
9	人に何を考えているのか話すように持ちかける。	1	2	3	4	5
10	私は他人がその人自身の話をしているとき話の腰を折るようなことはしない。	1	2	3	4	5

／50点

10項目の合計得点が高い人ほど、自己開示を受けやすい。質問1、4、5、6、9の得点が高い人は「なごませ上手」タイプで、質問2、3、7、8、10の得点が高い人は、「共感型」タイプ。

男性は、自分の話をだまって聞いてほしい

男性は自己開示が苦手なため、返報性《へんぽうせい》も成立しにくい。自分は思いのたけを話す一方で、相手には、だまって聞くか、やさしくうなずいてほしいと期待する傾向がある。

女性の会話量が多いのは、交代でバランスよく、自己開示をしあっているからともいえる。

深すぎる自己開示は相手の負担になることも

自己開示の内容が告白的で、あまりに深い場合は、聞く側の心の負担が大きい。重い気分が伝染し（**自己開示熱《じこかいじねつ》モデル**）、秘密を背負うことになるからだ。

とくに関係が浅い時期に、深すぎる自己開示をすると、関係がうまくいかなくなることが多い。

オープナー・スケール出典：小口孝司（1989）.「自己開示の受け手に関する研究――オープナー・スケール，RJ-JS-DQとSMIを用いて――」『立教大学社会学部研究紀要応用社会学研究』34，82-91.

印象をよくするために、態度を変える

自然体というと聞こえはいいが、率直な態度や意見ばかりでは損をすることも。そこで私たちは、なるべく得をするために、自分の印象を無意識に操作している。

どう見られたいかで印象をコントロールする

私たちは人前でつねに、ありのままの自分を見せているわけではない。相手に「こう思ってほしい」という自分を、無意識に演じていることが多い。相手に与える印象を、言語や態度、行動などで操作することを、**自己呈示**《じこていじ》という。

自己呈示は、どのように見られたいかに応じて、さまざまな形をとる。大別すると、不利な状況から身を守るための**防衛的自己呈示**と、自分を有利な状況に導くための**主張的自己呈示**にわけられる。

不利な状況で身を守る（＝防衛的自己呈示）

失敗したときに集団からはずされないよう、身を守る目的でおこなわれる自己呈示。

1 正当化

「そもそも失敗ではない」「自分の行為は正しかった」などと、非を認めない。

2 弁解

自分には責任がないこと、自分の責任はそれほど重くないことを示す言い訳をする。

3 謝罪

社会的に排斥《はいせき》されないよう、きちんと謝罪して、制裁を回避しようとする。

失敗すると、言い訳がましい人と思われる

自分の立場を優位にするための、積極的・戦略的な自己呈示。相手や集団におもねったり威嚇《いかく》したりして、好意を得ようとする。

特定の印象を与え、状況を有利にする（＝主張的自己呈示）

私なんて
まだまだで
運がよかった
だけです。
失敗すると、
ずるい人と思われる

1 とり入り

相手の意見に同調したり、お世辞をいったりする。失敗すると、ごますり、おべっか使いと思われる。

2 威嚇

おどしたりどなったりして恐怖感を喚起《かんき》し、いうことを聞いたほうが得だと思わせる。失敗すると、空《から》いばりになる。

3 自己宣伝

業績などを述べ、自分の能力をアピールする。やりすぎると、うぬぼれているなどのネガティブな印象を与える。

4 示範《しはん》

自己犠牲的言動や、他者への積極的な援助などで、立派な人物と思わせる。失敗すると偽《ぎ》善者《ぜんしゃ》とみなされる。

5 哀願《あいがん》

自分を卑下《ひげ》したり、援助を要請し、かわいそうな自分を演じる。やりすぎると、人を頼ってばかりのなまけ者と思われる。

人目を気にする人ほど、自己呈示が得意

思ったことを率直に話す人と、つねにまわりにあわせる人とでは、何が違うのだろうか。後者のタイプは、「社会や人の期待に応えたい」という気持ちが強いようだ。

魅力的な相手の前では少食になる

「女性らしさの自己呈示」実験。男女の実験参加者をペアにし、女性が食べた菓子の量を調べる。自分の女性らしさを相手が知っている場合と知らない場合とで比較した。

女性らしいと
思われている場合
普通に
食べる
女性らしいと
思われていない場合
少なめに
食べる

女性らしさへの脅威と、食べる量の関係

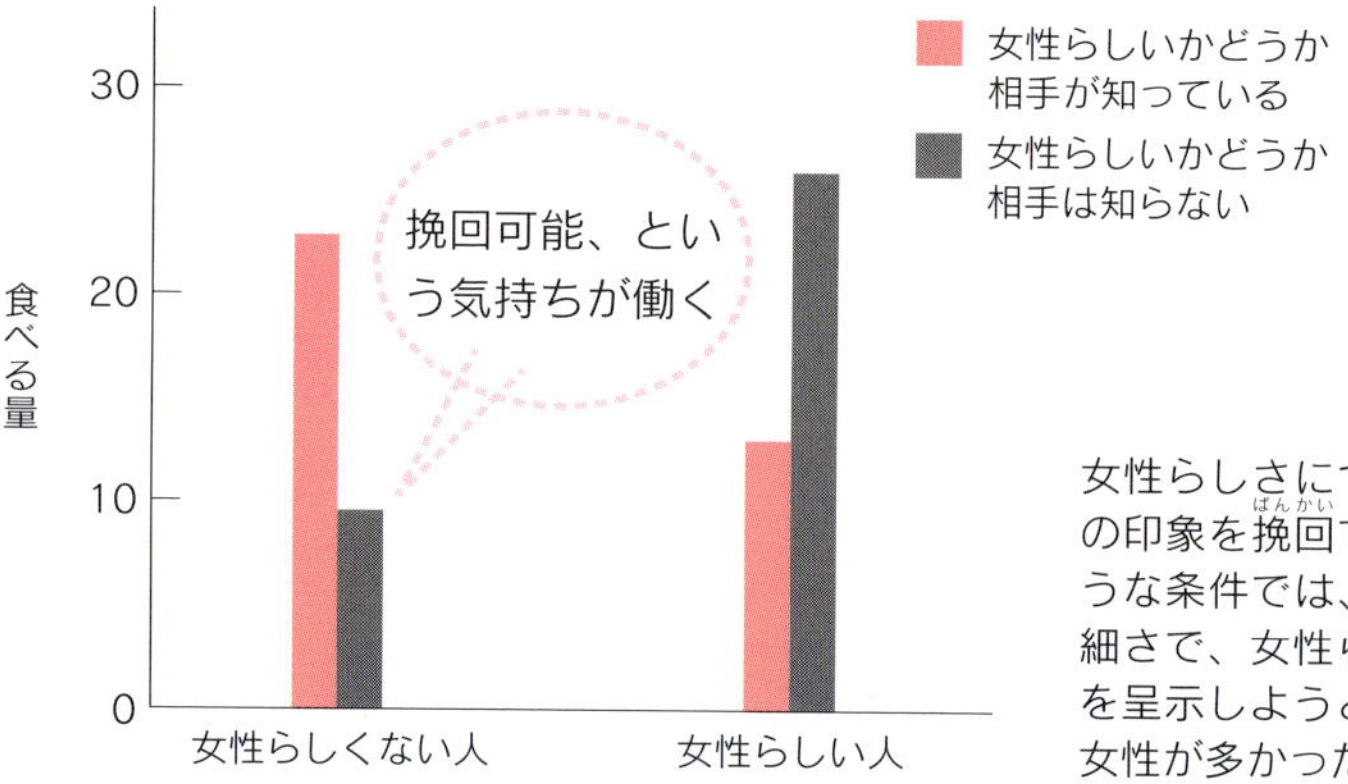
30
20
10
0
食べる量
女性らしくない人
女性らしい人
女性らしいかどうか
相手が知っている
女性らしいかどうか
相手は知らない
挽回可能、という気持ちが働く

女性らしさについての印象を挽回《ばんかい》できそうな条件では、食の細さで、女性らしさを呈示しようとする女性が多かった。

出典：Mori,D.，Chaiken.S.，＆Pliner,P.（1987）.「Eating lightly and the self-presentation of femininity.」『Journal of Personality and Social Psychology』53，693-702.

演出のための自己呈示が、本物になることも

私は外向的で人と話すのが大好きです
サークルでもリーダーとしてまとめ役で…

自己呈示の内在化 ＝ **アピールのための自己イメージが、本当の自己イメージに**

自分の性格のうち、特定の面を強調すると、自分でもその面に注目するようになる。その結果、そのイメージにあう行動を自然ととるようになる（自己呈示の内在化《ないざいか》）。

人に好かれたい、認められたい

自己呈示《じこていじ》の度合いには、個人差があり、**セルフ・モニタリング**傾向に左右されるといわれている。

セルフ・モニタリングとは、社会や他者から何を期待されているかを察知し、行動を調整すること。この度合いが強い人は、期待された役割を演じようとし、自己呈示傾向が強まることがわかっている。

自分が思うほど、人は自分を見ていない

人の目線について、私たちは自意識過剰ぎみなところがある。

たとえば道で転ぶと、周囲の人がみな自分に注目したと感じ、赤面する。このように、自分が注目されていると過度に感じることを、**スポットライト効果**という。

自分の利益にならない人助けはしない

多くの人は、人助けに対して、「無償《むしょう》の行為」「善意の結果」というイメージをもっている。しかし実際には、人は自分の利益にならない人助けはしないことがわかっている。

人を助けるかどうかはコストと報酬しだい

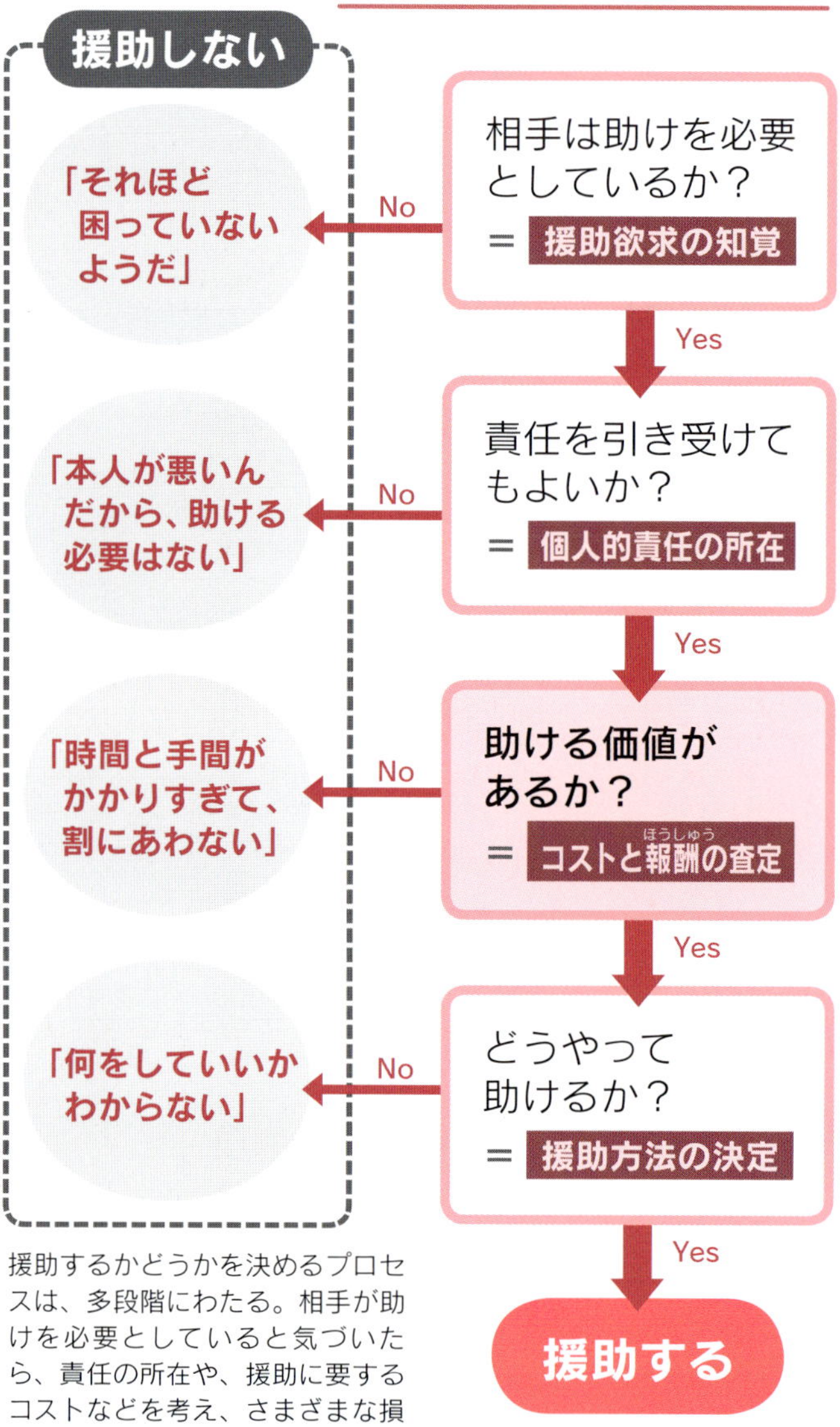
援助しない
「それほど困っていないようだ」
「本人が悪いんだから、助ける必要はない」
「時間と手間がかかりすぎて、割にあわない」
「何をしていいかわからない」
相手は助けを必要としているか？
＝援助欲求の知覚
責任を引き受けてもよいか？
＝個人的責任の所在
助ける価値があるか？
＝コストと報酬《ほうしゅう》の査定
どうやって助けるか？
＝援助方法の決定
No
Yes
援助する

援助するかどうかを決めるプロセスは、多段階にわたる。相手が助けを必要としていると気づいたら、責任の所在や、援助に要するコストなどを考え、さまざまな損得計算を無意識のうちにおこなう。

出典：Taylor,S.E., Peplau,L.A., & Sears,D.O.（1994）.『Social Psychology. 8th ed.』Prentice Hall.

助けてもらう側にも心理的コストがかかる

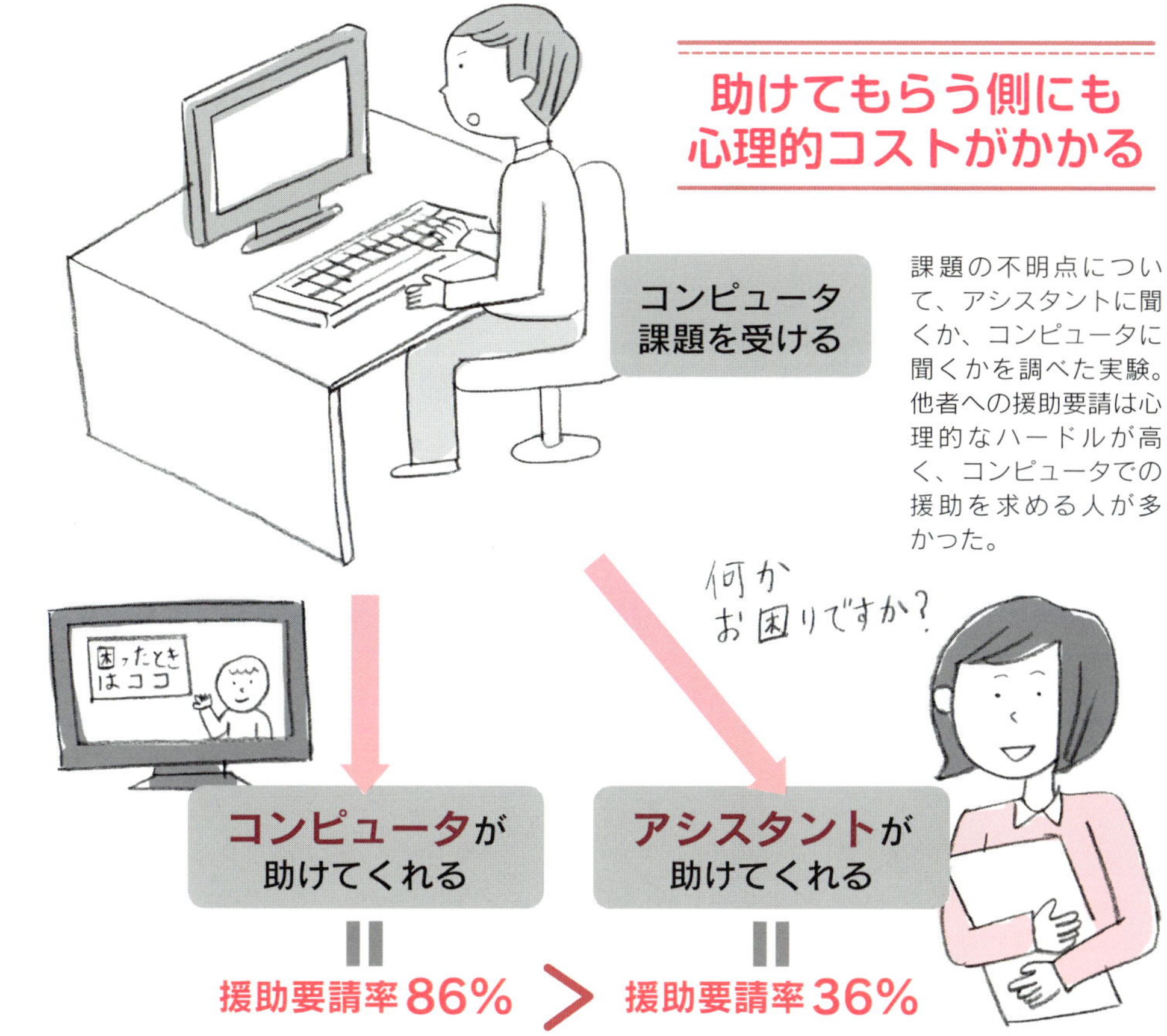
コンピュータ課題を受ける
困ったときはココ
何か お困りですか？
コンピュータが助けてくれる
アシスタントが助けてくれる
＝
＝
援助要請率86%
＞
援助要請率36%

課題の不明点について、アシスタントに聞くか、コンピュータに聞くかを調べた実験。他者への援助要請は心理的なハードルが高く、コンピュータでの援助を求める人が多かった。

人助けには心理的な利益がある

人は他者を助けたり、他者から助けられて生きている。

このような**援助行動**をおこなうとき、人は無意識に損得計算をしている。本来は必要なかった労力や時間を浪費する「損」と、人助けすることで**自尊感情**《じそんかんじょう》が高まり、相手から感謝されるなどの「得」を天秤《てんびん》にかけ、得と思われれば、援助行動を起こすのだ。

助けを求めると自尊心が傷つく

人に援助を求めれば問題が解決するのに、**援助要請**を控えてしまうことがよくある。代表的な要因は、援助を頼むと自尊感情が傷つくことや、借りができて**心理的負債**が生じることなどである。

上図出典：Karabenick,S.A. & Knapp,J.R.（1988).「Effects of computer privacy on helping-seeking.」『Journal of Applied Social Psychology』18, 461-472.

責任が分散すると、誰も人助けをしない

誰かとふたりでいるときに、相手が倒れたとして、見て見ぬふりをする人はいないだろう。しかし、人の多い環境では別だ。「誰かが助けてくれるはず」という心理が働くからだ。

人数が多いと、自分が助ける必要を感じない

今、何か声しなかった？
事件発生
アパートの前で、住人の女性が暴漢におそわれた
キャー
誰か たすけてー

ニューヨークで実際に起きた「キティ・ジェノヴィーズ事件」。早朝、アパートに帰宅した女性が駐車場で暴漢《ぼうかん》におそわれた。多くの住人が事件に気づいたにもかかわらず、誰も彼女を助けなかった。

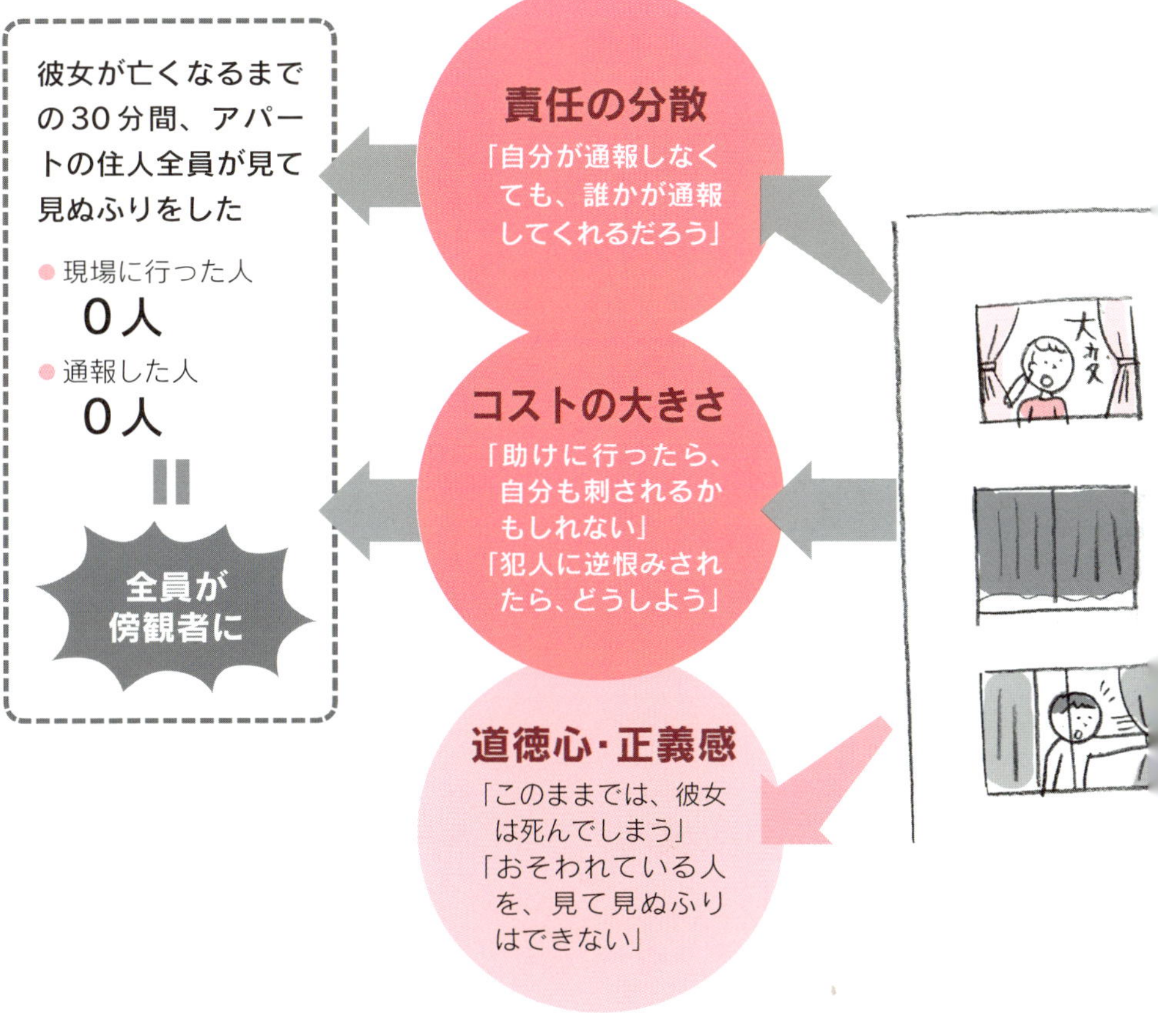
彼女が亡くなるまでの30分間、アパートの住人全員が見て見ぬふりをした
現場に行った人
0人
通報した人
0人
＝
全員が傍観者に
責任の分散
「自分が通報しなくても、誰かが通報してくれるだろう」
コストの大きさ
「助けに行ったら、自分も刺されるかもしれない」
「犯人に逆恨みされたら、どうしよう」
道徳心・正義感
「このままでは、彼女は死んでしまう」
「おそわれている人を、見て見ぬふりはできない」

「誰かが助けてくれるだろう」という心理

上図のように、救助要請に気づいていながら、誰も助けなかったという事例はめずらしくない。

援助できる人が自分以外にも多くいると、援助行動が抑制されてしまうのだ（**傍観者《ぼうかんしゃ》効果**）。最大の原因は、責任が大勢に分散し、「自分が助けなくても、誰かが助けるだろう」と感じることである。

人目が気になって助けられないこともある

そのほかの原因として、「お節介《せっかい》だ」「自分をよく見せようとしている」など、他者からのマイナス評価に対する懸念《けねん》もある。

電車などで席をゆずる気があるのに、迷った末にゆずらないのは、このような心理が働くためだ。

暑くてジメジメした日は、キレやすくなる

暴言をはいたり、他人に乱暴する人も、生まれつき攻撃的なわけではない。いやなできごとや悪い状況が重なると、それが引き金となって、攻撃的になるようだ。

どんな性格の人も状況しだいで攻撃的になる

意地悪な発言から暴力まで、**攻撃行動**の種類はさまざまだ。では、人を攻撃しやすいのはどんな人か。

じつは、攻撃的な性格の人が攻撃行動を起こすとは限らない。**個人要因**より、**状況要因**のほうが大きいのだ。高温多湿の環境や騒音などで不快な気分になっているとき、攻撃やからかい、挑発を受けると、誰でも攻撃的になりうる。

男女別に見ると、男性は直接的攻撃を、女性は相手にはっきり悟られにくい間接的攻撃をしやすい。

キレやすい人だから、キレるとは限らない

攻撃行動は、イライラする状況（状況要因）と、キレやすい性格（個人要因）の組みあわせで起こる。

状況要因

- ホルモン
- 気温
- 人口密度
- 侮《ぶ》辱《じょく》
- 他人からの攻撃
- アルコール
- 湿度
- 騒音
- 自分への否定
- 挑発

梅雨どきの通勤電車では、みんなイライラ

梅雨どきのラッシュ時は、攻撃的になりやすい条件がそろっている。

攻撃後の合理化で、後ろめたさを軽くする

誰かを攻撃した後は、道徳心から、後味の悪さや不快さを感じる。そこで、心のなかで行動を合理化し、バランスを保とうとする。

1 行為の合理化

「教育や指導のためにやった」など、攻撃行為自体が道徳的に正当であると思い込む。

2 行為の結果の合理化

「たいして傷ついていないはず」などと、行為の結果を過小評価する。

3 被害者についての合理化

「あいつが不真面目だったから」など、行為の原因は相手側にあったと責任転嫁《せきにんてんか》する。

攻撃行動

さてはワザとだ

個人要因

不適切な認知

「相手に悪意がある」と思い込む

高すぎる自尊心

自尊心が高く不安定だと、キレやすい

上のような認知、性格の人は、ちょっとしたことでもカッとなる。

一方的な依頼では、気持ちは動かない

人にはみな、それぞれの思惑《おもわく》がある。何ごとも自分の思い通りにはいかないのが普通だろう。では、自分の思惑通りに相手に動いてほしいときには、どうすればいいのだろうか？

正当な依頼でも、いいかたしだいで拒否される

誰かに「窓を開けて」と頼めば、それに応じて開けてくれる。このように、他者の言動に影響を与えることを、**対人的影響**という。

対人的影響には、**指示・命令**、**説得**、**依頼・要請**の３つがある（下図参照）。

指示や命令では、社会的な立場などを用いて、強制的に相手を動かすことができる。

一方、説得や依頼・要請の場合は、相手に応じてもらえるように、手段を考える必要がある。

時間に余裕があり、くつろいでいるときをねらう

指示や命令なら、言葉だけでもかまわない。しかし説得や依頼を効果的におこない、応諾《おうだく》を引き出すには、言葉だけでは不十分だ。

意識的にほほえむ、肩にふれる、適度な距離を置くなど、**非言語コミュニケーション**を上手にくみあわせる必要がある。

依頼するタイミングも重要だ。

相手に時間的に余裕があったり、リラックスしているときに依頼や説得をすると、より効果的である。

相手への影響には３つの段階がある

人を動かす行為は、働きかけの強さによって、３段階にわけられる。

指示・命令
立場が下の相手に、思い通りに動いてもらう。

説得
相手の理解、納得のために努力を要するレベル。

依頼・要請
相手のコストが小さい、ちょっとした頼みごと。

相手をその気にさせるには、理由がいる

母親に上から目線で指示されると、受け手である息子は、コントロールされているように感じて、無条件に反発してしまう（心理的リアクタンス）。

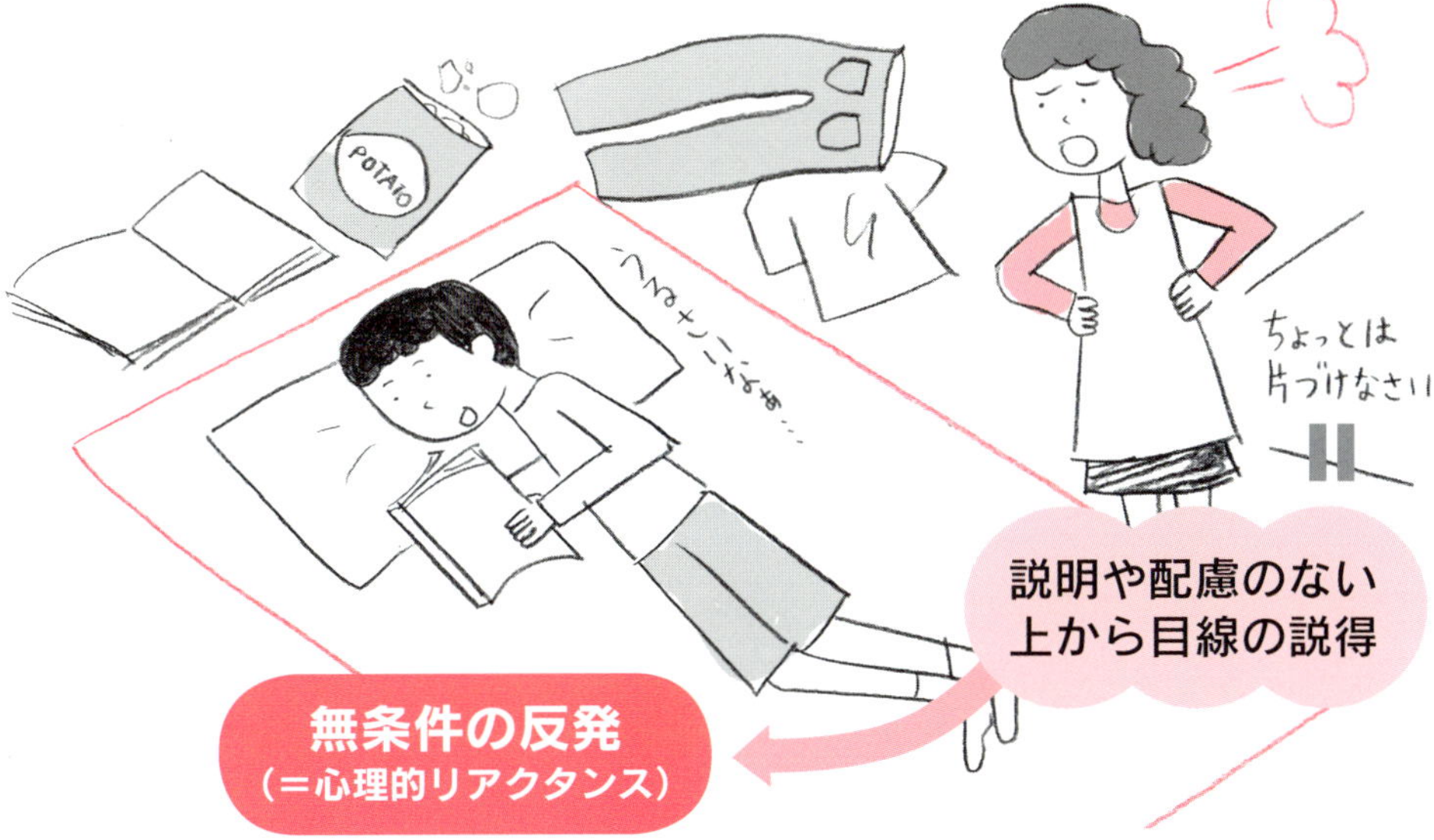
POTATO
うるせーなぁ…
ちょっとは片づけなさい
説明や配慮のない上から目線の説得
無条件の反発
（＝心理的リアクタンス）

アプローチのしかたで、「Yes」の頻度はこんなに違う！

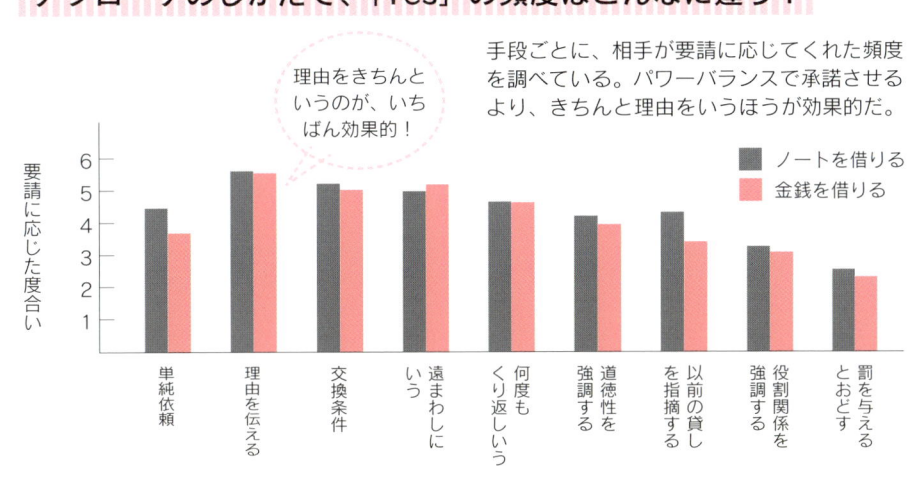

手段ごとに、相手が要請に応じてくれた頻度を調べている。パワーバランスで承諾させるより、きちんと理由をいうほうが効果的だ。

理由をきちんというのが、いちばん効果的！

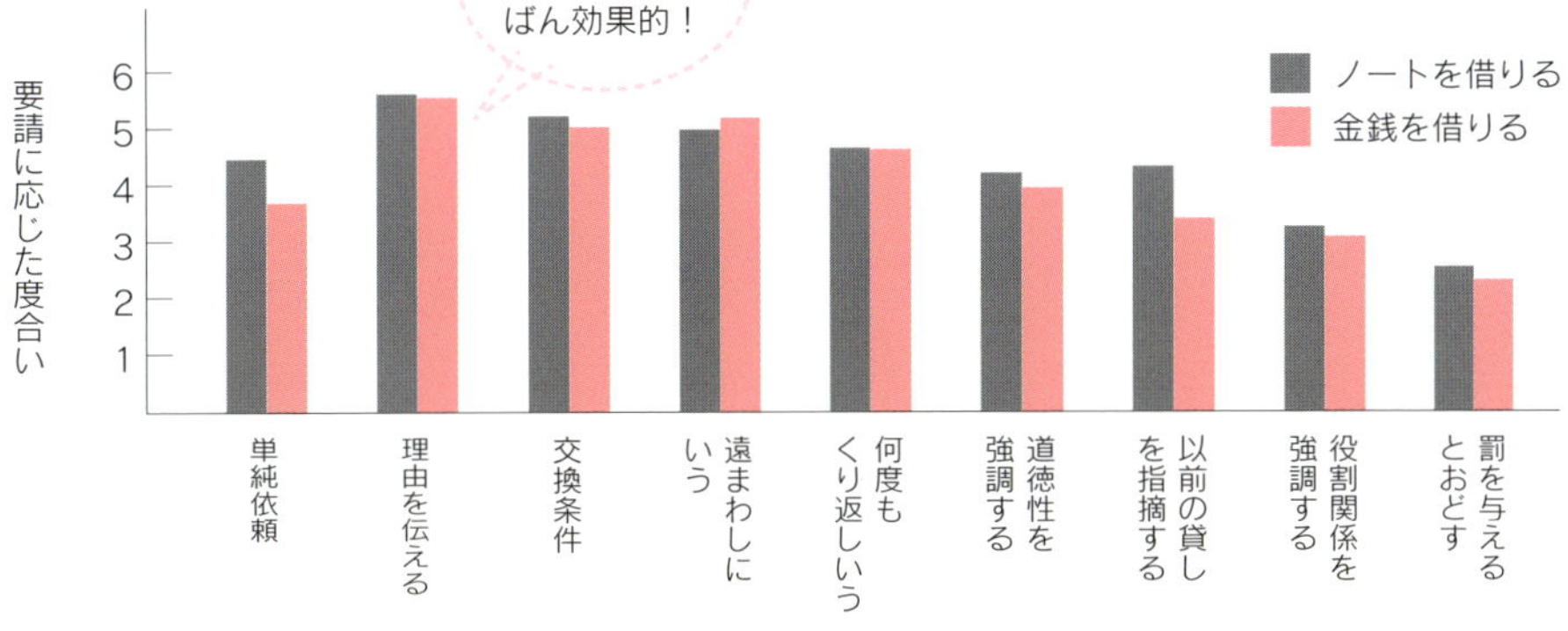
要請に応じた度合い
6
5
4
3
2
1
ノートを借りる
金銭を借りる
単純依頼
理由を伝える
交換条件
遠まわしにいう
何度もくり返しいう
道徳性を強調する
以前の貸しを指摘する
役割関係を強調する
罰を与えるとおどす

出典：今井芳昭（2006）.「依頼・要請」今井芳昭『セレクション社会心理学―10　依頼と説得の心理学――人は他者にどう影響を与えるか――』サイエンス社

知識と魅力で、「Yes」といわせる

相手の依頼を受けるかどうかは、内容と条件だけでは決まらない。相手の容姿など、依頼とは別の要素に左右されていることが多い。

説得できるかどうかは相手への印象しだい

信憑性

専門性
- 学歴　●職業
- 専門的知識
- きちんとした話しかた　など

信頼性
- 「相手のために」という誠実さ
- マイナス面も伝える正直さ

×

好感度

- 外見が魅力的
- 自分に似ている（＝趣味や経歴の類似性）
- 自分をほめてくれる
- ひんぱんに会う（＝単純接触効果）

説得を受ける側は、与え手の好感度や信憑性を手がかりに、受け入れるか否かを決める。

魅力と説得力のある相手には、つい「Yes」といってしまう

信憑性と好感度、どっちがより重要？

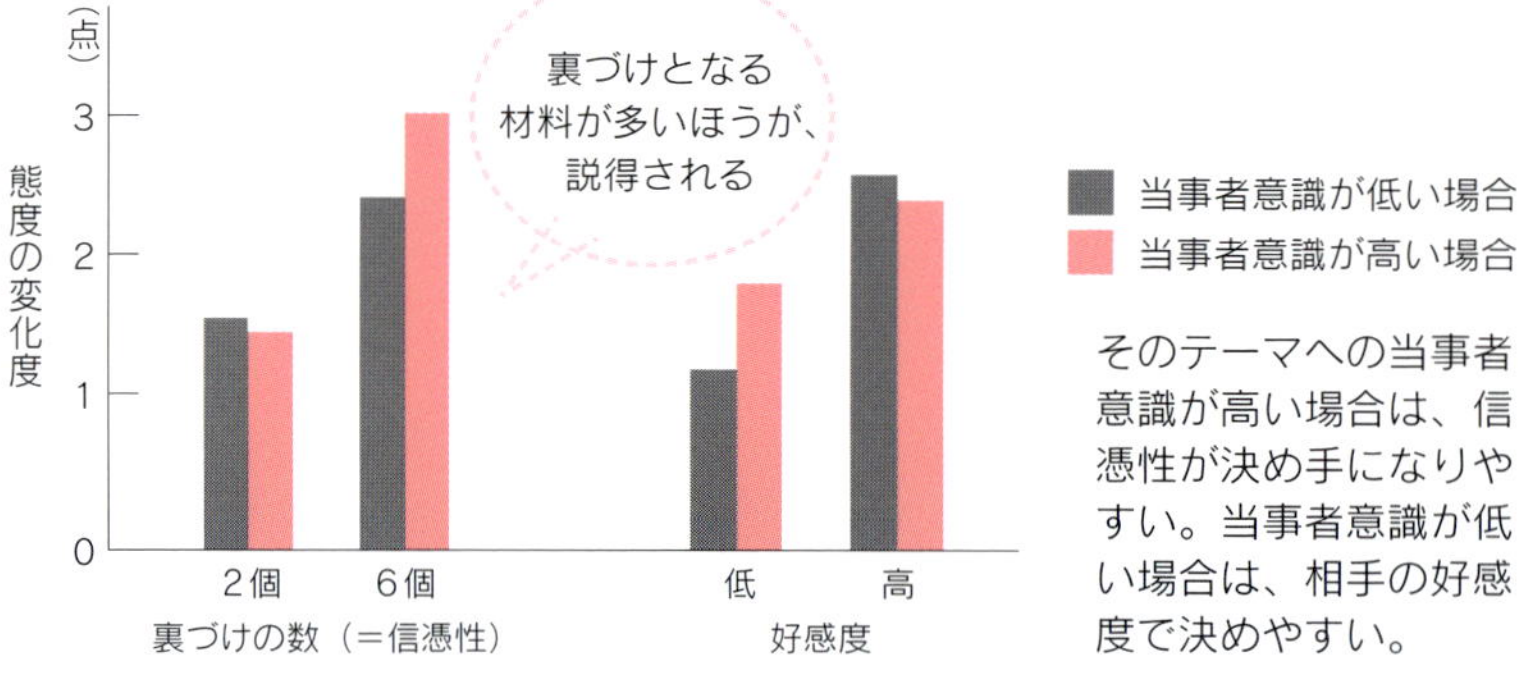

（点）
3
2
1
0
態度の変化度
裏づけとなる材料が多いほうが、説得される
2個
6個
裏づけの数（＝信憑性）
低
高
好感度
当事者意識が低い場合
当事者意識が高い場合

そのテーマへの当事者意識が高い場合は、信憑性が決め手になりやすい。当事者意識が低い場合は、相手の好感度で決めやすい。

出典：Chaiken,S.（1980）.『Heuristic versus systematic information processing and the use of source versus message cues in persuation.』『Journal of Personality and Social Psychology』39，752-766.

信憑性の低さは時間でカバーできる

信憑性の低い情報でも、時間とともに説得効果が高まり、信頼性の高い情報と同等になった。時間経過にともない、情報源に関する記憶がうすらぐためである（スリーパー効果）。

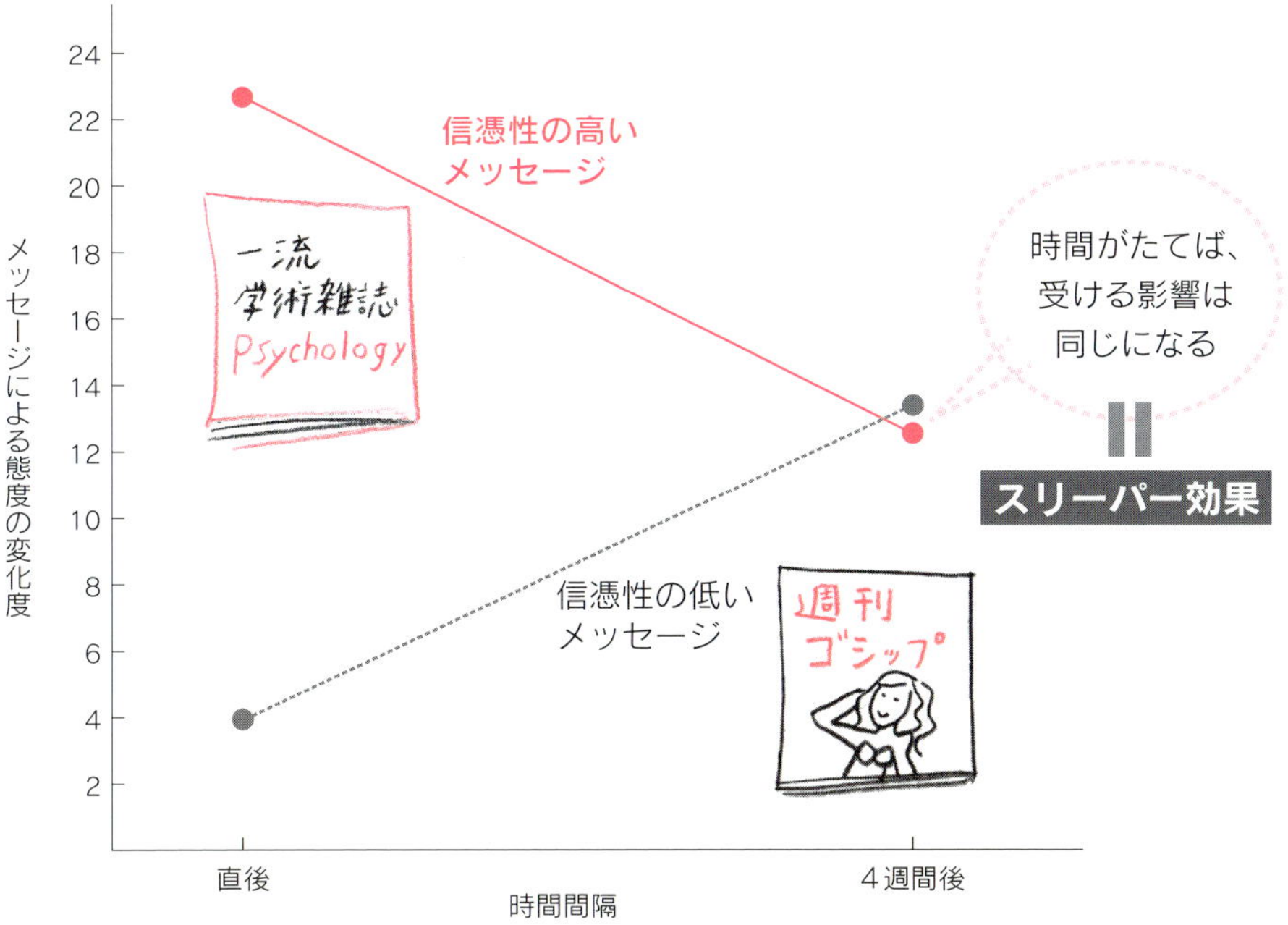
24
22
20
18
16
14
12
10
8
6
4
2
メッセージによる態度の変化度
直後
4週間後
時間間隔
信憑性の高いメッセージ
一流学術雑誌
Psychology
信憑性の低いメッセージ
週刊ゴシップ
時間がたてば、受ける影響は同じになる
＝
スリーパー効果

出典：Hovland, C.I. & Weiss, W.（1951).「The influence of source credibility on communication effectiveness.」『Public Opinion Quarterly』15, 635-650.

美人の頼みは断れない!?

人からの依頼や要請を受けるか否かの決め手は何か。要因はさまざまだが、もっとも影響を受けるのは与え手の**魅力**と、**信憑性**《しんぴょうせい》だといわれている。

一般的に、女性であれば美人、男性なら地位が高く知的な人の依頼が受け入れられやすい。

外見に自信がない人は「ほめ上手」をめざす

外見的な魅力に自信がなかったり、地位も知性もあまりないという人でも、効果的に説得する方法はたくさんある。

ほめ上手になる、繰り返し会うなどして好感度を上げたり、信憑性を高める情報をいくつも提示することなどが効果的だ。

メリハリのある依頼で、承諾を引き出す

セールスや勧誘を受けて、つい何か買ってしまったり、契約をしてしまうことがある。なぜかその気になってしまうのは、セールストークに隠された心理法則が原因だ。

小さい依頼から、大きい依頼へ
（＝フット・イン・ザ・ドアテクニック）

ええ かまいません よ
小さい依頼
このステッカーをドアに貼っていただけないでしょうか.
安全運転
大きい依頼
事故防止のためこちらの看板を立てて……
ええ、もちろん

1度目と同じ目的の依頼だと、2度目もつい「Yes」といってしまう（＝一貫性欲求）

交通安全のためのステッカーの貼付を依頼すると、受け手は、ささいなことなのですぐに応じる。次に大きな看板の設置を依頼すると、前回の態度と一致させようという心理が働いて、つい応じてしまう。

大きい依頼から、小さい依頼へ（＝ドア・イン・ザ・フェイステクニック）

大きい依頼

当エステのいちばんのオススメコースは5年コースです
え！5年？

最初は、拒否されて当然の大きな依頼をする。拒否されたら、次に小さな依頼をする。受け手は、「相手が譲歩しているのだから自分も」という心理から、積極的に依頼に応じる。

小さい依頼

そうですかでは1年コースではいかがですか？
ええ、それなら受けたいです

相手の譲歩にあわせて、自分も譲歩する（＝返報性《へんぽうせい》）

人の心のクセを利用したセールス・テクニック

効果的な説得法にはさまざまな研究があるが、ここではセールスでよく使われる方法を紹介しよう。**フット・イン・ザ・ドアテクニック（段階的要請法《だんかいてきようせいほう》）**や、**ドア・イン・ザ・フェイステクニック（譲《じょう》歩《ほ》的要請法《てきようせいほう》）**は、２つの依頼をセットにすることで、本命の依頼を成功させる方法だ。

うますぎる話には裏がある!?

そのほかの代表的な方法に、**ロー・ボール法**がある。受け手にとって魅力的な条件を提示し、相手が応諾《おうだく》した後に、不利な条件に変える。受け手は、最初に応じてしまったので、不利な条件でも応じる。悪質だが、効果的ではある。

知って納得！
日常の心理

あやしい健康情報を、うのみにしてしまうのはなぜ？

ありえないような情報ほど つい信じてしまう

テレビ番組で、専門家が「やせたければ運動するな」と話していたら、どう感じるか。多くの人は、喜んでそれを信じるだろう。

このように、あきらかにあやしい情報に、ついとびついてしまうことがある。人は、自明とされることがらの逆をいわれると、無条件で信じやすいのだ。この傾向は、「接種理論《せっしゅりろん》」から説明できる。

説得されたくなければ 情報のワクチンを打つ

接種理論は、人の心の反応を、抗体《こうたい》と免疫《めんえき》反応にたとえた理論。

免疫のない、つまり聞いたことのない情報には、無条件に感染してしまうというものだ。

依頼や説得の効果を調べた研究でも、この傾向はあきらかだ。まったく聞いたことのない話や、自分がうといジャンルでは、人は簡単にだまされてしまう。

しかし、反論となる情報を事前に与えられていると、あやしい情報やセールスには、引っかからなくなることがわかっている。

誤った情報やセールスなどで損をしないためには、信憑性《しんぴょうせい》の高い情報を、日ごろから少しだけでも仕入れておくといい。

ワクチンを打つ
＝
ふだんから、
正しい情報にふれる

↓

免疫力《めんえきりょく》が高まる
＝
簡単に
説得されなくなる

Part 3

異性にもてたい、いい関係を維持したい

——恋愛、結婚がうまくいくアプローチ

恋愛は、運命的なものではない。一定の法則にもとづいて、
恋愛感情が生まれ、関係が発展していく。
つまり、うまくいく恋愛や結婚には、必ず法則がある。
どうすれば、好きな異性とパートナーになり、
いい関係を長く続けることができるのか。

愛されたいなら、コストを惜しまない

恋愛にまつわるあらゆる心理法則に共通しているのは、ラクをして、最高の結果は得られないということ。心理的にも物理的にも、コストを惜しんではいけないのである。

愛しあうカップルにも危機は必ず訪れる

恋の始まりから、終焉《しゅうえん》または結婚までの流れ。「関係の危機」段階での対処法しだいで、結果が大きく変わる。

恋愛感情

▶▶P86～

- 美男美女に惹《ひ》かれつつも、同レベルの相手を選ぶ
（＝マッチング効果仮説）
- 好意を伝えれば、相手もその気になる（**＝魅力の返報性《へんぽうせい》**）
- 何度も会うチャンスをつくる
（＝熟知性《じゅくちせい》の効果）

恋愛の進展

▶▶P94～

Ⅰ 友だちレベル
Ⅱ 恋人未満レベル
Ⅲ ボディタッチレベル
Ⅳ 恋人認定レベル
Ⅴ 唯一のパートナーへ

関係はおおむね5段階で進展する。愛情があれば、自然と関係が深まる時期。

相手を理想化して盛り上がり、情熱が高まる時期

愛され欲求ばかりでは相手の心を動かせない

恋の悩みはふたつに大別される。ひとつは、「彼女ができない」など、関係性以前の悩みである。

異性の好みに関する進化心理学的な理由を知っていると、相手へのアピールに役立つ。

異性に好かれる**会話のスキル**（→P92）も有用だ。

長続きさせるには「許す力」が不可欠

ふたつ目の悩みは、意見や価値観のくい違い、相手の浮気などの**関係の危機**だ。

ここでは、**コスト**と**満足度**を天秤にかける心理が働く。

関係継続を選ぶなら、努力して話しあうこと、相手を許すことも必要だ。

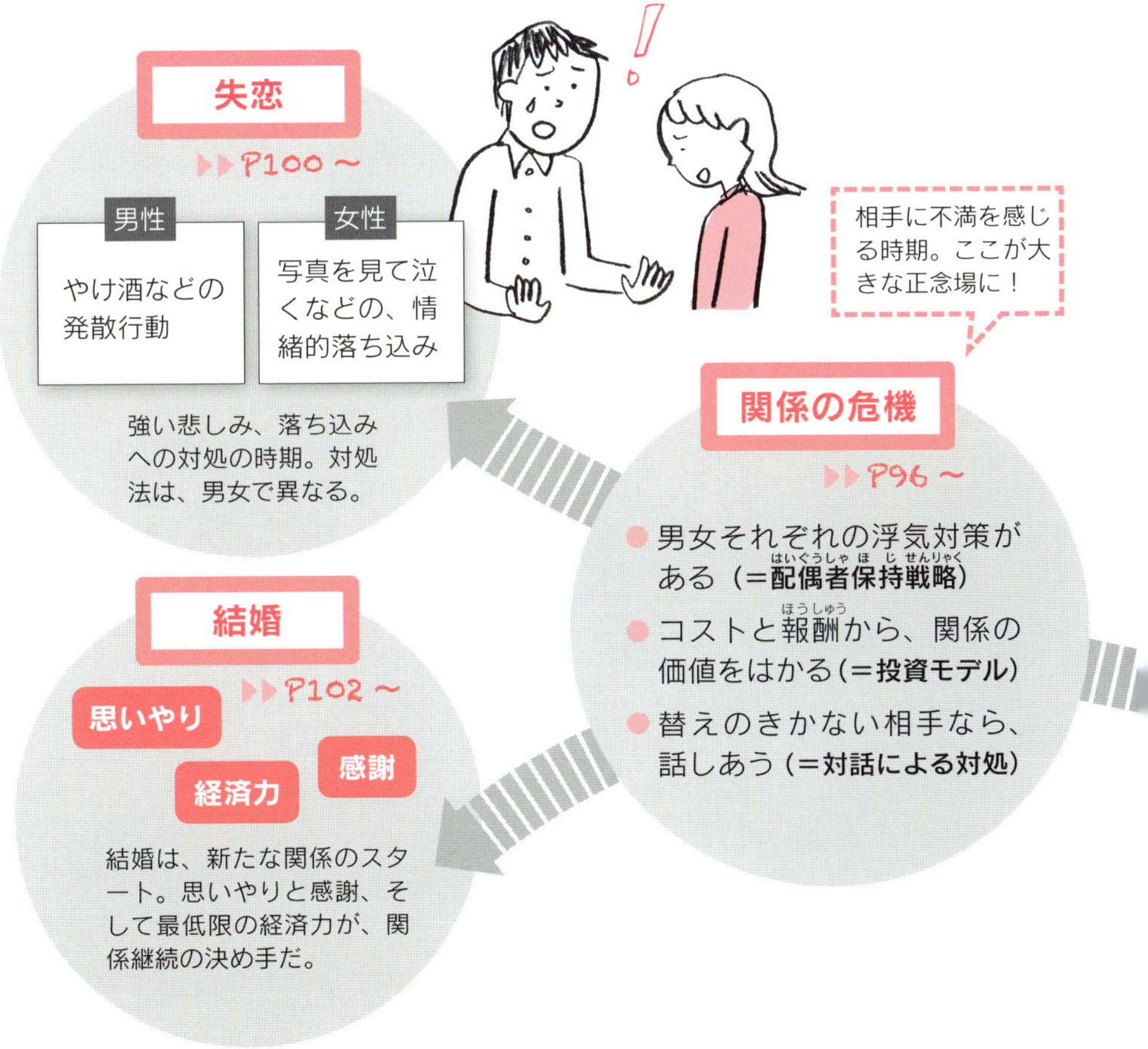

失恋
▶▶P100～
男性
やけ酒などの発散行動
女性
写真を見て泣くなどの、情緒的落ち込み
強い悲しみ、落ち込みへの対処の時期。対処法は、男女で異なる。
相手に不満を感じる時期。ここが大きな正念場に！
関係の危機
▶▶P96～
男女それぞれの浮気対策がある（＝配偶者保持戦略《はいぐうしゃほじせんりゃく》）
コストと報酬《ほうしゅう》から、関係の価値をはかる（＝投資モデル）
替えのきかない相手なら、話しあう（＝対話による対処）
結婚
▶▶P102～
思いやり
感謝
経済力
結婚は、新たな関係のスタート。思いやりと感謝、そして最低限の経済力が、関係継続の決め手だ。

「Love」と「Like」はどこが違う?

友情で感じる好意と、恋愛感情とでは、心理的にどんな要因が異なるのだろうか。友情では尊敬や信頼が重視されるのに対し、恋愛では、独占欲や情熱が大きな割合を占める。

心だけでなく体もつながりたい

恋愛感情は、友人関係での好意と違い、心理的にも身体的にもつながっていたいという気持ちや、相手に何かしてあげたいという気持ち、相手を独占したいという気持ちが高まる経験である。

最近では、**理想化**の度合いも、重要な差異だとされる。

恋愛では相手を理想化するため、現実との落差に落胆《らくたん》することもある。しかしほかの面で高い評価をしたり、相手の欠点をカバーすることで、関係性が継続する。

関係が深まると愛の構成要素も変わる

恋愛の類型としてもっとも有名なのが、左ページの、**愛の三角理論《さんかくりろん》**である。この理論では、愛は**親密性**と**情熱**、**コミットメント**で構成されている。それぞれの要素の強さで、恋愛のタイプを7タイプに分類している。

ただし、この3つの要素は固定された正三角形を描いているわけではない。お互いに影響を与えつつ、さまざまな形態をとる。つきあいが長くなるにつれ、要素間のバランスが変わることも多い。

友だちを好きになった。うまくいく確率は……!?

友情が愛情へと発展する可能性はあるのか。これには、男女差が大きい。男性は、恋愛尺度と好意尺度の関連性が高く、友情が愛情に変わる可能性が高い。しかし女性は友情と愛情を厳密に区別しており、男友だちには恋愛感情を抱きにくい。

好意と愛情は似て非なるもの

恋愛感情と友人への好意感情をはかる尺度。どちらにより多くあてはまるかで、「Love」なのか「Like」なのかを評価できる。

Love 恋愛尺度	好意尺度 Like
1 ○○さんと一緒にいられなければ、私はひどく寂しくなる。	1 ○○さんは私の知り合いの中でもっとも好ましい人物だと思う。
2 私は一人でいると、いつも○○さんに会いたいと思う。	2 私は○○さんをとても適応力のある人だと思う。
3 もし○○さんが元気がなさそうだったら、私は真っ先に励ましてあげたい。	3 ○○さんは責任ある仕事に推薦できる人物だと思う。
4 ○○さんのためなら、ほとんど何でもしてあげるつもりだ。	4 私は○○さんのような人物になりたいと思う。
5 ○○さんと一緒にいると、相手の顔を見つめていることが多い。	5 ○○さんと私はお互いにとてもよく似ていると思う。
6 ○○さんを独り占めにしたいと思う。	6 私は○○さんと一緒にいるとき、ほとんど同じ気分になる。
↓	↓
独占欲や、相手のための自《じ》己《こ》犠《ぎ》牲《せい》傾向が強い	**親愛や尊敬、信頼、自分と似ているかどうかが大事**

出典：Rubin,Z.（1970）.「Measurement of romantic love.」『Journal of Personality and Social Psychology』16，265-273.：藤原武弘・黒川正流・秋月左都士（1983）.「日本版Love-Liking尺度の検討」『広島大学総合科学部紀要Ⅲ　情報行動学研究』7，39-46.

恋愛感情は３つの要素で成り立っている

愛は、３つの要素で構成されるという「愛の三角理論」。すべてがバランスよく備わった「完全な愛」のほか、６つの愛のタイプがある。

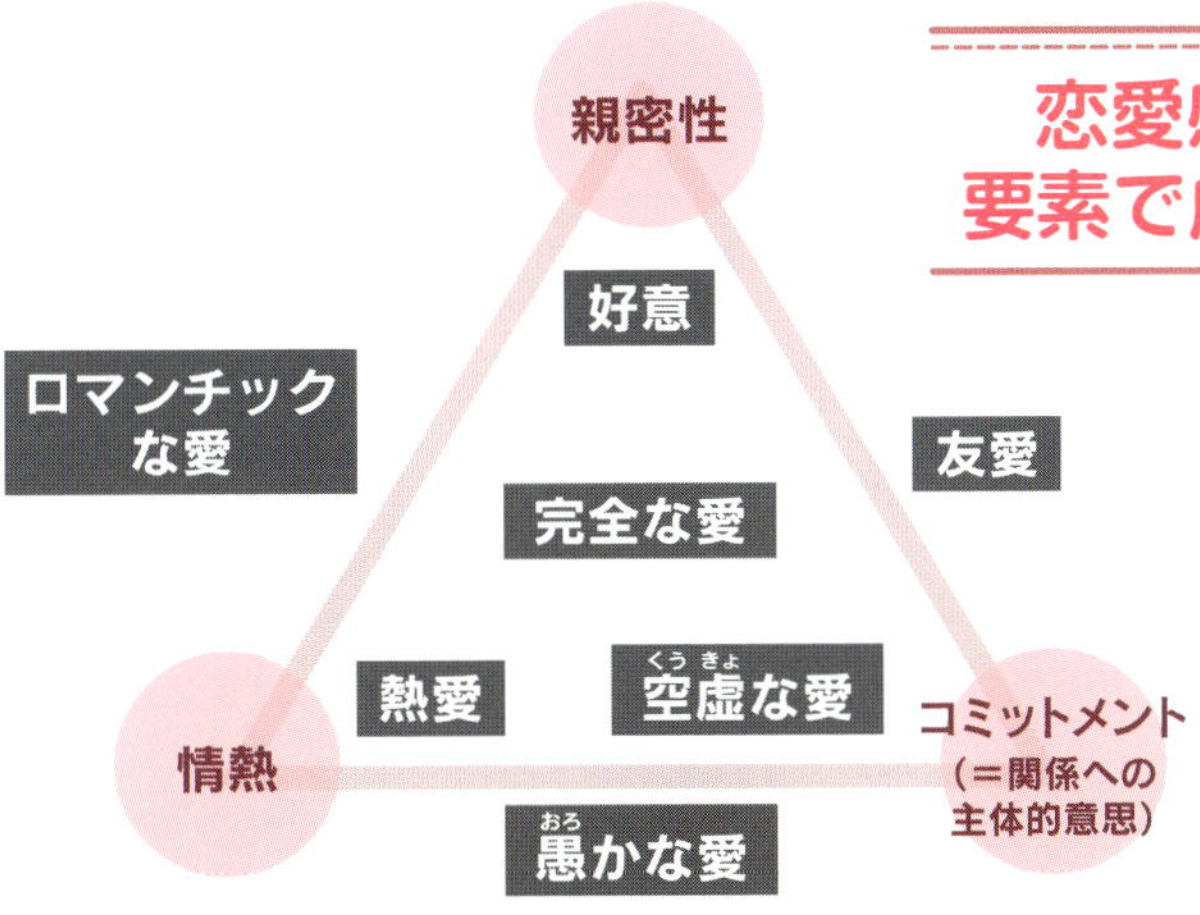

親密性
好意
ロマンチックな愛
友愛
完全な愛
熱愛
空《くう》虚《きょ》な愛
情熱
コミットメント（＝関係への主体的意思）
愚《おろ》かな愛

出典：Sternberg,R.J.（1986）.「A triangular theory of love.」『Psychological Review』93，119-135：Taylor,S.E., Peplau,L.A., & Sears,D.O.（1997）.『Social Psychology. 9th ed.』Prentice Hall.

好きになる基準は「繁殖力」と「健康度」

「あばたもえくぼ」というように、好きな異性のタイプは千差万別《せんさばんべつ》と思われている。しかし実際には世界共通の法則があり、女性は繁殖力、男性は健康度がその決め手だ。

いちばんもてるのは思いやりのある美男美女

異性としての魅力には、さまざまな要素が影響している。とくに影響が大きいのは、性格や男女それぞれの**身体的特徴**、お互いに似たタイプか否かの**類似性**、よく接触するか否かの**熟知性**《じゅくちせい》などである。

とくに美男美女が魅力を感じさせることは、多くの研究でも証明されている。内面的な思いやりや誠実さなども、異性を惹《ひ》きつける要因となる。ただし外見のよい人は性格もよいと錯覚されるので、外見のよさは、やはり有利なのだ。

誰だって、美男美女とつきあいたい

大学新入生を集めて、ランダムに異性のペアをつくり、相手への好意度を答えてもらった実験。好意度は、身体的魅力に比例していた。

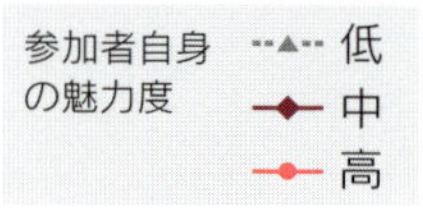
参加者自身の魅力度
低
中
高

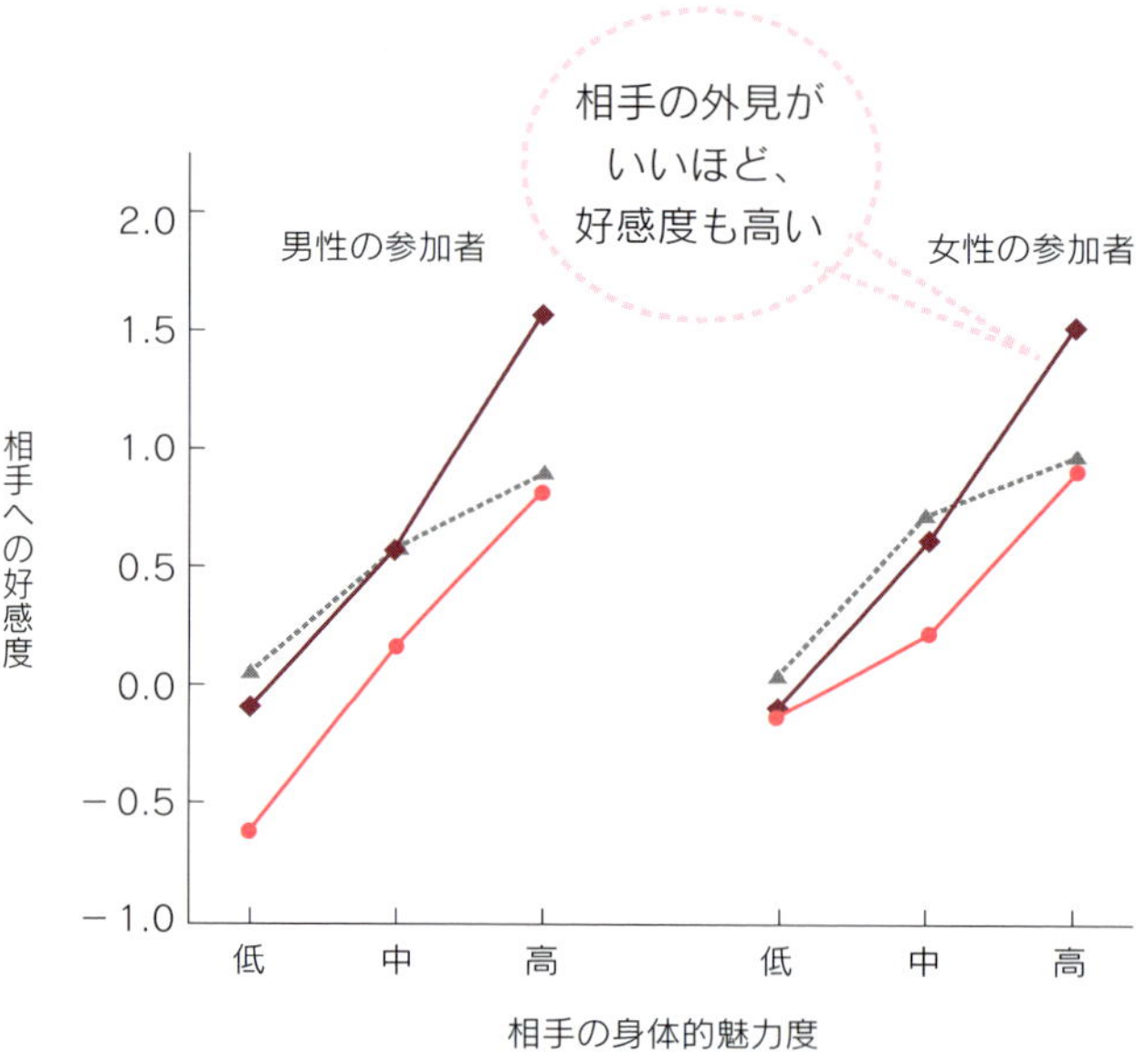
相手の外見がいいほど、好感度も高い
男性の参加者
女性の参加者
2.0
1.5
1.0
0.5
0.0
－0.5
－1.0
相手への好感度
低
中
高
低
中
高
相手の身体的魅力度

出典：Walster,E.、Aronson,V.、Abrahams,D.、＆Rottman,L.（1966）.「Importance of physical attractiveness in dating behavior.」『Journal of Personality and Social Psychology』4, 508-516.

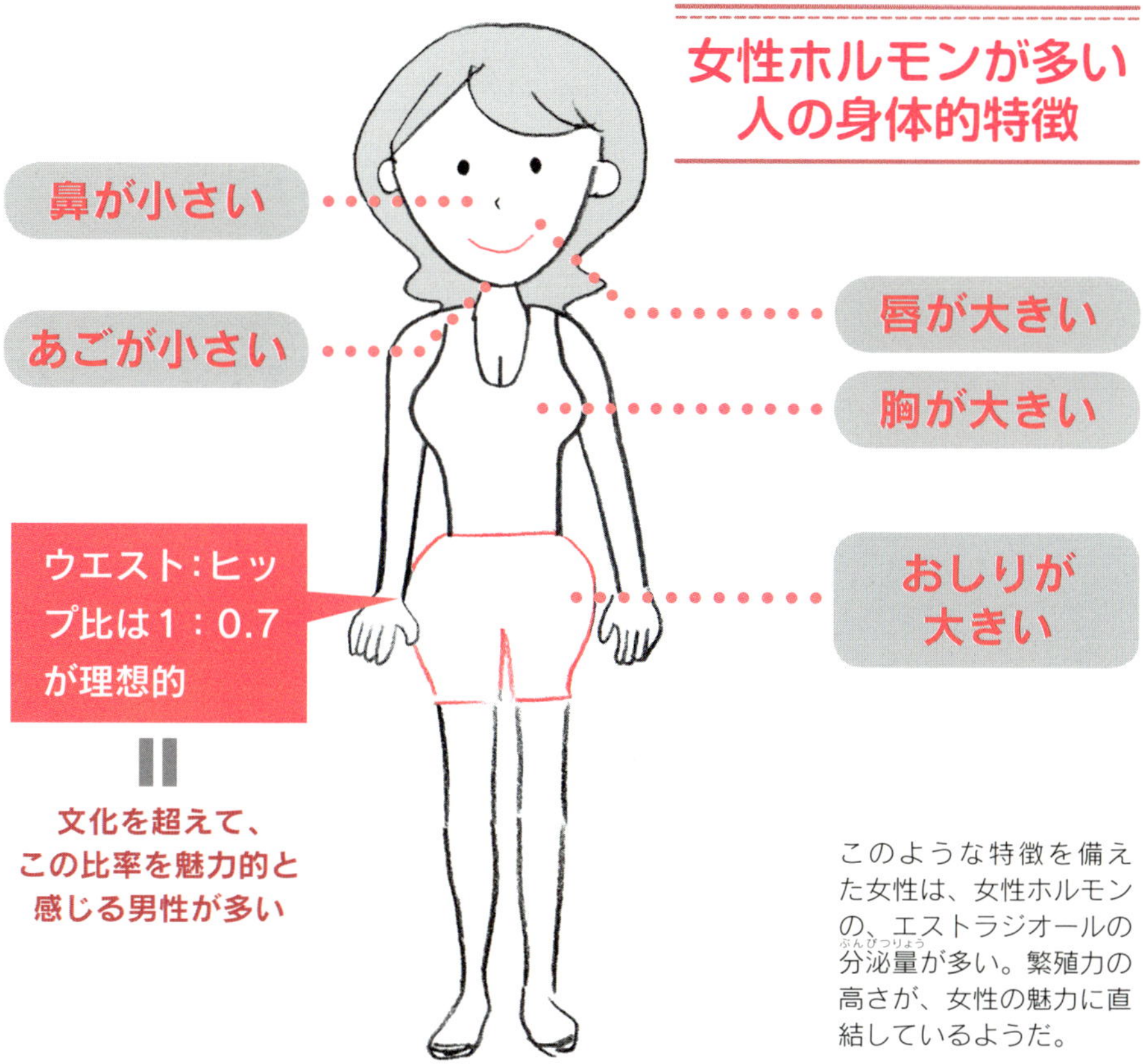
女性ホルモンが多い人の身体的特徴
鼻が小さい
あごが小さい
唇が大きい
胸が大きい
おしりが大きい
ウエスト：ヒップ比は1：0.7が理想的
＝
文化を超えて、この比率を魅力的と感じる男性が多い

このような特徴を備えた女性は、女性ホルモンの、エストラジオールの分泌量《ぶんぴつりょう》が多い。繁殖力の高さが、女性の魅力に直結しているようだ。

女性には繁殖力を、男性には健康を求める

異性に対する美の基準は、進化心理学的に証明できる。男性が女性に求めるのは、子孫をたくさん産める**繁殖力《はんしょくりょく》**であり、女性が男性に求めるのは、子どもをたくさん授けられる**健康度**だ。進化的意味があるからこそ、魅力的な人に、多くの人が惹かれるのである。

年上の男性がもてるのは地位と経済力があるから

女性が年上の男性を好む点は、世界的にほぼ一致している。これにも、進化心理学的意味がある。

どの文化圏《ぶんかけん》でも一般に、男性は年齢とともに地位や経済力が上がる。年上の男性をパートナーにすることで、女性は安心して子育てをすることができるのだ。

好きなタイプ

現実に好きになるのは、同レベルの相手

好きな異性のタイプが世界共通といっても、理想の相手ばかり追い求めてはいられない。現実には、自分と同じ「そこそこの相手」を選択する人が多い。

ハードルの高い相手は、危険？

外見がハイレベルな相手

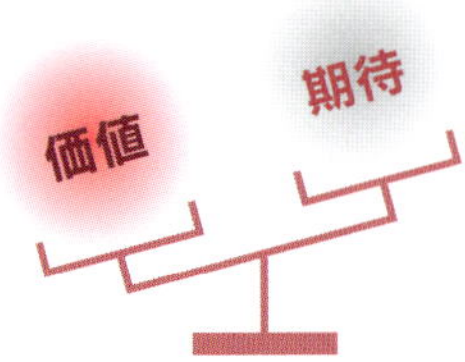

魅力的だけど、無理っぽい

誰が見ても魅力的な人は、「期待 － 価値説」からすると危険。親しくなる満足感（価値）に対し、成功の可能性（期待値）が小さいのだ。

外見が中レベルの相手

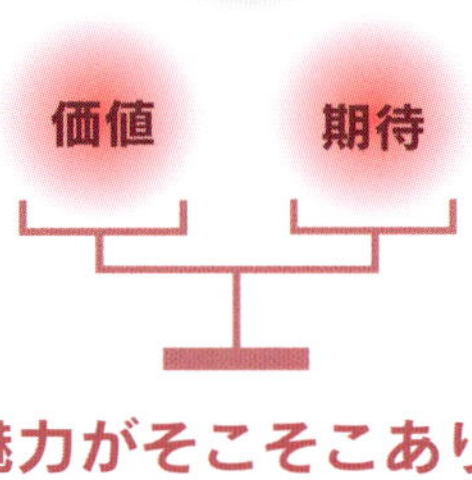

魅力がそこそこあり、うまくいきそう

自分の容姿が平均並みの人は、現実には、平均並みの相手を選ぶことが多い。価値と期待のバランスがとれているからだ。

脳の覚醒度も、恋のきっかけのひとつ

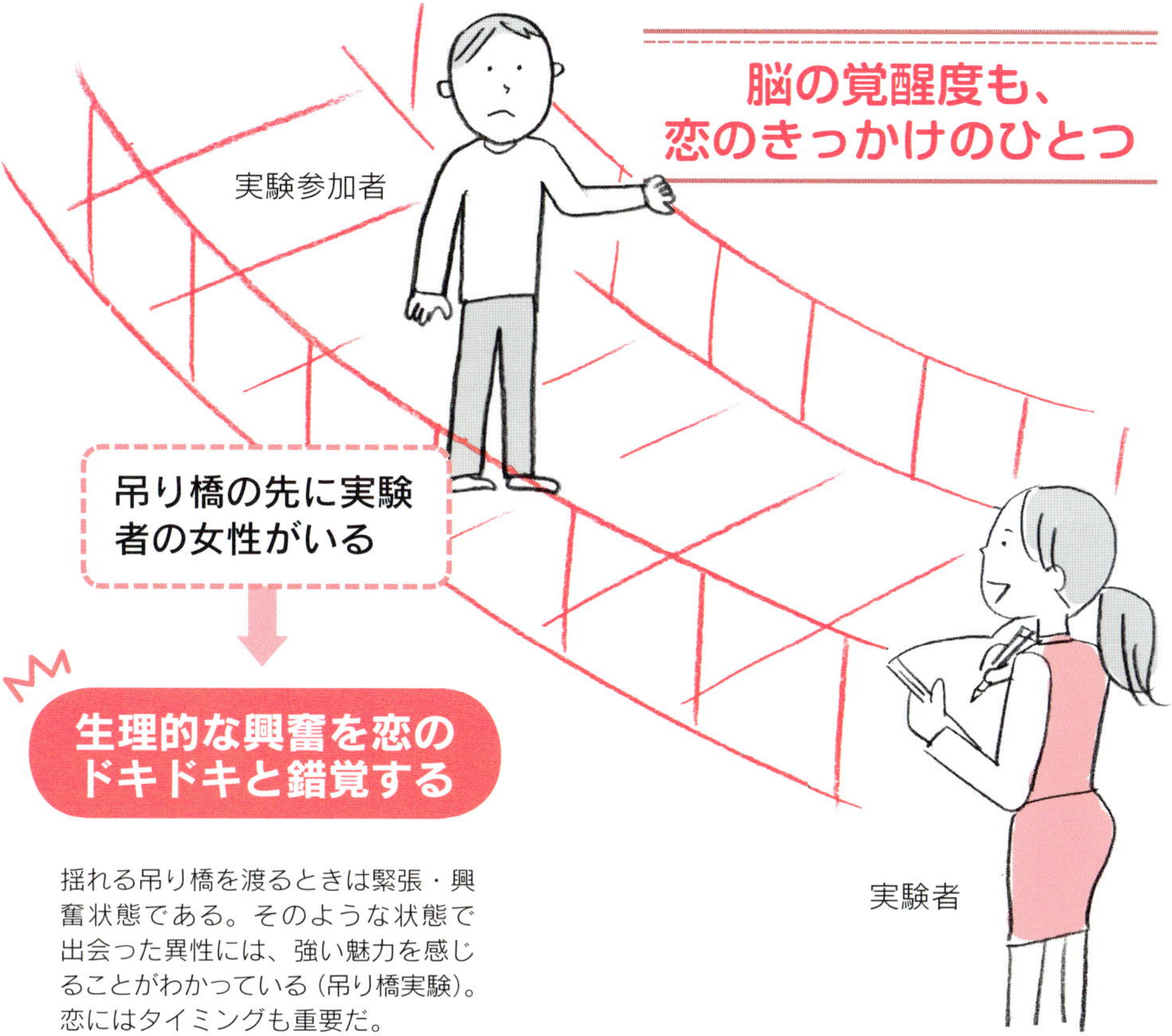
実験参加者
吊り橋の先に実験者の女性がいる
生理的な興奮を恋のドキドキと錯覚する
実験者

揺れる吊り橋を渡るときは緊張・興奮状態である。そのような状態で出会った異性には、強い魅力を感じることがわかっている（吊り橋実験）。恋にはタイミングも重要だ。

美男美女へのチャレンジはプライドが傷つく

外見だけが人を惹《ひ》きつけるのであれば、美男美女だけが恋愛することになってしまう。しかし人は一般に、外見も含め、社会的地位や教育歴などで、自分と同レベルの人に対して、魅力を感じやすい（**マッチング効果仮説**）。

さらに男性の社会的地位と、女性の身体的魅力度が、一致しているカップルも多い。

自分を好きといってくれる相手が好き

自分を認めてくれない人よりも、自分に魅力を感じてくれる人に、人はより好意を抱きやすいものである（**魅力の返報性《へんぽうせい》**）。

これは一般的な対人関係だけでなく、恋愛関係にも共通している。

異性にもてるには、恋愛スキルも必要

特別な美男や美女ではないのに、つねに異性にもてる人がいる。

その秘訣《ひけつ》は、異性を惹《ひ》きつけるコミュニケーションのしかたにある。

愛は、努力で手に入るのか

　愛情が生まれる要素として、外見の魅力や類似性などをあげてきたが、では、努力してもてるようになることはできるのだろうか。

　欧米のさまざまな研究では、デート経験を積み重ねるなどのトレーニングでスキルアップすれば、恋愛上手になれることがわかっている。ここでの恋愛のスキルは、「異性との社会的・性的関係を構築し、維持し終結するために必要なスキル」と定義されている。

　とくに重要なのが、上の3つだ。

スキル1 声

声の大きさ
- はっきりと聞こえる
- 息がまじらず、ささやかない

声の速さ
- 相手よりゆっくりしている

声の抑揚
- 比較的一定で安定している
- 速さよりも大きさに変化がある

声の演出
- 大げさないいかたを強調しない

スキル2 会話の形式

会話の流れ
- 不快な長時間の間をつくらない
- 会話の合間の沈黙（5秒以上）をつくらない

会話の興味
- 相手に対する興味を示すコメントをする（仕事や学校でのようすや、外見に対するほめ言葉、質問）

会話中の適切な対応
- 相手の発話に、少なくとも一度反応する

会話の始めかた
- 女性が話していないときに話を始める
- 新しい話題を提供する

スキル3 感情の表出

笑い
- くすくす笑いや、かん高い笑いをしない

アイコンタクト
- 相手が話しているとき、30秒間に5秒以上相手の顔を見る

表情
- 状況や相手の表現に応じた表情をする

なかでも「スムースな会話」と、「相手の目を見ること」が大切なようである。

デートの場所選びで恋がうまくいく

デートを成功させるには、シチュエーションも重要だ。

とくに効果的なのが、非日常的な場所を選ぶこと。人は新しい場所に行くと、気分が高揚《こうよう》する。相手への気持ちも盛り上がり、見かたや接しかたが変わることが多い。

関係をさらに深めたいなら、うす暗い場所や時間帯も有効だ。しっとりした雰囲気のなかでは、恋人どうしのような行動をとるという、**認《にん》知《ち》的《てき》倹約《けんやく》**が起こるからだ。

また、暗い場所では瞳孔《どうこう》が開く。

人は好きなものを見るときに瞳孔が開くため、「相手は自分に好意がある」と錯覚する作用もある。

友人に近い関係から、情熱的な関係へ

恋愛感情は、時間とともに深まっていく。原動力となるのは、「相手のためなら何でもできる」という気持ちの強さだ。

大学生を対象とした調査によると、恋愛は下図の5段階で進展。友人に近い関係から、唯一のパートナーへと変化していくことが多い。

恋の進展には5つのステップが必要

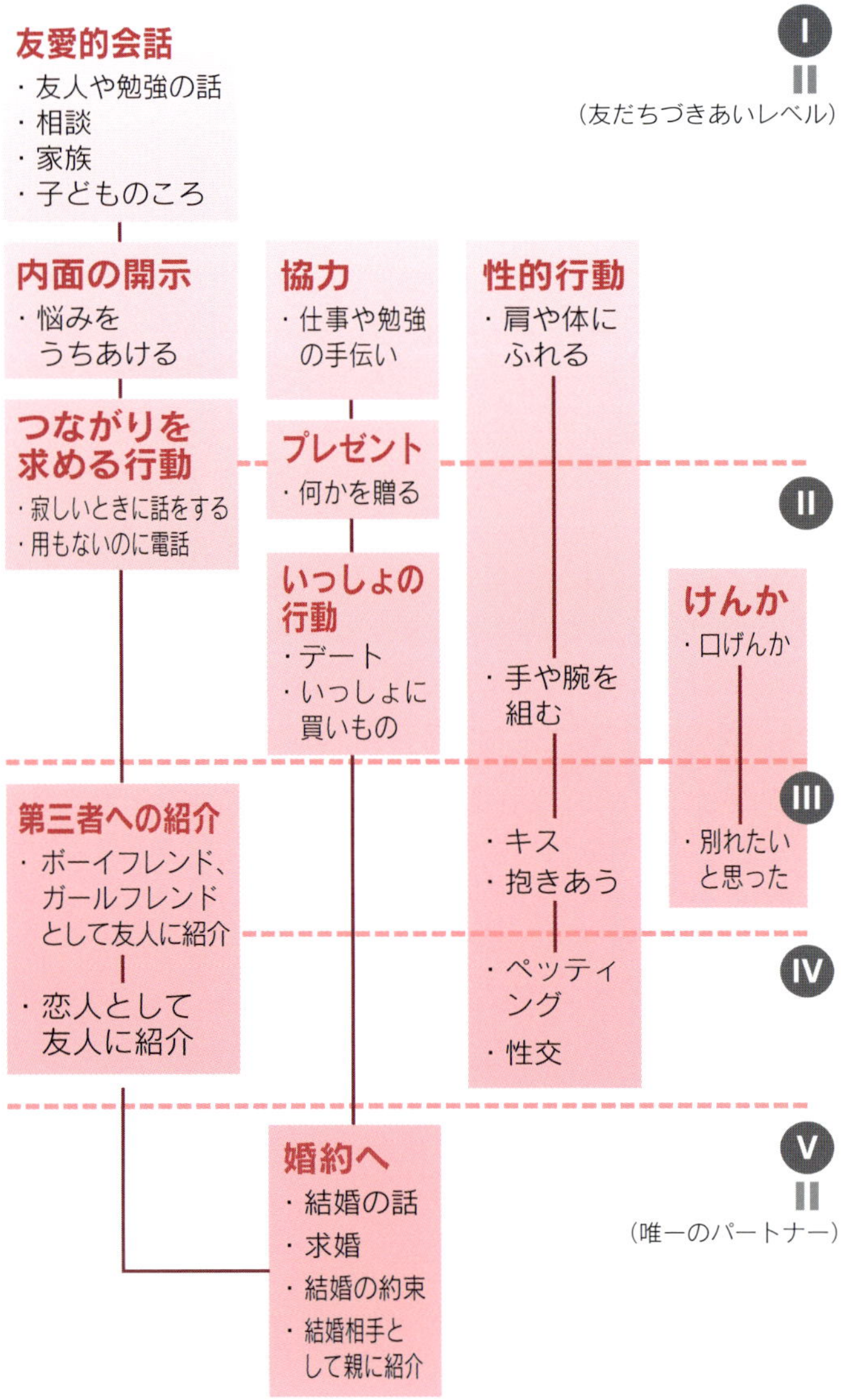
友愛的会話
・友人や勉強の話
・相談
・家族
・子どものころ
I
＝
（友だちづきあいレベル）
内面の開示
・悩みを
うちあける
協力
・仕事や勉強
の手伝い
性的行動
・肩や体に
ふれる
つながりを
求める行動
・寂しいときに話をする
・用もないのに電話
プレゼント
・何かを贈る
II
いっしょの
行動
・デート
・いっしょに
買いもの
けんか
・口げんか
・手や腕を
組む
III
第三者への紹介
・ボーイフレンド、
ガールフレンド
として友人に紹介
・キス
・抱きあう
・別れたい
と思った
IV
・ペッティ
ング
・性交
・恋人として
友人に紹介
V
＝
（唯一のパートナー）
婚約へ
・結婚の話
・求婚
・結婚の約束
・結婚相手と
して親に紹介

出典：松井 豊（2006）．「恋愛の進展段階と時代的変化」齊藤 勇（編）『イラストレート恋愛心理学――出会いから親密な関係へ』誠信書房

ロマンティックな愛情が、浮気心を抑える

恋人以外の魅力的な異性への反応を調べた実験。恋人への愛情を想起した条件１では、別の異性が気になりにくかった。

写真の魅力的な異性について、作文を書く
1～3のいずれかのテーマで作文を書く
条件1 自分のパートナーへの、ロマンティックな愛情
条件2 自分のパートナーへの性的欲求
条件3 とりあえず頭に浮かんだこと
条件１の実験参加者は、写真で見た魅力的な異性が頭に残りにくかった

恋愛は友情と違い、始まりと終わりがある

友人と恋人でいちばん大きく違うのは、**性行動の許容度**である。

多くの場合、性交は恋愛でのみ許される。また恋人はお互い、複数いてはいけないのが、暗黙のルール。それに反した場合、関係の終了もありうる。

始まりや終わりが明確なのも、恋愛の大きな特徴である。

犠牲をいとわない人ほど恋愛の満足度が高い

恋愛の維持と継続には、相手への**コミットメント**、つまりつながっていたいとの強い意志が重要である。とくに相手のための犠牲《ぎせい》をいとわないカップルほど、関係への満足度が高く、良好な関係を保てることがわかっている。

男性は体の浮気に、女性は心に嫉妬する

相手の浮気を疑ったり、実際にされたりしたとき、人は強い嫉妬心にかられる。嫉妬はつらい感情だが、じつは自分の身を守るという大切な機能をもっている。

嫉妬心は、生物としてのアラームサイン

相手の**浮気**を疑ったとき、浮気されたときの**嫉妬**《しっと》の役割は、進化心理学的な視点から説明できる。

パートナーの男性が浮気した場合、女性はいまの生活を失う危険が高い。反対に、女性が浮気した場合、男性は、自分の子孫ではない子どもを育てることになりかねない。浮気は、生活を守り、子孫を増やすうえでの脅威《きょうい》なのだ。

そこで嫉妬心が**危険信号**として働き、相手をつなぎとめるための行動を促すと考えられている。

嫉妬のしかたには男女差がある

国別のデータでも、男性は体の浮気に、女性は心の浮気に嫉妬する傾向がある。男性は繁殖《はんしょく》を守り、女性は生活を守るためと考えられる。

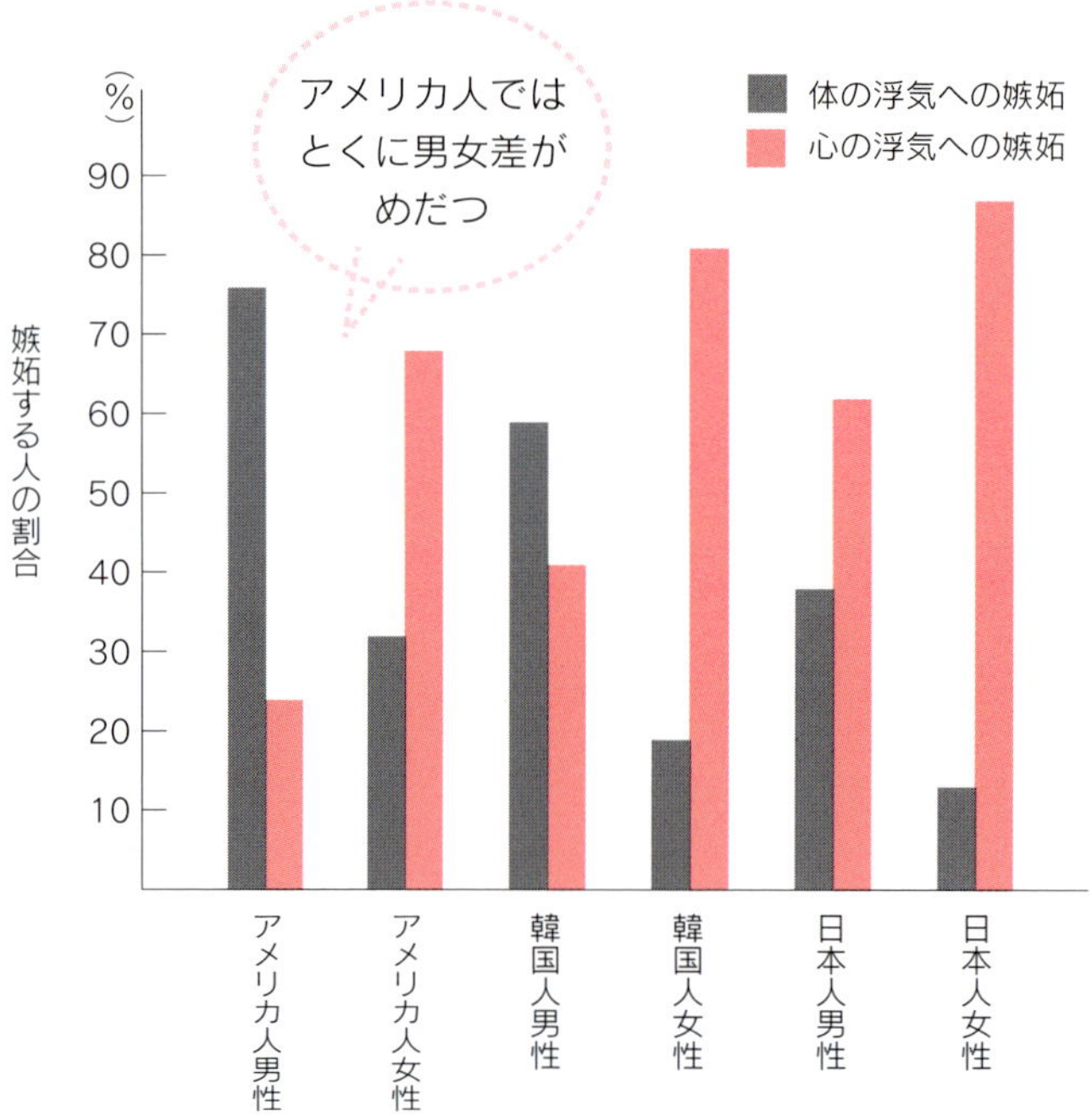

アメリカ人ではとくに男女差がめだつ
体の浮気への嫉妬
心の浮気への嫉妬
（%）
90
80
70
60
50
40
30
20
10
嫉妬する人の割合
アメリカ人男性
アメリカ人女性
韓国人男性
韓国人女性
日本人男性
日本人女性

出典：Buss,D.M.，Shackelford,T.K.，Kirkpatrick,L.A.，Choe,J.，Hasegawa,M.，Hasegawa,T.，& Bennett,K.（1999）.「Jealousy and beliefs about infidelity : Tests of competing hypotheses in the United States，Korea，and Japan.」『Personal Relationships』6，125-150.

浮気を防ぐ戦略も男女で異なる

男性

経済力で魅力をアピール

男性に多い配偶者保持《はいぐうしゃほじ》戦略《せんりゃく》。高価なプレゼントなどで経済力を誇示《こじ》し、女性の気持ちをつなごうとする。

女性

身づくろいで魅力を高める

いつもと違うファッションやメイクなどで身体的魅力を高め、男性の気持ちを自分に戻そうとする。

関係を維持するには浮気のばれかたも重要

実際には、どのくらいの男女が浮気をしているのか。

ある調査によると、既婚男性の約28%、既婚女性の約15%が、浮気経験ありと答えている。

ばれた理由としては、第三者あるいは浮気相手から聞いたというケースが約半数だ。

人づてに聞いた場合は、関係を修復できる可能性が高いことが、同様の調査からわかっている。一方、浮気現場を目撃された場合は、修復の可能性は低い。

また、浮気に気づいたときは、「うすうす気づいている」態度を見せると、浮気した側は罪悪感や不安感にさいなまれるという研究結果がある。責めたり罰を与えるよりも効果的な対処法といえる。

不満をぶつける？　あきらめて別れる？

恋の始めの情熱は、やがて冷める。それでもいい関係を維持しているカップルもいれば、別れを選ぶカップルもいる。その違いはどこにあるのだろうか。

3要素のバランスで関係の存続を決める

相手に費やした時間や労力（投資量）、ほかの人との交際で得られるもの（比較水準）、現在の満足度が、判断材料となる（投資モデル）。

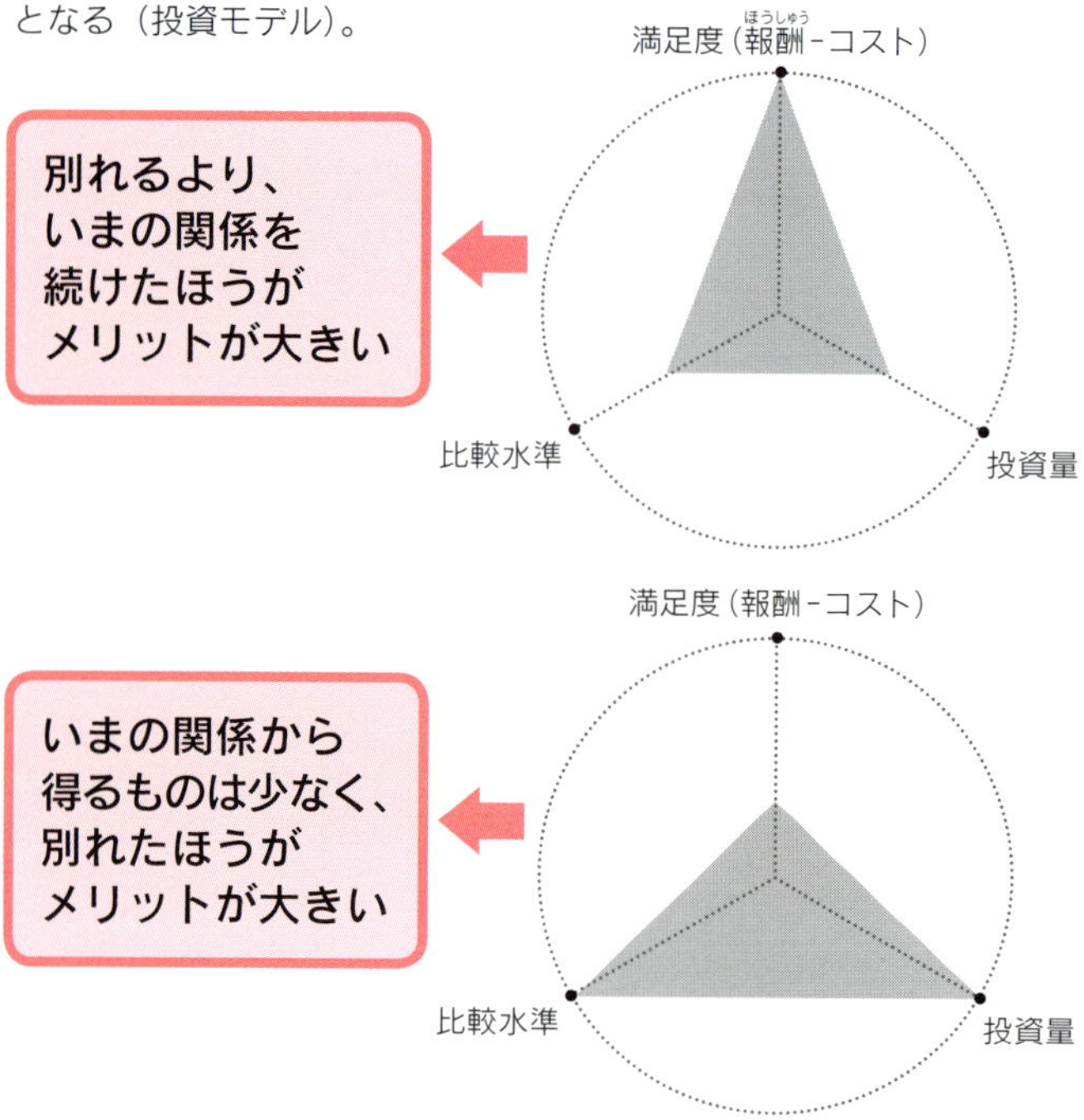
満足度（報酬《ほうしゅう》−コスト）
比較水準
投資量
別れるより、いまの関係を続けたほうがメリットが大きい
満足度（報酬−コスト）
比較水準
投資量
いまの関係から得るものは少なく、別れたほうがメリットが大きい

親密になるほど不満やストレスも増える

愛情で結ばれた夫婦や、長いあいだ関係が続いたカップルでも、やがて**対立**や**愛情の冷却化**、**無関心**などの問題が起こってくる。

関係が親密になればなるほど、互いに与える影響も大きくなるため、**葛藤**《かっとう》が起きる可能性も高まる。

また、就職や転職などの外的環境変化による不満やストレス、相手への理想化による落胆も、葛藤の要因になる。

とくに、問題の原因を、相手の性格などの内的要因に求めやすい

相手とぶつかったときの対処法は４つ

葛藤や不満が生じたときの対処行動は、以下の４つに分類できる。

縦軸：解決度　横軸：積極性

待機

- 事態が改善することを信じて、ひたすら待つ
- 投資量が多く、魅力的な代替関係がないときの対処法

対話

- 相手と話しあったり、第三者の助けを求めたりする
- 満足度と投資量が多いときの対処法

無視

- 相手と過ごす時間を減らす、話しあいを拒否するなどして、事態の悪化を放置する
- 満足度と投資量が少ないときの対処法

退去

- 相手と別れる、離婚するなどして、関係をこわす
- 満足度と投資量が少ないとき、魅力的な代替《だいたい》関係があるときの対処法

積極性

Rusbult,C.E., Johnson,D.S., & Morrow,G.D.（1986).「Impact of couple patterns of problem solving on distress and nondistress in dating relationships.」『Journal of Personality and Social Psychology』50, 744-753. より作成

人ほど、不満やストレスを感じやすいようである。

話し合いと許しが関係継続の鍵

どのようなカップルにも多かれ少なかれ葛藤は生じるが、すべてが別離《べつり》に至るわけではない。

葛藤が生じた場合の対処法には、上図の4つがある。相手との関係にどのくらい満足しているか、相手のために多くの時間と労力を費やしてきたかなどが、対処法の選択に関係している。

葛藤があっても関係がこわれにくいのは、**対話**によって対処するカップルであることがわかっている。話しあいによって、問題の所在をあきらかにし、互いの気持ちを理解したり不信感を払拭《ふっしょく》することと、ときには相手の失敗を許すことが、関係修復には必要だ。

恋の終わりは3月、4月にやってくる

別れのきっかけはさまざまだが、物理的な距離が、心の距離となることも多いようだ。そのため、環境が変わる3月、4月に、恋が終わることが多い。

環境の変化が別れのきっかけになる

卒業や就職、部署異動、転勤などの環境変化が起きる３月、４月の別《べつ》離《り》がもっとも多い。

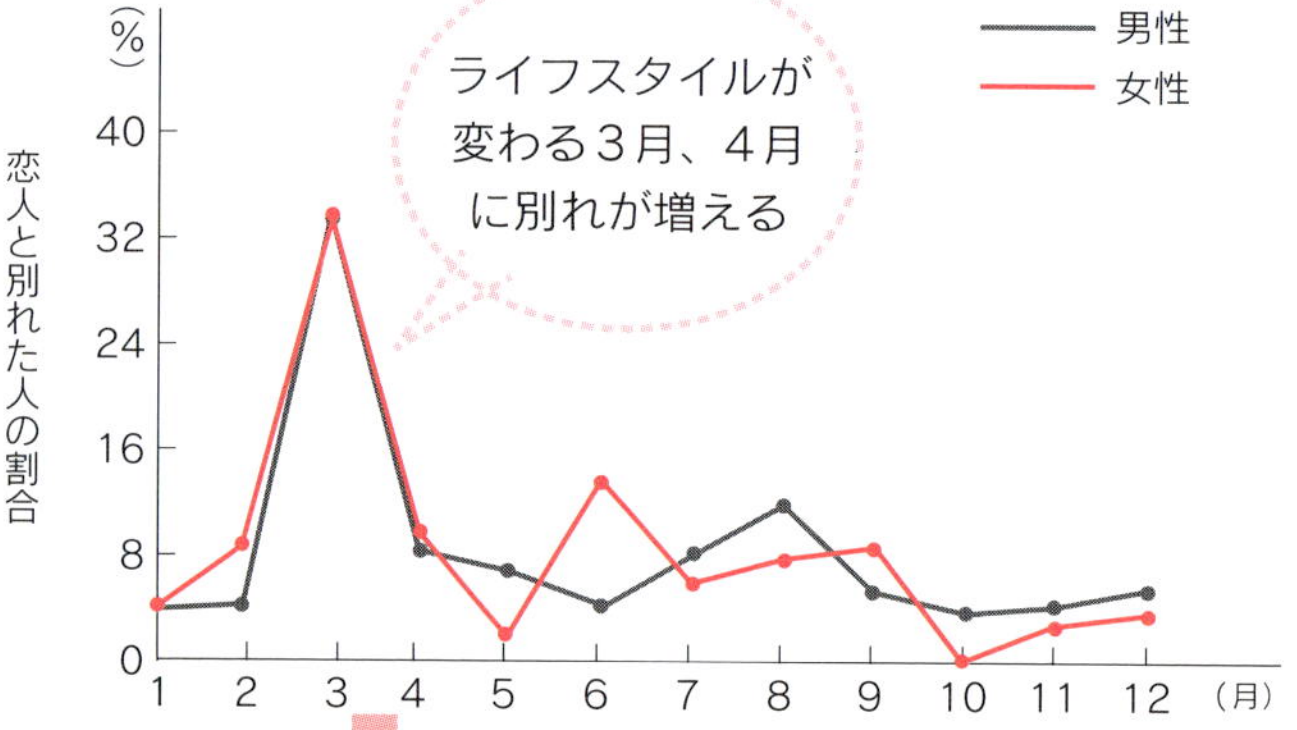
(%)
40
32
24
16
8
0
恋人と別れた人の割合
1
2
3
4
5
6
7
8
9
10
11
12
(月)
男性
女性
ライフスタイルが変わる３月、４月に別れが増える

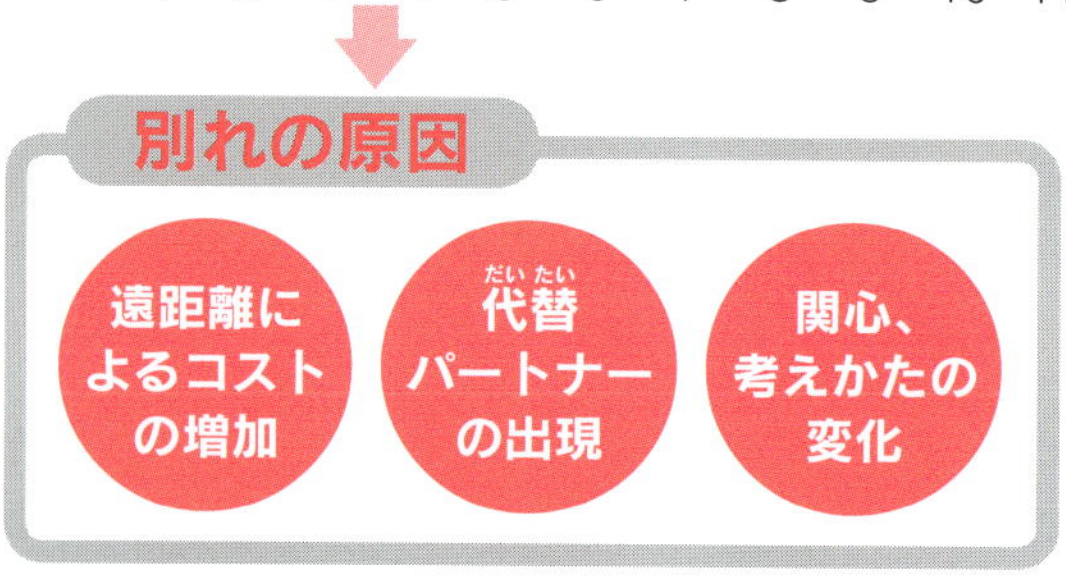
別れの原因
遠距離によるコストの増加
代替《だいたい》パートナーの出現
関心、考えかたの変化

グラフ出典：大坊郁夫（1988）.「異性間の関係崩壊についての認知的研究」『社会心理学会第29回大会発表論文集』64-65.

男性はやけ酒を飲み女性は部屋で泣く

失恋時の心理的反応の特徴は、**ネガティブな強い情動《じょうどう》**である。「胸がしめつけられる」といった情動や、「いまの自分ではしかたない」といった**自己否定**は、とくに男性に多い。女性は「相手に償いたい」などの、**罪悪感**に近い反応を示すことが特徴だ。

また男性は、やけ酒を飲むなどの**発散行動**で、失恋のショックを軽くしようとする。女性は、部屋で泣いて過ごすなど、**情緒的落ち込み**の傾向がある。

「別れたい」の言葉だけでは終われない

親密な関係の解消過程には、4つの段階がある。未婚カップルであっても、ふたりの話しあいだけでは、関係を終えられないのだ。

この段階で話しあいがうまくいき、関係が続くことも

1 内的とり組み段階

不満やストレス、関係の問題などを意識し、ひとりで悩む。

2 関係的段階

不満や意見をパートナーにぶつけ、問題の修復をはかる。

3 社会的段階

修復や調整ができなければ、別れを決め、周囲に公表する。

4 思い出の埋葬段階

思い出を振り返り、葬《ほうむ》ることで、完全に関係を清算する。

やけ酒や、相手の家の近くへ行くなどの行動は、男性に多い

出典：Duck,S.（1982).「A perspective on the repair of personal relationships：Repair of what, when?」In S.W.Duck（Ed.),『Personal relationships 5：Repairing personal relationships』Academic Press.

結婚生活は、愛情より努力が大事

結婚は、日常生活そのものだ。そのため、強い愛情だけでは続かない。いい関係を維持するには、思いやりや、相手のミスを許す大らかさが必要とされる。

結婚する直前がいちばん幸せ!?

　恋愛がうまくいき、**結婚**に至った後は、また別の問題が待ちかまえている。結婚するときは互いのコミットメントを誓ったものの、結婚後の**満足度**は、下図のようにどんどん下降していく。その結果、別離《べつり》を選択するカップルも多い。

　結婚後の**不満**や**ストレス**は、とくに妻側が感じやすい。そのため結婚は男性に有利、女性に不利とする説もある。しかし、女性のほうが神経質で、不満を抱きやすいことが原因とも考えられる。

結婚から10年で満足度は一気に下がる

夫婦93組を対象に、結婚満足度を追跡調査したグラフ。結婚後４年間に急激に満足度が下がり、その後も少しずつ下降していた。

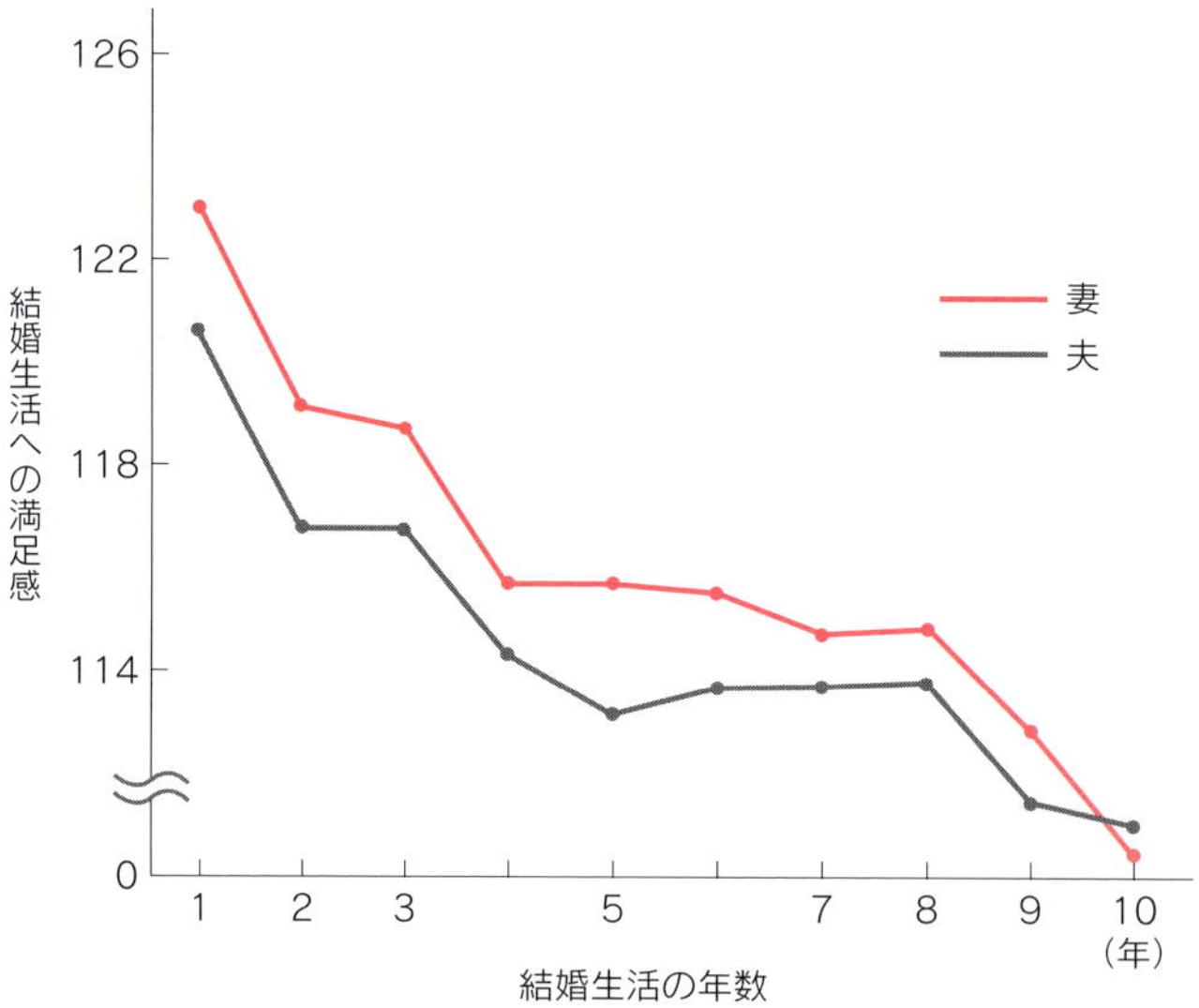

出典：Kurdek,L.A.（1999）.「The nature and predictors of the trajectory of change in material quality for husbands and wives over the first 10 years of marriage.」『Developmental Psychology』35, 1283-1296.

夫婦関係は愛情だけではダメ

愛情だけでは、円満な結婚生活は送れない。日常的な気づかいやコミュニケーションが大切だ。

思いやり

一方的な思いやりではダメ。相手の受け止めかたが重要だ。

肯定的コミュニケーション

会話中のうなずき、感謝やねぎらいの言葉、愛情表現など。

経済力

経済的に困窮《こんきゅう》すると、夫婦間の問題、けんかが多くなる。

今日は冷えるわね
そうだなー

夫婦円満の秘訣は妻の大らかさ

結婚と離婚に関する調査では、**離婚原因**のトップは男女とも**性格**だ。配偶者の性格全般に対する不満が、離婚の引き金となる。

とくに**神経質な性格**が、離婚に深く関係することは、古くから知られている。神経質な人は、不安や不満などのマイナスの感情を抱きやすく、小さなことにも過剰に反応しやすい。その結果、口論や意見の対立がより多くなるといわれている。夫側が神経質であるより、妻側が神経質なほうが、対立はより大きくなる傾向がある。

意外だが、活発で**外向的な性格**も、離婚に結びつきやすい。けんかの原因が増えること、代替《だいたい》パートナーが見つかりやすいことなどが、その原因と考えられる。

夫婦間の問題は、先送りで解決する

けんかしないカップルより、けんかするカップルのほうが長く続くといわれる。しかし、ぶつかってばかりでは、互いに疲れる。ときには問題を先送りすることも大切だ。

夫婦げんかの原因、1位は「子ども」

夫と妻それぞれ100名に、複数回答してもらった結果。育児や家事、週末の過ごしかたなど、原因は多岐にわたる。

		夫	妻
1	子どものこと	36.4%	38.9%
2	家事や家庭の雑用	25.1%	24.1%
3	コミュニケーション	22.1%	21.8%
4	レジャー活動	19.5%	20.1%
5	仕事	19.3%	18.9%
6	お金	18.3%	19.4%
7	習慣	16.2%	17.0%
8	親戚や元配偶者のこと	10.7%	11.9%
9	愛情表現やセックス	7.9%	8.4%
10	性格	5.5%	8.6%

出典：Papp,L.M.，Commings,E.M.，＆Goeke-Morey,M.C.（2009）.「For richer，for poorer：Money as a topic of marial conflict in the home.」『Family Relation』58（1），91-103.

妊娠、出産も夫婦関係のリスクになる

夫婦の衝突は、日常のささいなことで起きる。その原因は、じつにさまざまだ。

子どもの誕生といった一見喜ばしいことも、不満の大きな原因になる。上表の通り、夫婦げんかの原因の1位は、子どものことである。とくに育児に手のかかる時期に、夫婦そろって不満が多くなり、対立も増える。

ただこの時期、実際に離婚に至ることは少ない。子どもの存在は、関係存続の動機づけにもなるのだ。

一方的な話しあいは関係を悪くするだけ

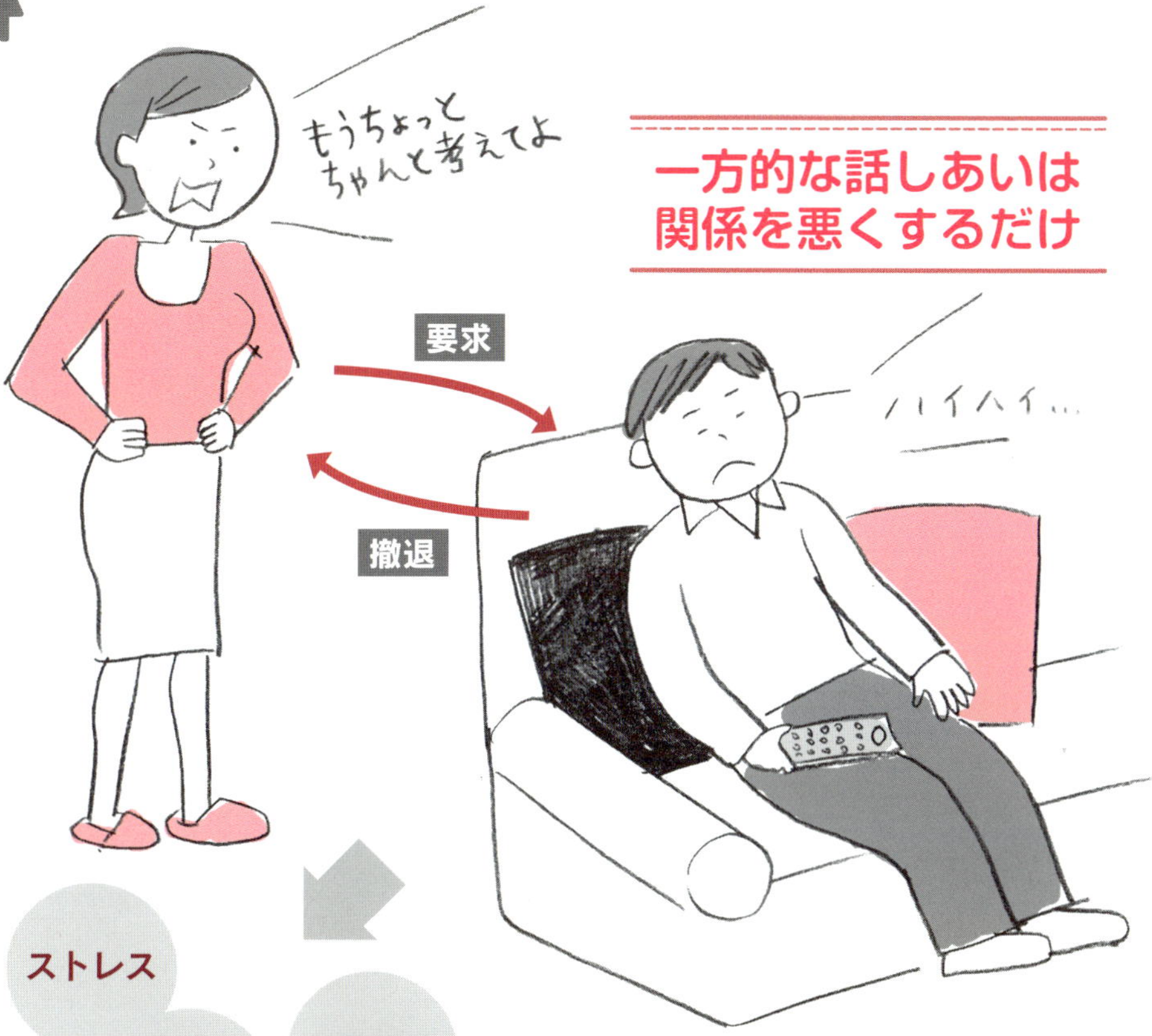
もうちょっと
ちゃんと考えてよ
要求
撤退
ハイハイ…

ストレス
暴力
離婚

妻は話しあいを求め、夫はだまるという夫婦が多い（要求-撤退コーピング）。このパターンでは、互いの不満度がとくに高い。

問題の先送りも立派な解決法

不満や対立による**ストレス**を解消する方法を、**コーピング**という。

コーピングには、建設的に話しあう**話しあいコーピング**、話しあいを避ける**撤退《てったい》コーピング**、問題を忘れたり問題から逃れようとする**逃避・回避コーピング**などがある。話しあいコーピングがもっとも前向きだが、新たなストレスとなる危険もある。

そこで提唱されているのが、**解決先送りコーピング**だ。

生じた問題をひとまず棚上げし、時間経過のなかで自然に解決するのを待つ。または、機が熟してから落ち着いて話しあう。

毎日顔をあわせる夫婦関係だからこそ、ストレスになりにくい解決法が役に立つ。

知って納得！
男女の心理

未練がましいのは、男性と女性どっち？

男女の違いよりも、主導権の有無が重要

一般論では、男性のほうが、前のパートナーとの関係を引きずりやすいといわれている。しかし心理学的には、明確な差はない。

むしろ、どちらが別れを切り出したかが、失恋後の反応を左右する。別れを告げる側はすでに心理的準備ができており、未練が残りにくい。そして、別れを切り出すのは、女性の場合が多いのだ。

離婚した女性の半数以上が幸せを感じている

一方、離婚の場合は、男性のほうが引きずりやすいことがわかっている。離婚後の男女に対する調査でも、女性の半数以上が「離婚して幸せになった」と感じているのに対し、男性では半数近くが「不幸せになった」と答えている。

このような違いには、離婚の主導権はたいてい女性側にあること、男性には支えてくれる友人が少ないことなどが関係しているようだ。

離婚でダメージを受けるのは、男性

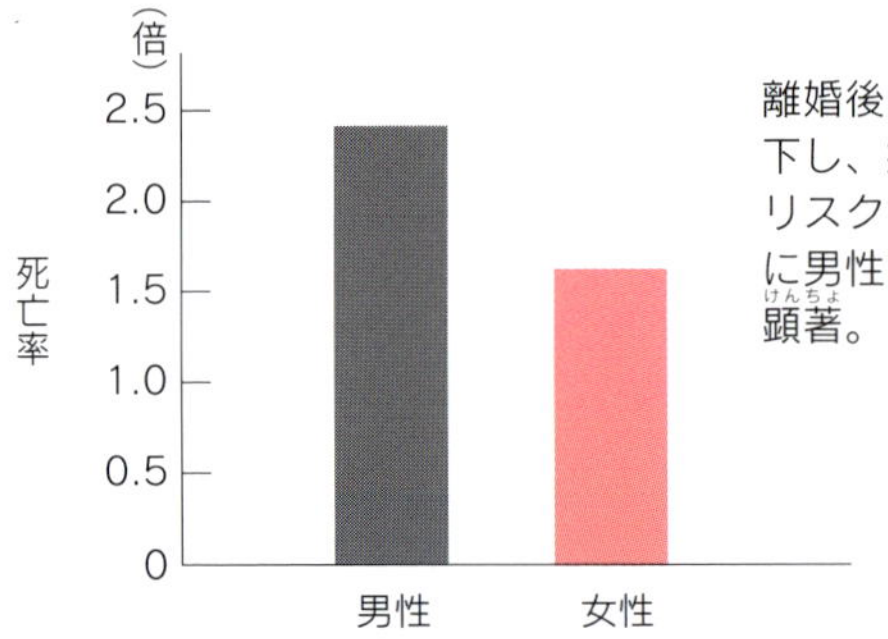

離婚後は、免疫力《めんえきりょく》が低下し、病気で死亡するリスクが高まる。とくに男性で、その傾向が顕著《けんちょ》。

出典：Hemström,Ö.（1996）.「Is marriage dissolution linked to differences in mortality risks for men and women ?」『Journal of Marriage and the Family』58，366-378.

Part

4

働きやすく、結果の出せる組織をつくる

——集団・組織・リーダーシップの心理

集団になると、1対1のコミュニケーションとは違った心理が働く。
とくに会社組織では、集団ならではの心理が、
職場効率を下げていることも多い。
集団で気持ちよく過ごし、
高い成果をあげるには、どうすればいいのだろう。

みんなの力で、目標を達成する

集団には、必ず何らかの目的がある。そのため、いかに集団の機能を高め、目的を達成するかが研究課題だ。リーダーシップやコーチング研究でも、成果を高める法則が次々と提唱されている。

組織やチームには、明確な目的、役割がある

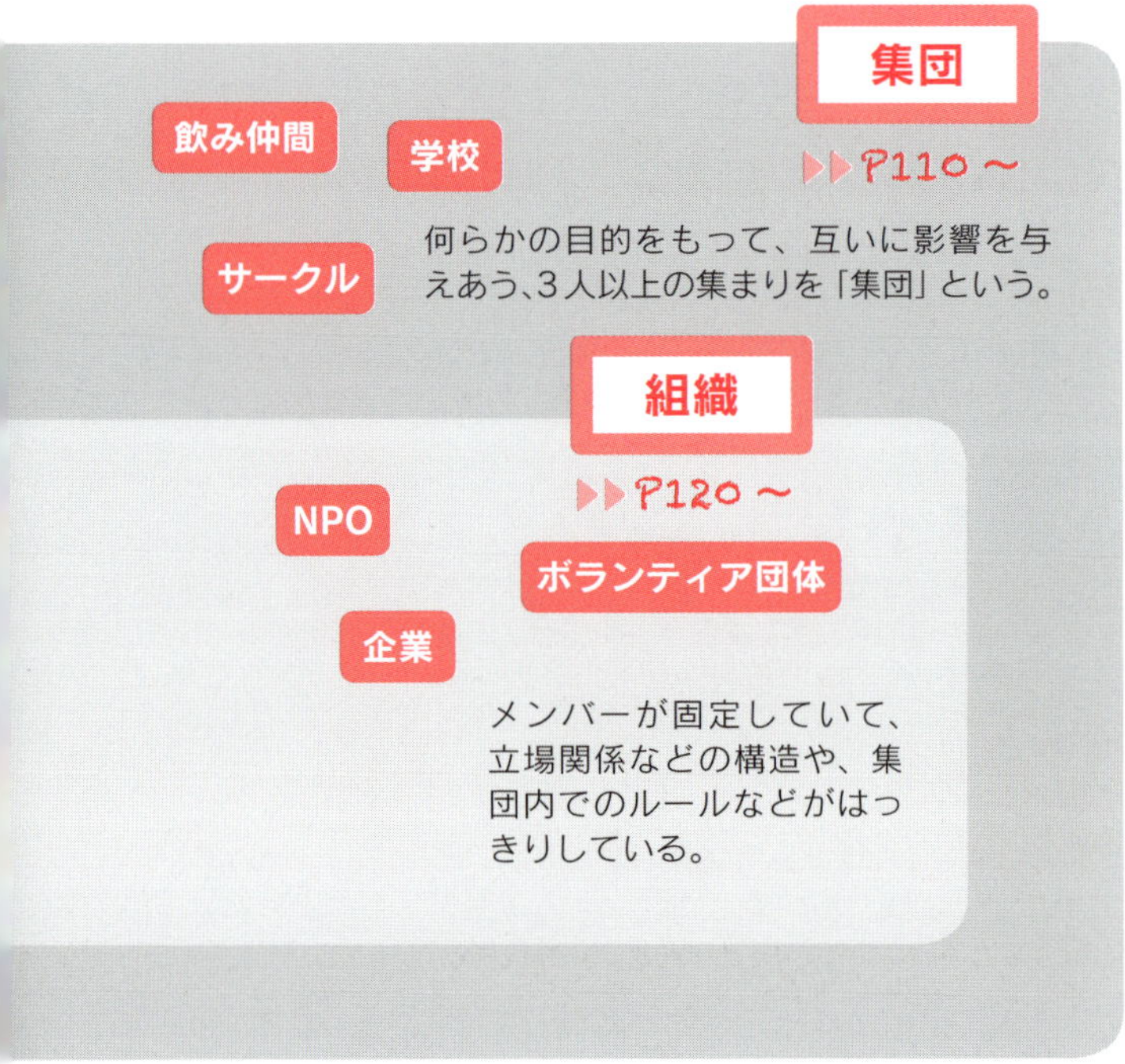
集団
▶▶P110〜
飲み仲間
学校
サークル
何らかの目的をもって、互いに影響を与えあう、3人以上の集まりを「集団」という。
組織
▶▶P120〜
NPO
ボランティア団体
企業
メンバーが固定していて、立場関係などの構造や、集団内でのルールなどがはっきりしている。

先の見えない時代に組織を成功へ導く

集団に関する心理学研究は、古くからおこなわれていた。なかでも、現在とくに注目されているのが、**産業・組織心理学**とよばれるジャンルである。

経済が右肩上がりに成長していた時代とは違い、いまは世界的に、先の読めない状況だ。日本の会社組織のありかたも、年功序列から成果主義への変遷《へんせん》を経て、現在も揺れ動いている。

いかにして成果の高い組織をつくるかは、社会的な重要課題だ。

集団という大きな枠のなかに、組織と、さらに小さな単位のチームが存在する。
集団でも組織でも、みんなに影響を与える人を、リーダーという
リーダーシップ
▶▶P128 ～
部門長のような公式のリーダーと、自然としたわれ、メンバーに影響を与える非公式のリーダーがいる。
影響
コーチング
▶▶P130 ～
新たなメンバーに対し、集団のルールなどを教えながら、潜在的な能力を引き出す。
チーム
▶▶124 ～
明確な目標のもとにつくられた集団。互いに助けあうが、各自の役割ははっきり決まっている。
職場ストレス
▶▶P132 ～
組織内のプレッシャーだけでなく、感情を押し殺す「感情管理」も、ストレスとなる。

集団ならではの手抜きや失敗を防ぐ

ひとりでできる仕事には、限りがある。だから人は組織をつくり、より大きな目標にとりくむ。

しかし集団には、集団ならではのマイナス面もある。

組織が大きくなるほど、ひとりあたりの成果が下がる。

また、個人での仕事より、失敗による損失も大きい。

組織ならではの圧力やストレスもある

さらに、集団の圧力でいいたいことをいえなかったり、ストレスにより心が疲弊《ひへい》してしまうこともある。

組織をうまく機能させるには、このようなマイナス面も理解しておく必要がある。

集団

人とつながりたい、みんなに認めてほしい

学校、会社をはじめ、友だちどうしのグループなど、誰もが何らかの集団に属している。人は、他者とのつながりがないと、物理的にも心理的にも生きていけないものなのだ。

人は、ひとりでは生きていけない

人には、誰かに受け入れられたい、つながっていたいという**所属欲求**がある。

他者との関わりがもてず、孤独になると、落ち込みや意欲低下を招く（下図参照）。

自分の属する集団（**内集団**《ないしゅうだん》）には、強い愛着や帰属意識を抱くようになり、集団内での自己概念をつくり上げる。

このような、個人における集団の位置づけを示した理論を、**社会的アイデンティティ理論**という。

孤独になるのは何よりもこわいこと

孤独による心理的影響を調べた実験。にせの人格テストで「将来、孤独になる」と告げられた人たちは、落ち込みが強く、その後の課題に対する意欲や結果が著《いちじる》しく低下した。

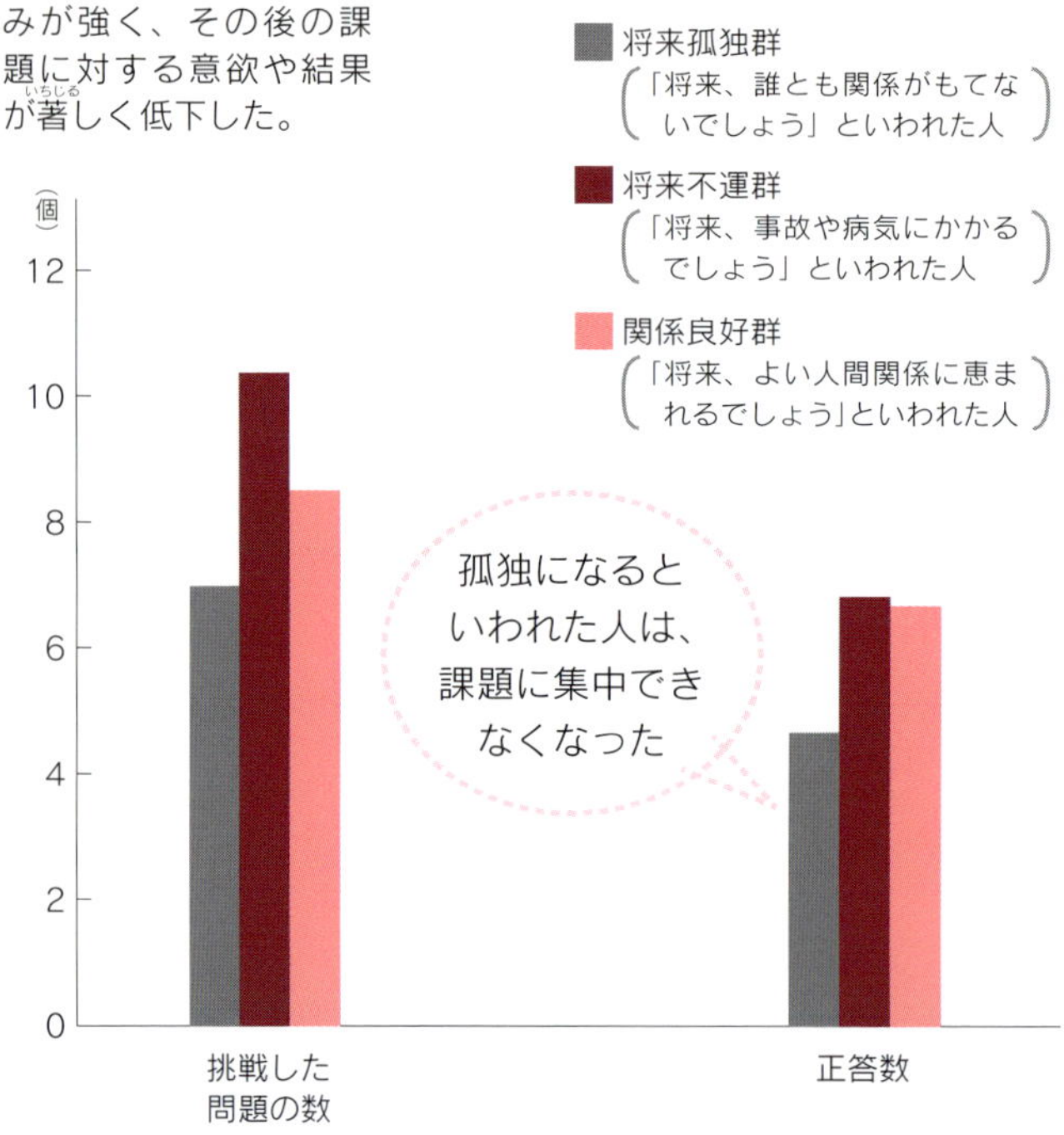

将来孤独群
（「将来、誰とも関係がもてないでしょう」といわれた人）
将来不運群
（「将来、事故や病気にかかるでしょう」といわれた人）
関係良好群
（「将来、よい人間関係に恵まれるでしょう」といわれた人）
（個）
12
10
8
6
4
2
0
孤独になるといわれた人は、課題に集中できなくなった
挑戦した問題の数
正答数

出典：Baumeister,R.F., Twenge,J.M., & Nuss.C.K.（2002).『Effects of social exclusion on cognitive processes : Anticipated aloneness reduces intelligent thought.』『Journal of Personality and Social Psychology』83, 817-827.

集団への帰属意識が対立や差別につながる

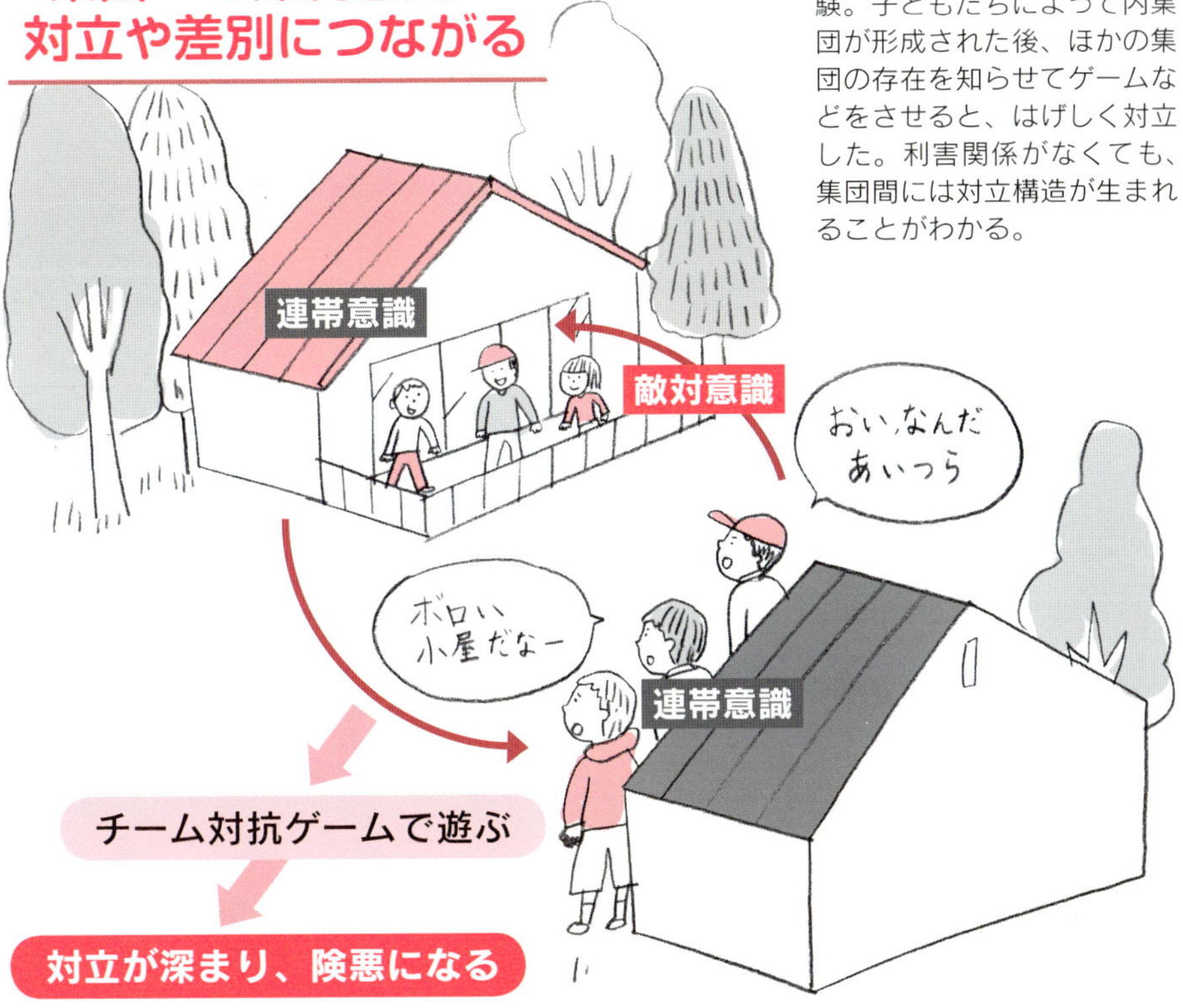
連帯意識
敵対意識
おい、なんだ
あいつら
ボロい
小屋だなー
連帯意識
チーム対抗ゲームで遊ぶ
対立が深まり、険悪になる

サマーキャンプを利用した実験。子どもたちによって内集団が形成された後、ほかの集団の存在を知らせてゲームなどをさせると、はげしく対立した。利害関係がなくても、集団間には対立構造が生まれることがわかる。

すぐれた集団の、すぐれた自分と思いたい

　上図の実験などにより、人間は内集団に愛着を感じると同時に、**外集団**《がいしゅうだん》やその構成員には好意を抱かない、**集団間**《しゅうだんかん》**差別**《さべつ》が存在することがわかっている。外集団に対して優位性を感じているのである。

　集団間差別は、なぜ起こるのか。

　外集団が、内集団の利益をおびやかすという、脅威《きょうい》を感じるのではないかと考えられている。

　また、内集団内部のフラストレーションを、外集団に向ける役割もあるようだ。

　では、集団間差別をなくすには、どうしたらいいのだろう。

　複数の集団が一致協力しなくては達成できないような、より次元の高い目標を設定するのが、もっとも効果的である。

みんなが白といえば、黒も白に見える

集団は、自分の価値を感じさせてくれる反面、ストレスの原因となることも多い。暗黙のルールや、無言の圧力により、自分の本心を見失ってしまうこともある。

まわりを見ながら意見や行動を決める

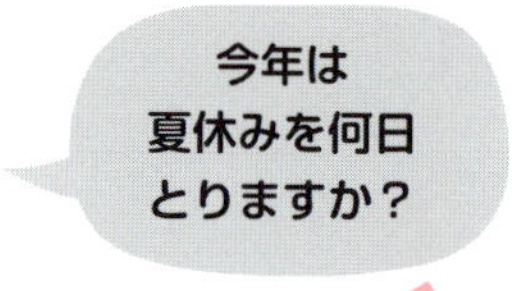
今年は
夏休みを何日
とりますか？

休暇日数と周囲の評価

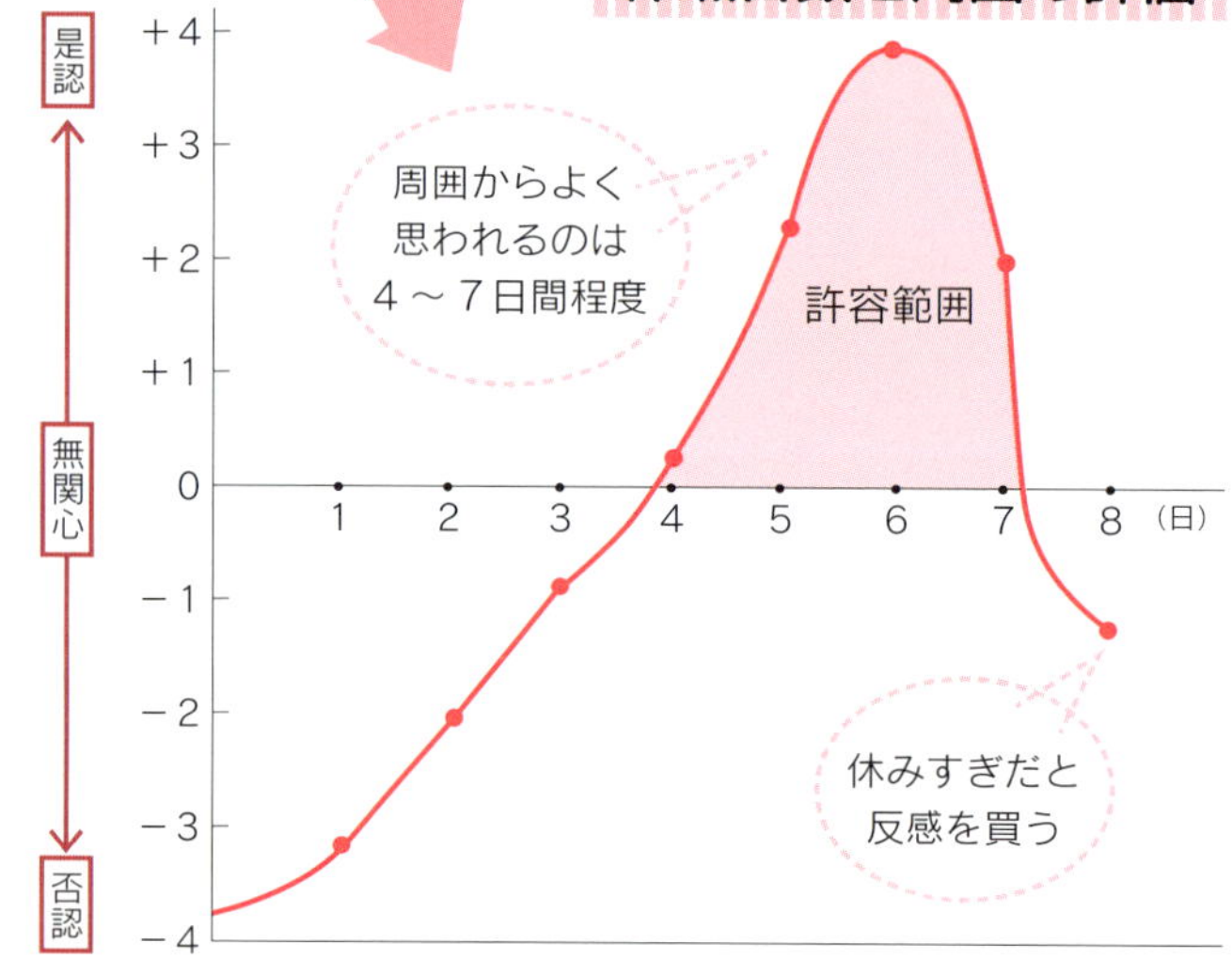
是認
無関心
否認
＋4
＋3
＋2
＋1
0
－1
－2
－3
－4
1
2
3
4
5
6
7
8
（日）
周囲からよく
思われるのは
4～7日間程度
許容範囲
休みすぎだと
反感を買う

ある職場で、有給休暇の日数に関する集団規範を調べた結果。最大の是認が得られるのは6日で、それより多くても少なくても評価が下がる。多くの社員は「見えない圧力」を読みとり、取得日数を決める。

きらわれたくないから意見をあわせる

集団内の人たちは、考えかたや外見、行動パターンなどが似ている。これを**集団の斉一性《せいいつせい》**という。

メンバーに共通の、暗黙のルール（**集団《しゅうだん》規範《きはん》**）にもとづいて行動

私は
6日間
にします

グラフ出典：Jackson, J.M.（1960）.「Structural characteristics of norms.」In G.E.Jensen（Ed.）,『Dynamics of instructional groups.』Chicago University Press.：狩野素朗（1986）.「集団の構造と規範」佐々木薫・永田良昭（編）『集団行動の心理学』有斐閣

一貫した主張をすれば少数派も力をもてる

このスライドは何色でしょう？
どう見ても青に見えるけど…もしかして気のせい？
影響
緑だ！
緑だ
サクラ
サクラ

6名1組でスライドの色を答える実験。うちふたりはサクラで、わざと間違った色を答える。サクラが間違った色を主張し続けたグループでは、ほかの人も、その答えに同調しやすかった。

たったふたりのサクラが「緑」といいはったことで、周囲も「緑」と誤答《ごとう》した

するのである。

集団規範が生まれる背景は、ふたつある。ひとつは、客観的と思われる他者からの情報によって、正しい反応をおこなおうとする、**情報的影響**である。もうひとつは、他者から拒否されたくないため、集団のメンバーの行動パターンにあわせようとする、**規範的影響**だ。

その結果、周囲への**同調行動**が増え、集団のメンバーどうしが似通ってくるのだ。

多数派が少数派を支配する

集団内の異論や反論を封じて、特定の方向に進もうとする傾向も認められる。多数派が少数派を支配するのが、一般的である。

ただし、一貫した主張をすれば、上図のように、少数派が多数派に影響を与えることもできる。

上図出典：Moscovici,S.，Lage,E.，& Naffrechoux,M.（1969）.『Influence of a consistent minority on the responses of a majority in a color perception task.』『Sociometry』32, 365-379.

えらい人の意見には、やっぱり逆らえない

「権威者のいいなりになどならない」と思っている人は多い。しかし歴史的にも有名なミルグラムの実験から、人はいとも簡単に、権威に屈してしまうことがわかっている。

権威ある人の命令にはつい屈してしまう

続けてください 選択の余地はありません
監督役（実験者）
生徒役が問題の答えを間違えるたびに、電気ショックを与える
これ以上はムリです!!
命令
教師役（実験参加者）

権威者の圧力で残酷な行動をとることも

上に紹介した実験結果を見て、あなたはどう感じただろうか。自分なら、監督役の指示には屈しないと思う人が多いだろう。

しかし人は、自分だけは従わないという強い意志をもってしても、いつのまにか**権威者《けんいしゃ》の圧力**に屈してしまうものだ。

ドイツ人によるユダヤ人虐殺《ぎゃくさつ》など、その例は枚挙のいとまがない。

権威に屈して本心と異なる言動をとるとき、人は苦痛を感じる。その痛みをやわらげるため、「自

命令に従い、電気ショックを与えた人の割合

アメリカの心理学者ミルグラムによる、電気ショック実験。「学習におよぼす罰の効果」を調べる実験との名目で、実験参加者に教師役になってもらい、生徒役が問題を間違えたら電気ショックを与えるよう、監督役が命令する。

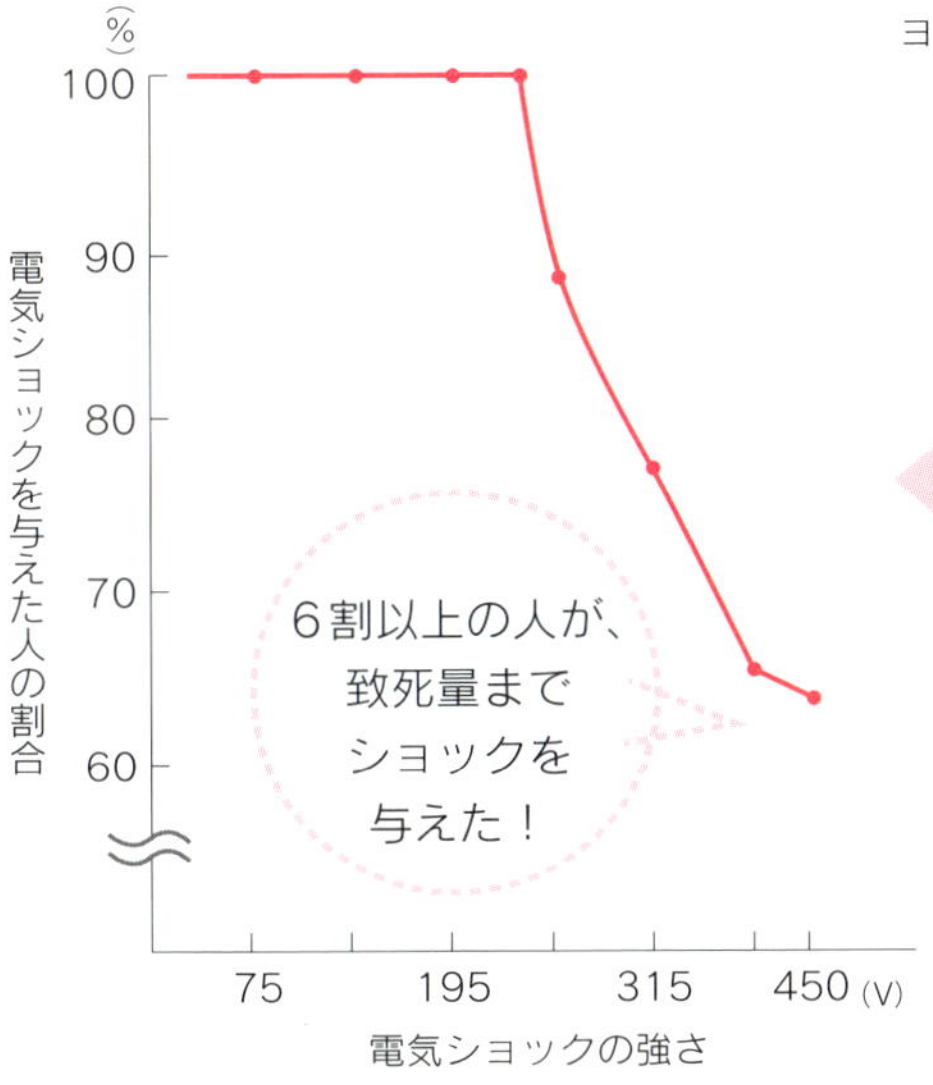
(%)
100
90
80
70
60
電気ショックを与えた人の割合
6割以上の人が、致死量までショックを与えた！
75
195
315
450 (V)
電気ショックの強さ

生徒役
(サクラ)
お願いです
やめてください!!
実行

軽いショックである14Vから、致死量の450Vまで、電気ショックの強度が設定されている。監督役が指示する強度に従った人の割合を見ると、6割以上の人が、致死量の電気ショックを与えている。

権威者の存在と服従率

権威者が与える影響を調べたグラフ。権威者が同席した条件では、実験参加者の服従度が圧倒的に高かった。

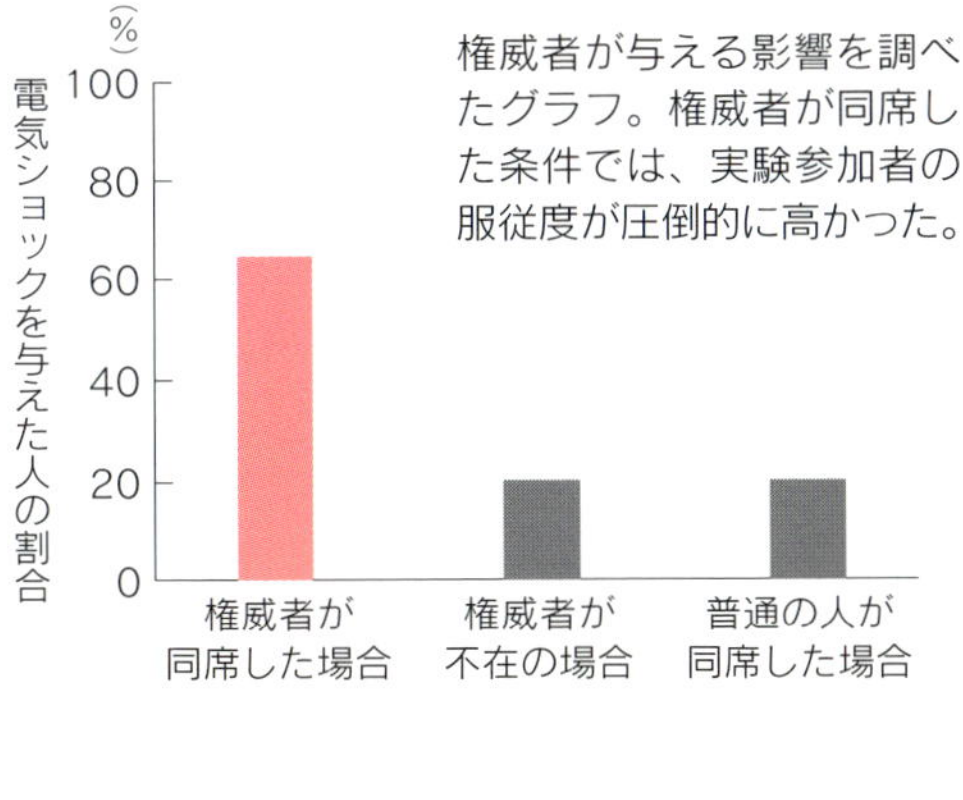
(%)
100
80
60
40
20
0
電気ショックを与えた人の割合
権威者が同席した場合
権威者が不在の場合
普通の人が同席した場合

分は権威者の要求を実行する代理人にすぎない」と思い込む代理状態になったり、「人に苦痛を与えても、科学のため」などと、自分の行為を正当化しようとする。

なお上の実験では、実際には電気ショックを与えておらず、生徒役が演技をするだけである。

出典：Milgram,S.（1965）.「Some conditions of obedience and disobedience to authority.」『Human Relations』18, 57-75：ミルグラム,S.　山形浩生（訳）（2008）.『服従の心理』河出書房新社

「三人寄れば、文殊の知恵」とは限らない

みんなのアイディアを集めれば、よい方法を思いつくというのは、古人の知恵のひとつだ。しかし実際には、個人で考えるよりも、アイディアの質が劣ることがある。

ブレーンストーミングはなぜすたれたか

企業を中心に、**ブレーンストーミング**が注目された時期があった。みんなで多数のアイディアを出し合い、よいものを選ぶ手法だ。

しかしその後、ブレーンストーミングは、個別の思考に劣《おと》るという研究結果が報告され、現在はあまりおこなわれていない。

思考が中断されやすいことなどが、その一因といわれている。

とくに日本人には、意見を積極的に発言しあうスタイルが、なじみにくかったようだ。

ブレーンストーミングは、個人のアイディアに劣る

5人で集団討議《しゅうだんとうぎ》する条件と、5人が個別に考える条件で、アイディアの量と質を比較した実験。集団で考えたアイディアは、個人に比べ、量も質も劣っていた。

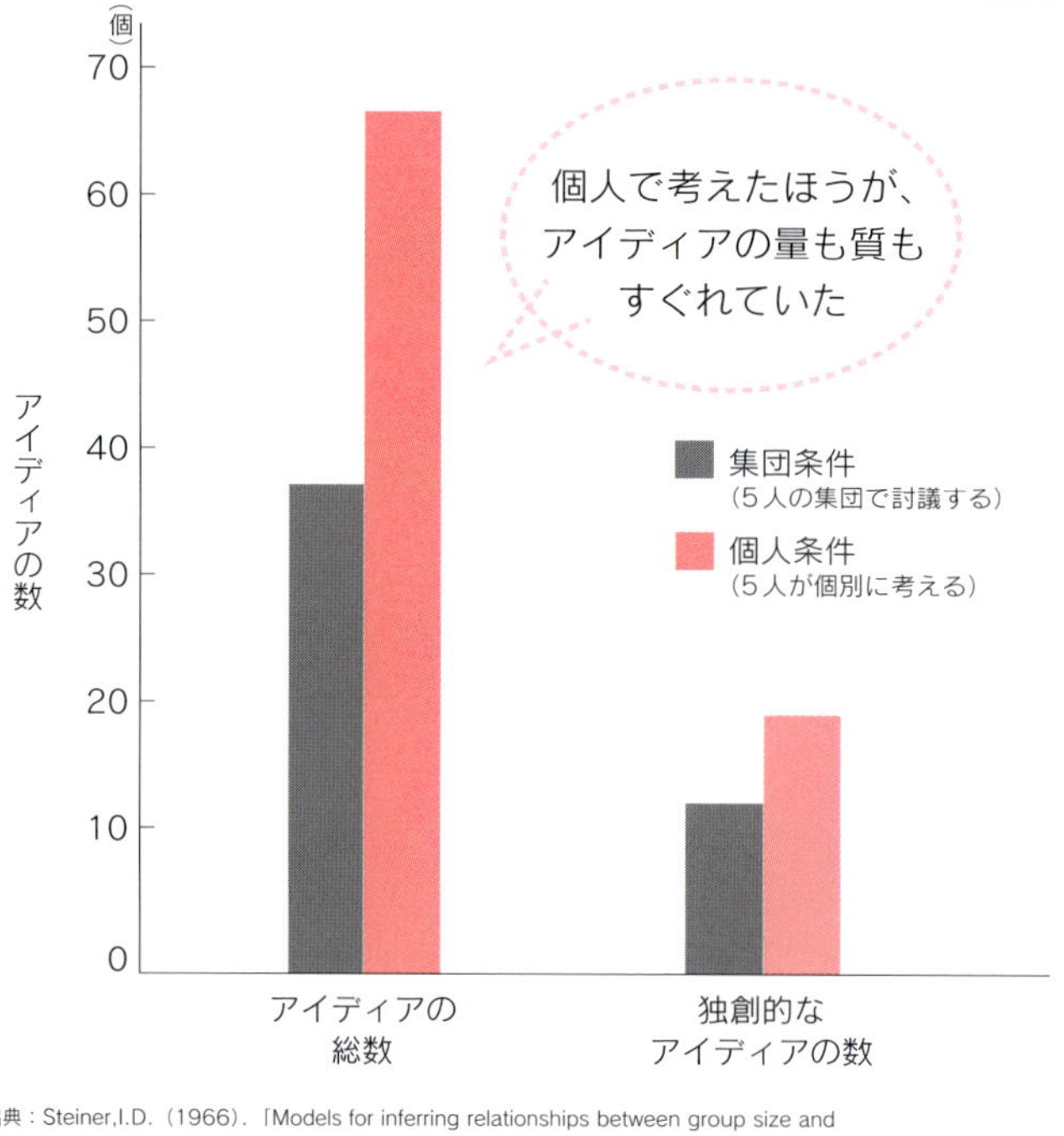
(個)
70
60
50
40
30
20
10
0
アイディアの数
個人で考えたほうが、アイディアの量も質もすぐれていた
集団条件
(5人の集団で討議する)
個人条件
(5人が個別に考える)
アイディアの総数
独創的なアイディアの数

出典：Steiner,I.D.（1966）.「Models for inferring relationships between group size and potential group productivity.」『Behavioral Science』11，273-283.

集団で考えると意見が極端になる

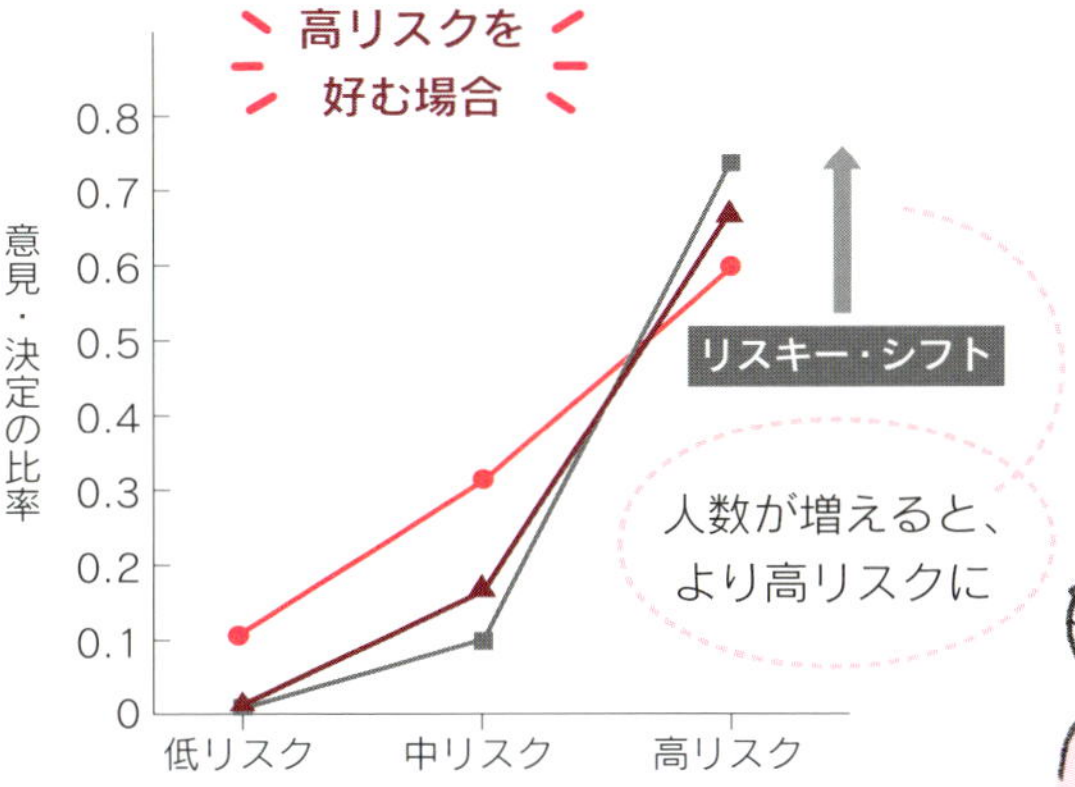
高リスクを好む場合
0.8
0.7
0.6
0.5
0.4
0.3
0.2
0.1
0
意見・決定の比率
低リスク
中リスク
高リスク
リスキー・シフト
人数が増えると、より高リスクに

もっといけ!
いいぞいいぞ!

個人、5人集団、9人集団に同じテーマを与え、意思決定の内容を比較したもの。高リスク思考の場合も低リスク思考の場合も、人数が増えるほど意見が極端になった。

出典：亀田達也（2010）.「グループとしての協調行為」亀田達也・村田光二『複雑さに挑む社会心理学［改訂版］』有斐閣

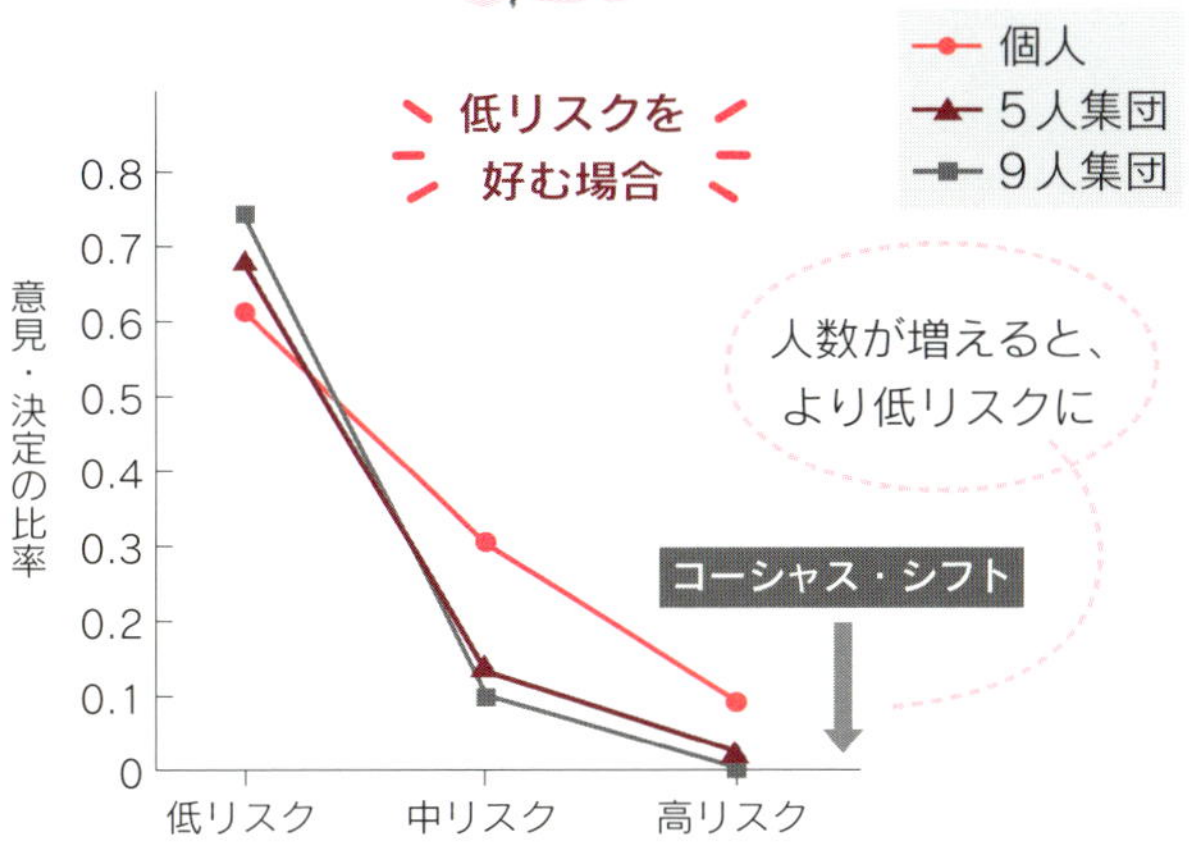
個人
5人集団
9人集団
低リスクを好む場合
0.8
0.7
0.6
0.5
0.4
0.3
0.2
0.1
0
意見・決定の比率
低リスク
中リスク
高リスク
人数が増えると、より低リスクに
コーシャス・シフト

まとまりのよい集団ほど意見が偏りやすい

企業などの意思決定も、集団でおこなうのがいいとは限らない。とくに**集団凝集性**《しゅうだんぎょうしゅうせい》が高い、つまりまとまりのよい集団では、結束《けっそく》を乱さないために、異論があっても控えてしまう。また集団では、上図のようなリスキー・シフトやコーシャス・シフトが起こる。**集団極性化**《しゅうだんきょくせいか》といって、意見が極端な方向に偏《かたよ》るのである。

ふだんでは考えられない歴史的失敗をまねくことも

戦争時の作戦などの歴史的決定でも、集団極性化による失敗例が少なくない。優秀なメンバー揃いでも、非論理的な結論に至ることがある。個人が優秀でも、集団になると判断を誤ってしまうのだ。

ダイアローグで、よいアイディアを出す

ブレーンストーミングは、あまり効果がないことがわかった。では、何か話しあう必要があるときはどうすればいいのか。フラットに、やわらかい雰囲気で話しあう「ダイアローグ」が効果的だ。

ディスカッションとダイアローグは、ここが違う

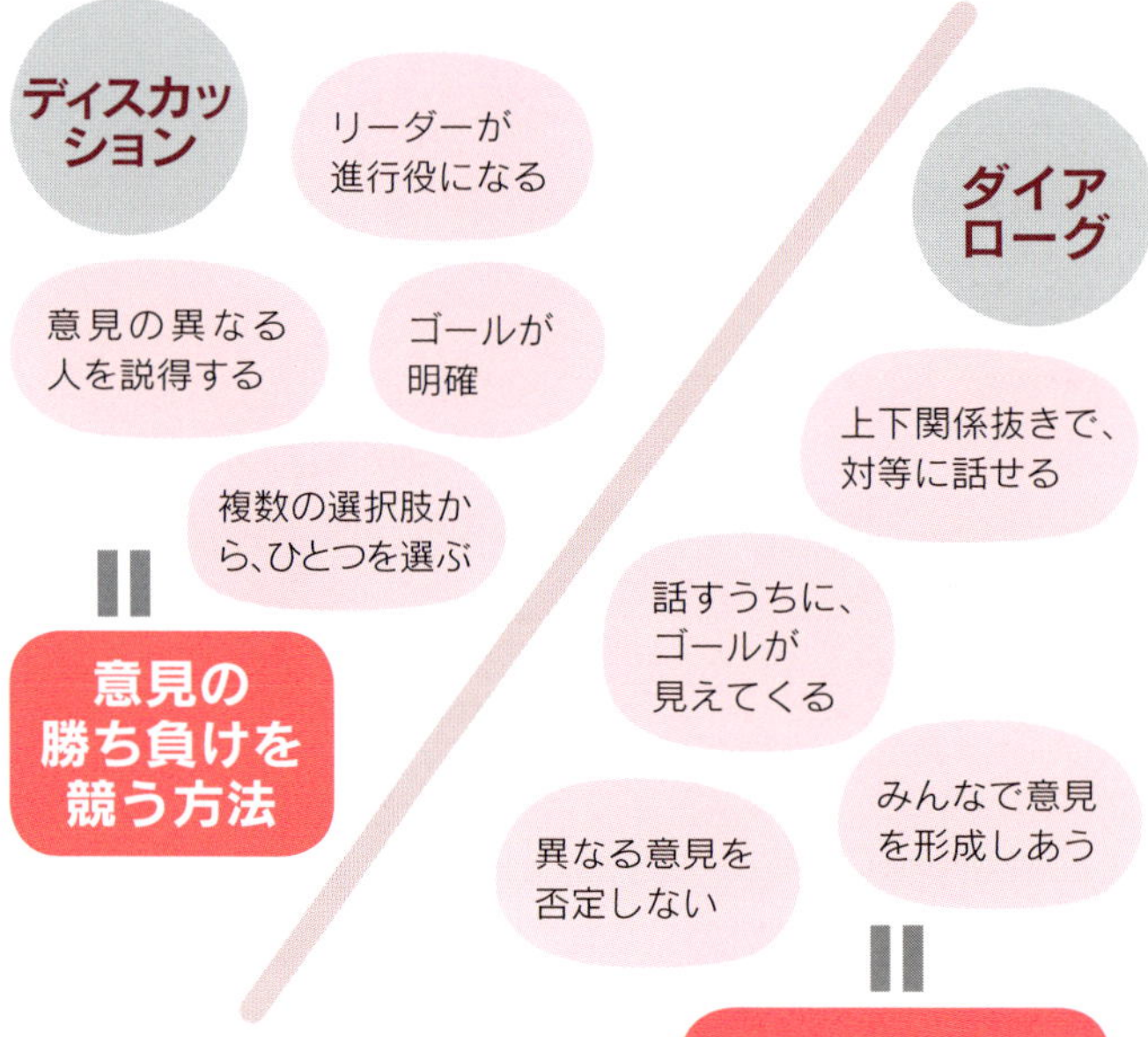
ディスカッション
リーダーが進行役になる
意見の異なる人を説得する
ゴールが明確
複数の選択肢から、ひとつを選ぶ
=
意見の勝ち負けを競う方法
ダイアローグ
上下関係抜きで、対等に話せる
話すうちに、ゴールが見えてくる
みんなで意見を形成しあう
異なる意見を否定しない
=
共同的にものを考える方法

対立的なディスカッションに対し、ダイアローグではみんなで力をあわせ、よりよい意見をつくり上げる。

控えめな日本人でもダイアローグなら話しやすい

日本人は一般に、**ディスカッション**が下手である。自説を強く主張し、相手を打ち負かすことは、文化的に好まれないからだ。

じつは最近、欧米でも、ディスカッションに代わる方法が模索《もさく》されている。互いを刺激し、創造性を高めることが目的だ。

そこで提案されているのが、よりソフトな対話である、**ダイアローグ**だ。相手の発言を傾聴《けいちょう》し、そこから刺激されて生まれた、自分の意見を返す方法である。

ひとつのアイディアに全員が刺激される

ダイアローグでは、誰かが出したアイディアに刺激を受け、よりよい意見を醸成《じょうせい》していく。人の意見の尻馬《しりうま》に乗ることがポイントだ。

相互作用で、よりよいアイディアになる！

ダイアローグ成功のポイント

- 完成度が低くても、とりあえず口に出す
- 他人の意見を否定しない
- すでに同じ意見が出ていても、気にせず発言する
- 空気を読まず、思ったことをいう
- キャリアや立場を持ち出さない

部下へのコーチングにはソクラテス式対話が有効

ソクラテスの問答《もんどう》を模《も》した、**ソクラティック・ダイアローグ**も注目されている。根本的な問題について、互いに問いかけあいながら、答えを模索する方法だ。

一方的な指示、指導ではなく、ともに考えながら学ぶコーチング法としても注目されている。

自分ひとりくらい、手を抜いても平気

企業が大きくなるほど、働かない人が増えるというのは、経験的にもよくいわれている。心理学の研究でも、組織の人数が増えるほど、手を抜く人も増えることが証明されている。

人数を増やしても人数分の成果は出ない

何かの作業を集団で遂行する場合、その成果は全員の力の総和ではなく、じつはそれより小さくなってしまう。

このときに生じる損失を、**プロセス・ロス**という。

その背景には、メンバーどうしの協調体制《きょうちょうたいせい》に必要な調整のためのロスがある。

また、ひとりひとりの責任が小さくなるため、つい周囲の人に依存してしまう**社会的手抜き**も、大きな原因となる。

組織が大きくなると、ひとりあたりの成果は下がる

メンバーそれぞれの課題遂行能力の総和を理論値とし、実際に集団で課題遂行した場合の成果と比較したモデル。実測値は、期待される理論値より小さくなる。

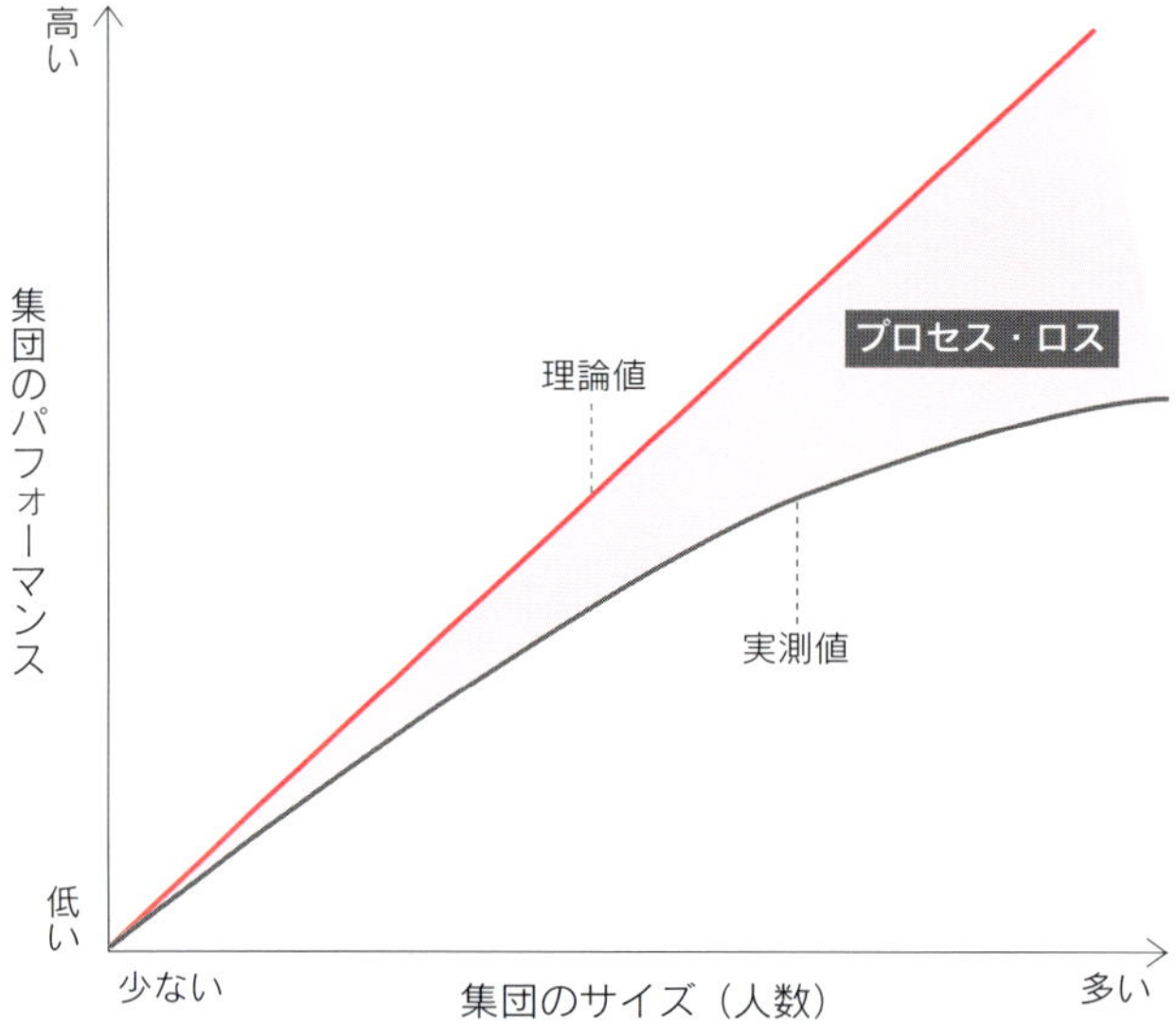

高い
低い
集団のパフォーマンス
理論値
プロセス・ロス
実測値
少ない
多い
集団のサイズ（人数）

出典：Steiner,I.D.（1972）.『Group process and productivity.』Academic Press.

ひとりでの仕事と集団での仕事は、効率が違う

ひとりで仕事するより、誰かに見られているほうが、効率が上がることもある。周囲の人が重要人物だったり、大人数であるほど、影響が大きい（社会的インパクト理論）。

上司
（＝地位の高い観察者）
インパクト
インパクト
先輩
（＝観察者）
インパクト
インパクト
同僚
（＝観察者）
先輩
（＝観察者）
観察者のインパクト（影響）が高まり、作業効率が上がる

他人が信用できないときは人一倍がんばることも

集団内でも手抜きをせず、いつも通りか、それ以上にがんばる場合がある。それは、集団のメンバーが信用できないときだ。

とくに集団としての成果が、個人にとって重要である場合に、この効果は顕著《けんちょ》に認められる。他者の分をおぎなうほどの働きで、何とか成果を出そうとするのだ。

簡単な仕事はみんなで、複雑な仕事はひとりでやる

集団でおこなったほうがはかどる仕事もある。一般に単純な仕事は、集団でおこなったほうが促進される。これを**社会的促進《しゃかいてきそくしん》**という。

反対に複雑な仕事は、集団では遂行が阻害《そがい》される。この現象は**社《しゃ》会的抑制《かいてきよくせい》**とよばれる。

高い給料より、高い目標が人を動かす

組織の生産性を高めるには、社員ひとりひとりのモチベーションを高めることが不可欠だ。しかし、高いインセンティブ（報酬《ほうしゅう》）をつけても、人の気持ちはそう簡単には動かない。

高次の欲求が、高いモチベーションにつながる（＝ERG理論）

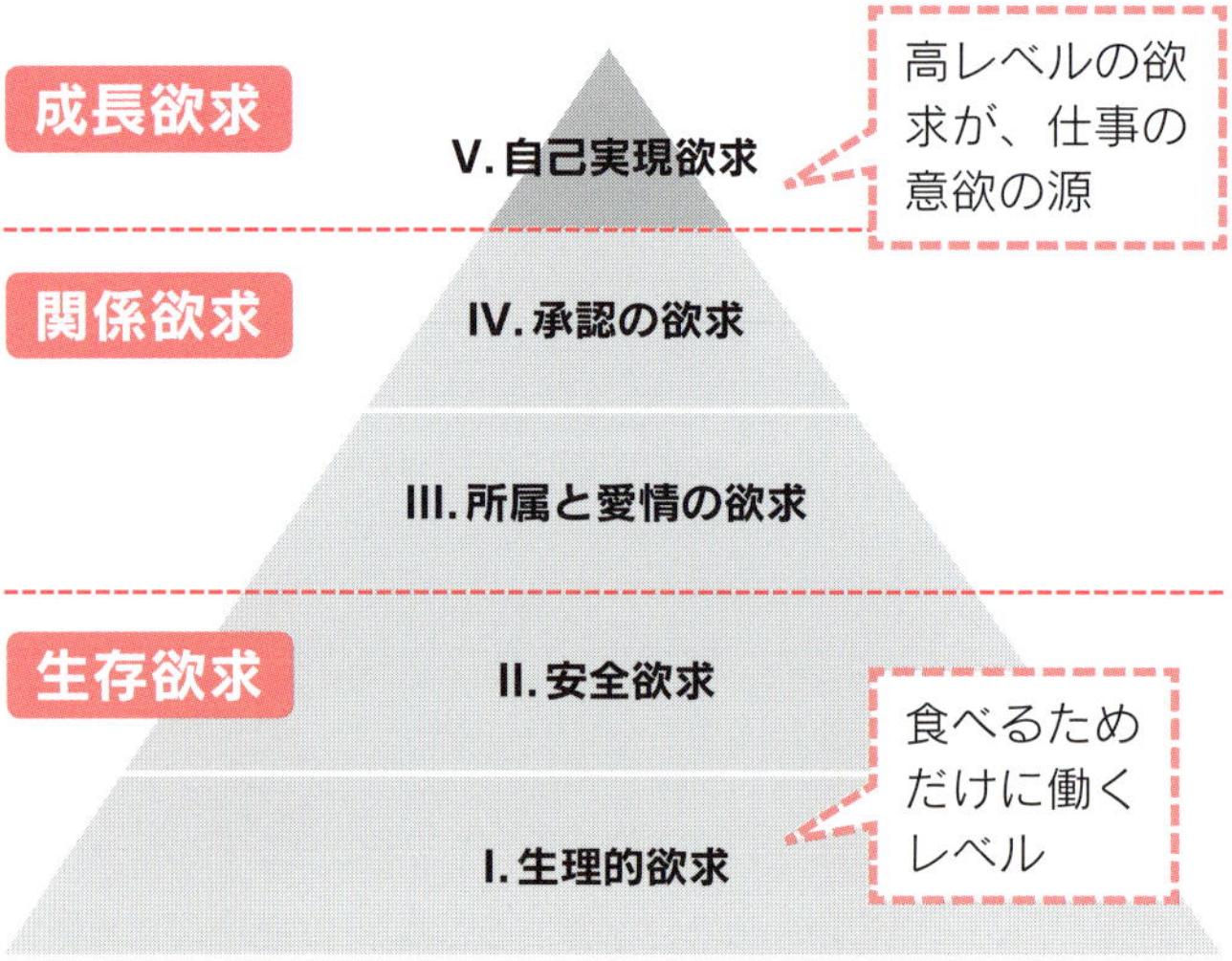
成長欲求
関係欲求
生存欲求
V.自己実現欲求
IV.承認の欲求
III.所属と愛情の欲求
II.安全欲求
I.生理的欲求
高レベルの欲求が、仕事の意欲の源
食べるためだけに働くレベル

人の欲求を５段階に分類する「マズローの欲求５段階説」から考案された「ERG理論」。欲求には「生存欲求」「関係欲求」「成長欲求」の３段階があり、成長欲求が、仕事の創造性、生産性につながる。

Alderfer,C.P.（1972）.『Existence, relatedness, and growth : Human needs in organizational settings.』Free Press. より作成

成長したい気持ちが仕事の原動力になる

社員の**ワーク・モチベーション**は、組織の生産性に直接結びつく。

モチベーションに関する理論は、ふたつある。ひとつは、**成長欲求**が原動力となるという、**内容理論**。上図の**ERG理論**と、左図の**二要因理論**が、その代表だ。もうひとつは、モチベーションによって起こる行動過程を説明する、**過程理論**だ。

内容理論はモチベーションの全体像を理解するのに役立ち、過程理論は、人の行動を予測し、管理するのに有用とされる。

安い給料はいや。でもお金でやる気は出ない

仕事への心理にはふたつの要因があるとする「二要因理論」。評価や責任などの動機づけ要因が、高い意欲を生む。給料などの衛生要《えいせいよう》因《いん》は、不足すると不満を感じるが、意欲には直接結びつかない。

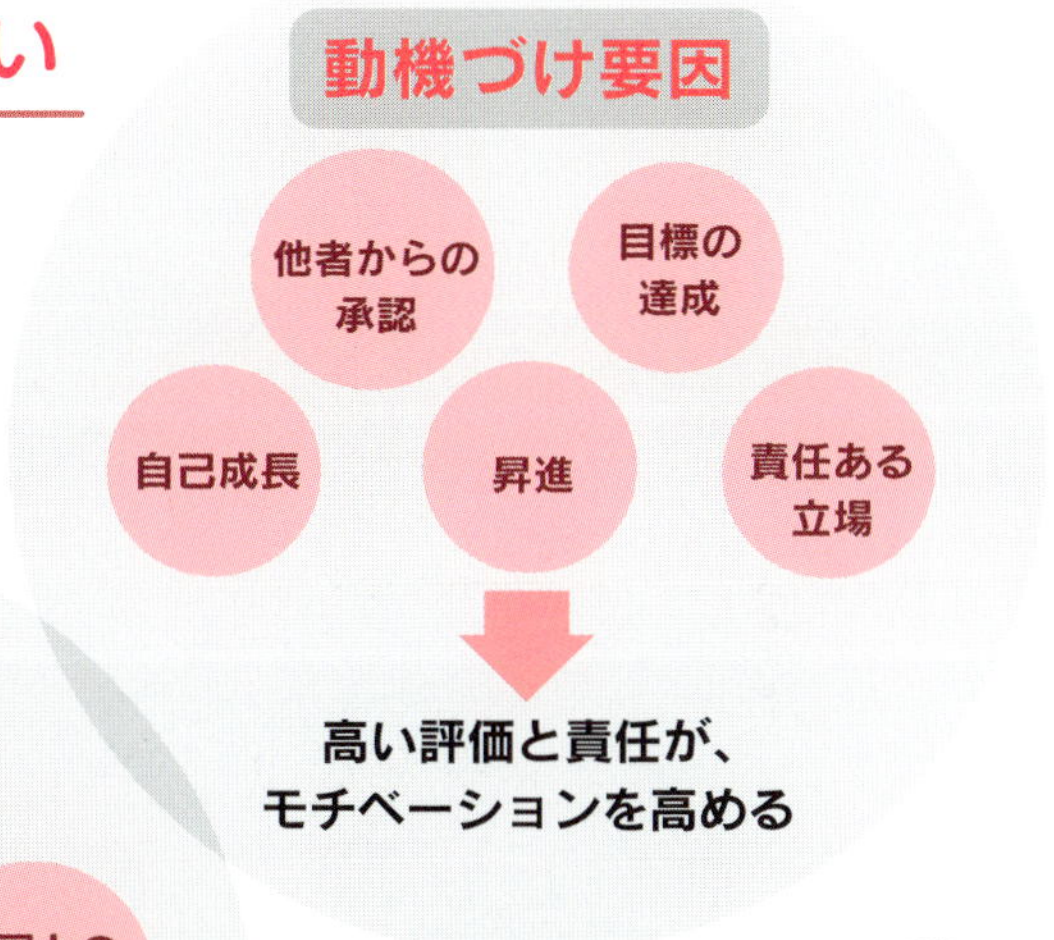
動機づけ要因
他者からの承認
目標の達成
自己成長
昇進
責任ある立場
高い評価と責任が、モチベーションを高める

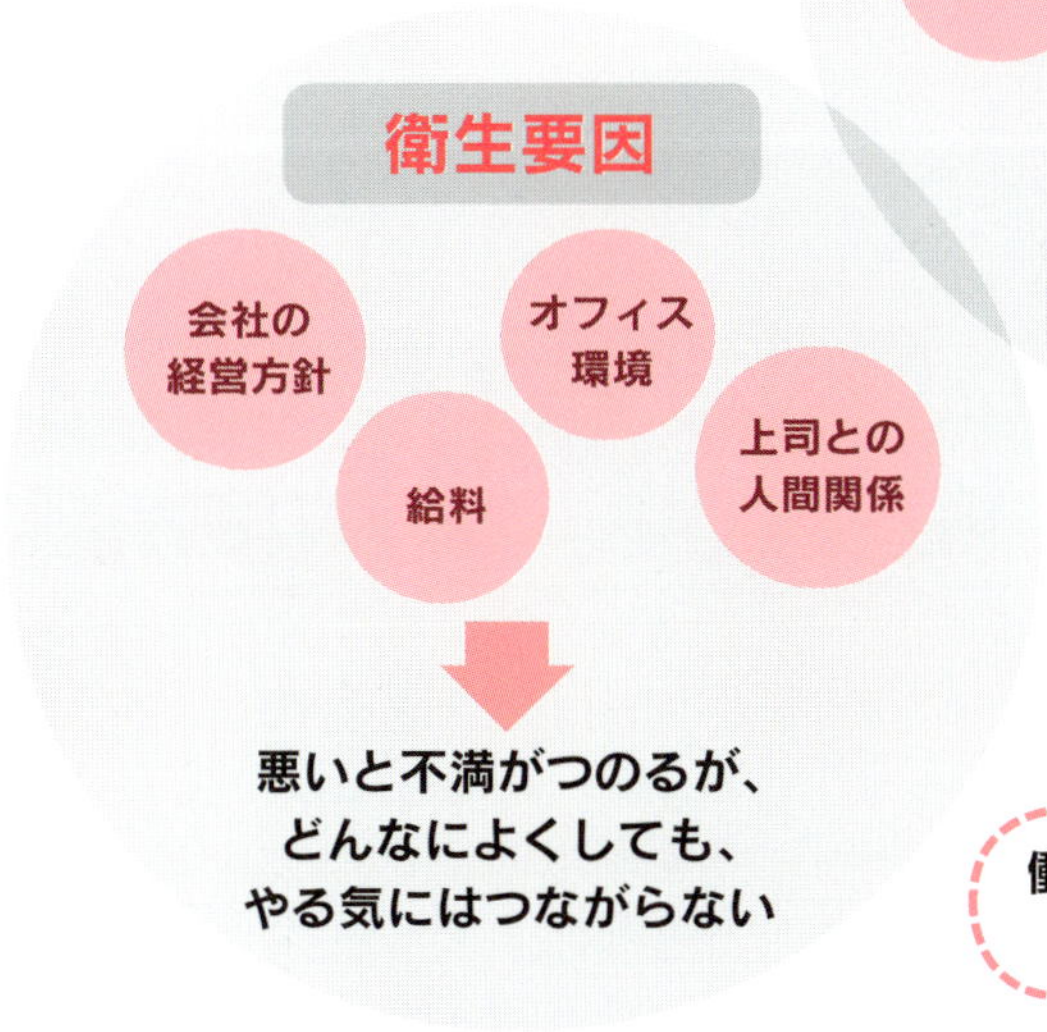
衛生要因
会社の経営方針
オフィス環境
給料
上司との人間関係
悪いと不満がつのるが、どんなによくしても、やる気にはつながらない

どうせ安月給だから、やる気が出ないんだ
＝
働きたくないときの言い訳

難易度の高い仕事でないと本気になれない

ふたつの理論を実際にいかすには、成長欲求を刺激することだ。

具体的には、がんばれば達成可能なレベルの、難易度の高い仕事を任せたり、仕事量を増やす。成功したら高い評価を伝え、さらに責任ある立場を任せるといい。

仕事ができるかどうかは目標のもちかたしだい

目標を達成すると、「自分はやれる」という**自《じ》己《こ》効力感《こうりょくかん》**が高まる。

自己効力感の高さには、個人差もある。高い人は、自発的に高い目標に挑戦し、成功する。しかし低い人は、低レベルの目標しか掲《かか》げず、自分から動けない。仕事の難易度を徐々に上げながら、評価を伝えるなどのサポートが必要だ。

一体感のあるチームほど、業績がいい

会社組織では、部署や課がいくつも存在し、チーム単位で仕事をすることが多い。チームでの仕事には、協調性や情報共有、互いの仕事を調整する能力などが求められる。

4つのメンタルモデルでチームワークができる

メンバーが4つの要素を共有することで、チームワークができるとする「共有メンタルモデル」。

1 情報処理
課題遂行のうえで生じた問題に対して、適切な対処法を共有する

2 知識の構造化
互いの課題や技術、役割などについてそれぞれが認識している

3 共通の態度
チーム活動にとりくむ姿勢を、それぞれが共有している

4 共有された予期
他のメンバーの活動、やりかたを予期し、互いに活動を調整する

チームワーク

特定の目標のための集団をチームという

集団よりもさらに明確な達成すべき目標をもつのが、**チーム**である。メンバー全員が目標を認識し、各人はそれぞれに役割をもち、互いに目標に向かって協力しあう。また、メンバーとそれ以外の人の境界が明確である。

チームは、目的や存続期間によって3つに大別される。

長期的に存続する**チーム**と、目標が達成された時点で解散する**タスク・フォース**、短期の任務をこなす**クルー**である。

上図出典：Kraiger,K. & Wenzel,L.H.（1997).「Conceptual development and empirical evaluation of measures of shared mental models as a indicators of team effectiveness.」In Brannick,M.T., Salas,E., & Prince,E.（Eds.),『Team performance assessment and measurement：Theory, methods, and applications.』Lawrence Erlbaum Associates.

チームは時間とともに成熟する

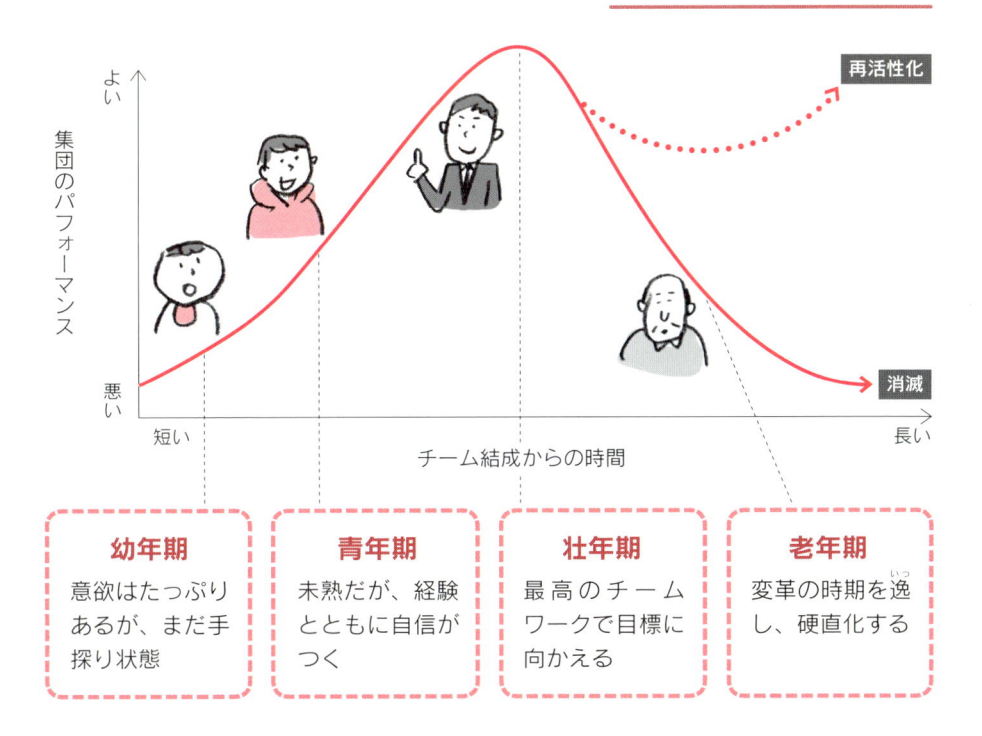

チームの発達過程を、人の一生になぞらえたモデル。チームが形成されてから成熟し、やがて消滅、または再活性化する。

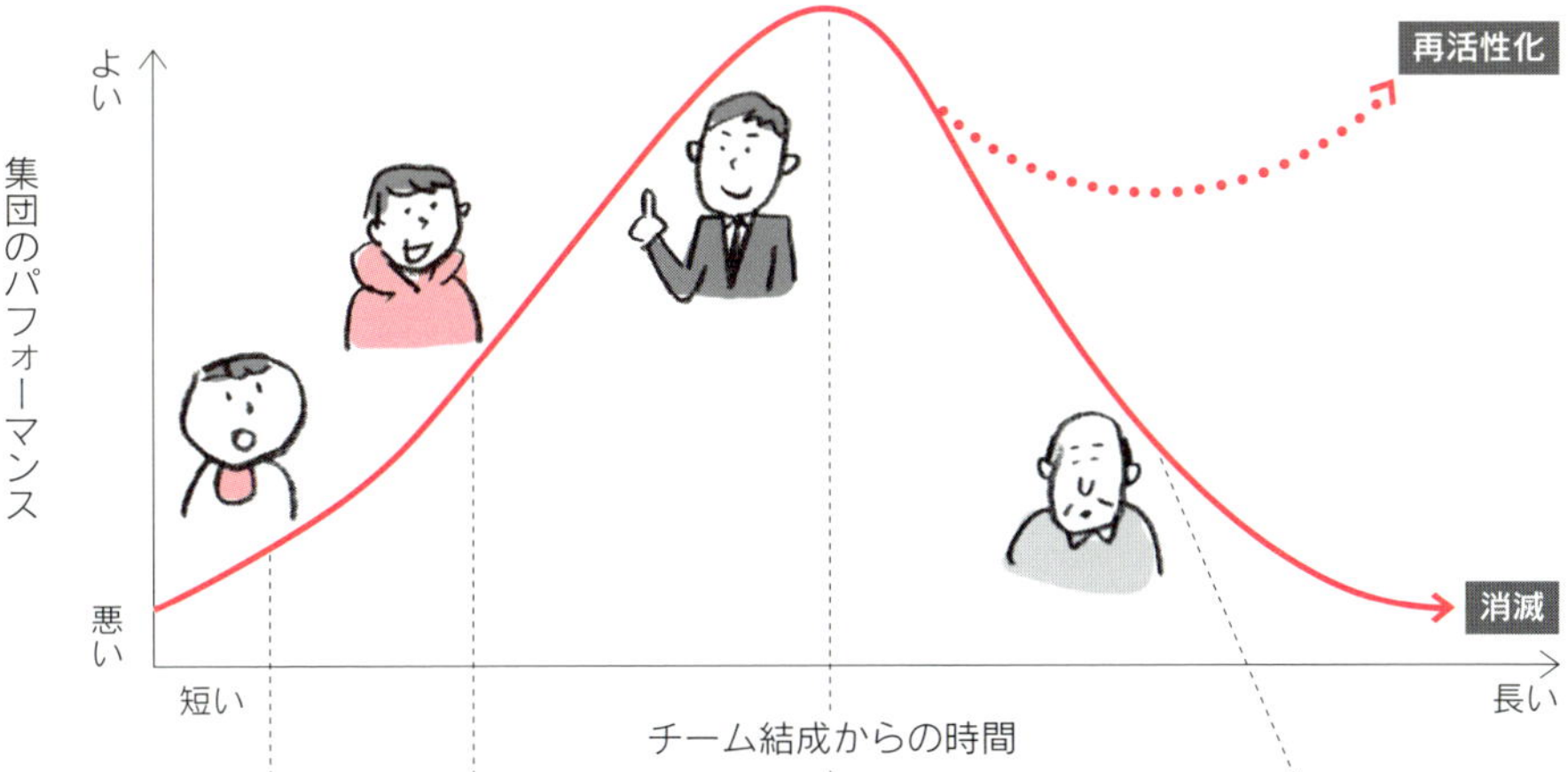

幼年期
意欲はたっぷりあるが、まだ手探り状態

青年期
未熟だが、経験とともに自信がつく

壮年期
最高のチームワークで目標に向かえる

老年期
変革の時期を逸《いっ》し、硬直化する

命令されなくても互いに仕事を調整しあう

チームでの作業の成果は、**チームワーク**がものをいう。チームワークには、右ページのメンタルモデルのほかに、メンバー個々の心理的要因が影響する。自分の属するチームに満足し、高い価値を置いている人ほど、忠誠心が高く、全体の成果を高める行動をする。

チームのよい部分は残し硬直化したところは替える

チームワークには、メンバーが入れ替わっても受け継がれていくという特徴がある。新メンバーは早くチームにとけこもうとするし、旧メンバーはそれを助ける。

反対に、環境の変化や硬直化《こうちょくか》でチームがうまく機能しなくなり、変容を迫られることもある。

出典：山口裕幸（2008）.「チームワーク発達論」『セレクション社会心理学―24　チームワークの心理学――よりよい集団づくりをめざして――』サイエンス社

ひとりひとりの気づきがチームのミスを防ぐ

ひとりでは達成できない仕事も、チームで力をあわせれば達成できる。その一方で、チームだからこそ起こりうる、大きなミスも存在する。

個々のミスより危険！チーム全体のエラー

人間は、誰でもミスやエラーをするものだ。そこで、組織で活動するときは、セーフティネットとして、チームをつくることが多い。

しかし、チームとして動いているからこそその失敗、すなわち**チーム・エラー**もある。「誰かがやってくれるだろう」という心理から、**社会的手抜き**が起こるのだ。

チーム・エラーを防ぐには、各々が他者の言動に注意し、間違いがあれば指摘して修正することだ。

風通しのよい環境も大切だ。

チーム・エラーは3つの失敗で起こる

メンバーのミスを見落としたり、気づいても指摘できなかったり、指摘されても訂正できないという小さなミスの積み重ねが、大きなエラーをまねく。

検出の失敗
気づかなかった!!
指摘の失敗
わかっていたけど
言いにくくて…
訂正の失敗
どうやって正せば
いいか、わからなくて…
チーム・エラー

出典：Sasou, K. & Reason, J.（1990).「Team errors：Definition and taxonomy.」『Reliability Engineering and System Safety』65, 1-9.

メンバーどうしの衝突で傷口が広がることも

チームで活動していると、メンバーどうしの関係が悪くなることもある。チーム・エラーの原因になるだけでなく、目標達成の阻害《そがい》要因にもなりかねない。**チーム内の葛藤《かっとう》**にいかに対処するかは、重要なテーマである。

葛藤に対する対処行動には、下図のようなものがある。

直接の衝突を回避したり、逆に勝ち負けをはっきりさせる方法は、チームワーク崩壊《ほうかい》につながることもあり、あまり望ましくない。

もっとも効果的なのは、葛藤の原因を互いに直視することだ。

チームは長く続くため、一時的に感情的になっても、やがて冷静に問題を見つめることができるようになることが多い。

メンバーどうしの対立は互いの協力で解決

チーム内葛藤の解決法は、協調性と自己主張性の二次元から、5タイプにわけられる。互いの意見をよく理解しながら、競争と協力関係を構築する「協働《きょうどう》」が理想だ。

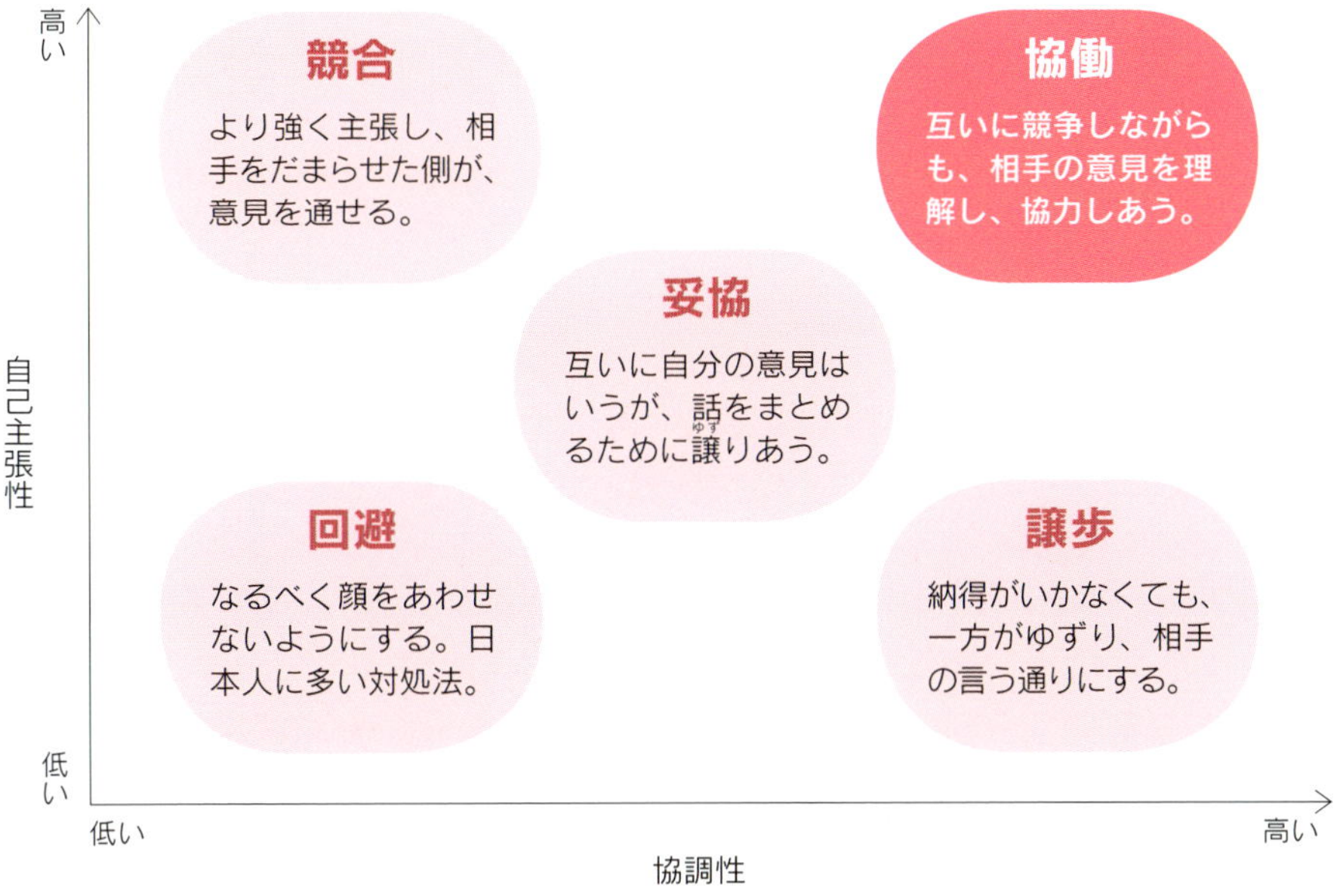
高い
自己主張性
低い
低い
協調性
高い
競合
より強く主張し、相手をだまらせた側が、意見を通せる。
協働
互いに競争しながらも、相手の意見を理解し、協力しあう。
妥協
互いに自分の意見はいうが、話をまとめるために譲《ゆず》りあう。
回避
なるべく顔をあわせないようにする。日本人に多い対処法。
譲歩
納得がいかなくても、一方がゆずり、相手の言う通りにする。

出典：Thomas,K.（1976）.「Conflict and conflict management.」In M.D.Dunnette（Ed.）,『Handbook of industrial and organizational psychology.』Rand McNally.

リーダーには、変革力が求められている

理想の上司といえば、仕事ができて、かつ包容力《ほうようりょく》がありそうな人がイメージされがちだ。しかし現在のように先の見えない時代では、それ以上の力が求められる。

業績と人柄だけでは時代の波についていけない

リーダーシップというと、チームの指揮官《しきかん》というイメージをもつ人が多いだろう。しかし本来の定義はもっと幅広く、組織、チームの管理運営にかかわる、あらゆる**影響力**をさす。

代表的なリーダーシップ論では、リーダーには実行力と人間力が求められるとされる。最近は、それだけではなく、変革する力も必要だといわれている。

「全員がリーダーになる」という新たな手法もある

リーダーシップの新しい考えかたに、**自律管理型《じりつかんりがた》チーム**がある。

達成すべき大きな目標はトップが決めるが、それ以外はメンバーが自律的に意思決定し、実行する。業績評価、利益配分も、メンバー自身でおこなう。つまりは全員がリーダーとなる手法である。

行動を自分で管理できるので、職務へのモチベーションや業務全体への関心が高まる。しかしその一方で、過当競争におちいりやすいなどのデメリットもある。

交流型リーダーシップ

理想のリーダーシップが変わりつつある

M機能（関係維持行動） ＼ P機能（目標達成行動）	低い	高い
高い	M型（＝人柄はいいが、力不足）	PM型（＝実行力のある人格者）
低い	pm型（＝人格、能力ともに力不足）	P型（＝優秀だが、ワンマン）

実行力も思いやりもあるPM型が、従来の理想像

出典：三隅二不二（1984）.『リーダーシップ行動の科学（改訂版）』有斐閣

PM理論という、有名なリーダーシップ理論。実行力と人間力が決め手。

変革型リーダーシップ

時代の変化などに応じ、チームを変革していく、新たなリーダー像。

特性1 カリスマ性

メンバーからの尊敬を集められる言動をとりつづける

特性2 士気を鼓舞する動機づけ

魅力的な将来像と、それに向けた明確な方針を提示できる

特性3 知的刺激

メンバーの能力を引き出し、視野を広げるような刺激を与える

特性4 個別配慮性

メンバー個々人に注意を払い、適切な助言やサポートができる

革新性も重視

責任を分散

分有型リーダーシップ

職務の割りあて、スケジュール管理、新人の訓練など、すべての権限をメンバーに委譲《いじょう》する方法も注目されている。

出典:Bass,B.M.(1998).『Transformational leadership : Industry, military, and educational impact.』Lawrence Erlbaum Associates.

部下の力を信じれば、部下は必ず伸びる

「人は財産だ」とよくいわれるが、現代では多くの企業がコーチングに力を入れている。コーチングの基本は、相手の力を心から信じ、それを引き出すことにある。

期待をかければ部下は必ず伸びる

組織では、メンバーの入れ替わりが必ずある。そこで重要なのが、新メンバーの**コーチング**である。

コーチングとは、新メンバーの成長を期待し、内に秘めたすぐれた能力や意欲を引き出すことだ。

人は周囲から期待されると、必ずそれに応えようとする。実際に、高い期待をかけられた者は成績が伸びる、**ピグマリオン効果**という現象が確認されている。組織内のコーチングでも、能力を信じて期待をかけることが何より大切だ。

経験から得た〝暗黙知〟を伝える

コーチングは、下図のサイクルでおこなわれる。

とくに大切なのが整理と助言で、わからない点や悩みを自分自身で整理し、解決できるよう、さりげなく助言する。

実務のための手順や知識を教えることも、もちろん必要だ。

しかし組織で得る知識は、じつは明文化できないものが多い。メンバーがこれまでの経験から得た共通知識である**暗黙知**《あんもくち》を伝えていくことのほうが、より重要である。

相手に関心をもつことがコーチングのスタート

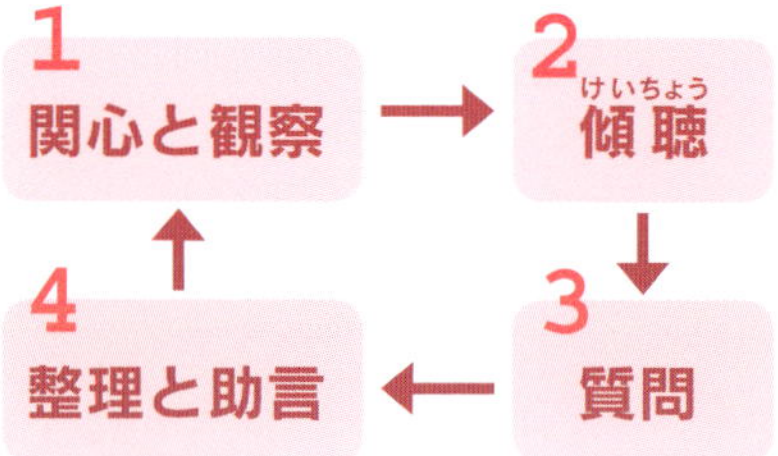
1 関心と観察
2 傾聴《けいちょう》
3 質問
4 整理と助言

関心をもって観察し、本人の話をよく聞く。質問に対しては、答えよりも整理と助言が重要である。

出典：山口裕幸（2008）．「優れたチームワークを育むには」『セレクション社会心理学─24　チームワークの心理学──よりよい集団づくりをめざして──』サイエンス社

部下を動かすには5つの方法がある

会社員を対象に、部下を動かすために使っている手段をリサーチした結果。部下への指示、依頼、説得も、一方的な方法ではダメで、根拠と熱意が必要だ。

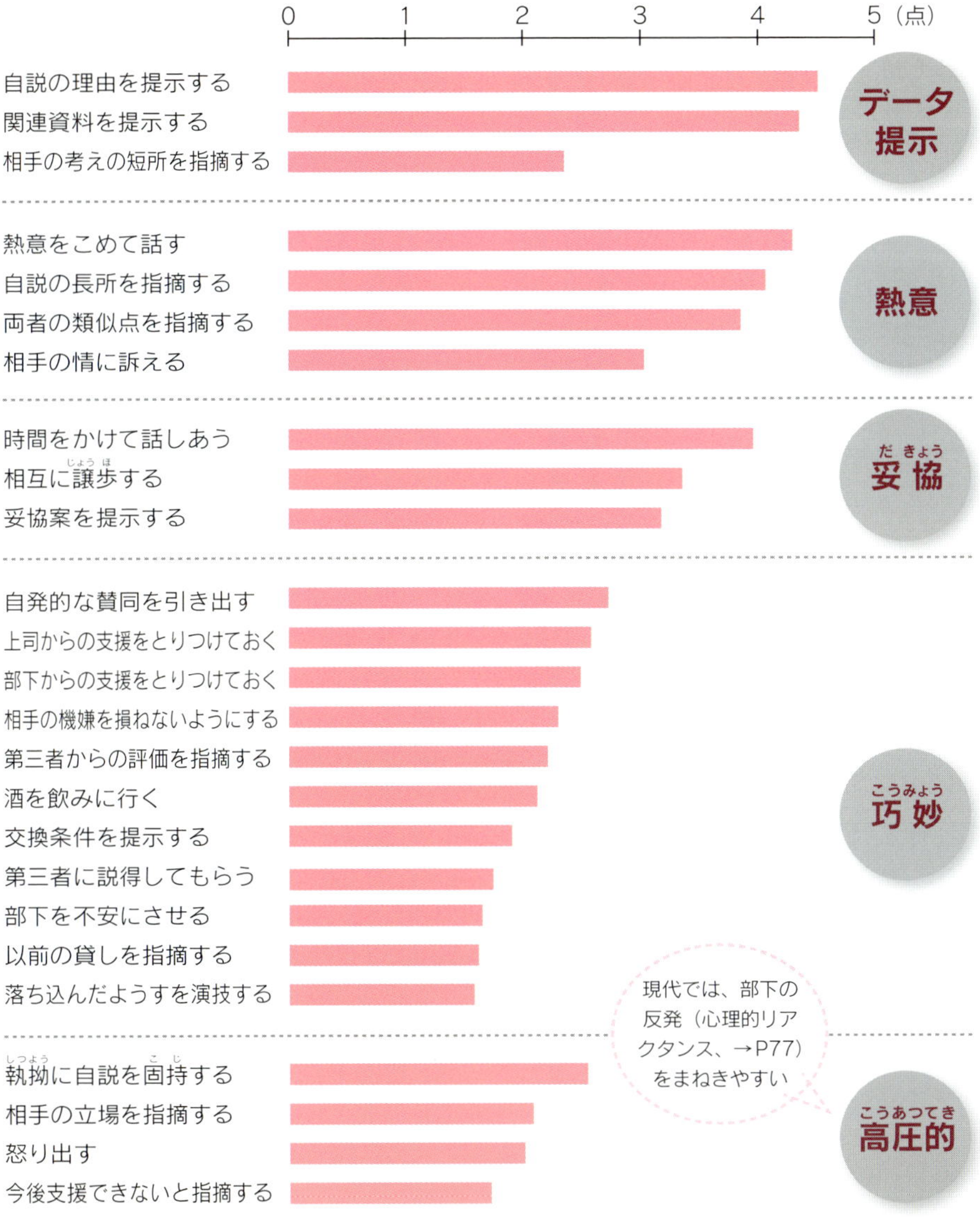
0
1
2
3
4
5（点）
自説の理由を提示する
関連資料を提示する
相手の考えの短所を指摘する
データ提示
熱意をこめて話す
自説の長所を指摘する
両者の類似点を指摘する
相手の情に訴える
熱意
時間をかけて話しあう
相互に譲《じょう》歩《ほ》する
妥協案を提示する
妥《だ》協《きょう》
自発的な賛同を引き出す
上司からの支援をとりつけておく
部下からの支援をとりつけておく
相手の機嫌を損ねないようにする
第三者からの評価を指摘する
酒を飲みに行く
交換条件を提示する
第三者に説得してもらう
部下を不安にさせる
以前の貸しを指摘する
落ち込んだようすを演技する
巧妙《こうみょう》
執拗《しつよう》に自説を固《こ》持《じ》する
相手の立場を指摘する
怒り出す
今後支援できないと指摘する
高圧的《こうあつてき》
現代では、部下の反発（心理的リアクタンス、→P77）をまねきやすい

出典：今井芳昭（1998).「社会的地位と影響集団・組織内行動・勢力動機」『ホワイトカラーの管理技能を探る：暗黙知・影響手段・交渉・コミュニケーションの心理学』日本労働研究機構 資料シリーズ，82，26-57.

自意識が強い人ほど、ストレスがたまる

仕事にストレスはつきものだ。しかしストレスに耐えるばかりでは、心が疲弊してしまう。自分のストレス傾向に気づき、効果的な対処法を見つけることが必要だ。

いやなことを長くひきずってしまう

社会や職場のシステム、人間関係、過密スケジュール、役割のあいまいさや重さなど、**職場ストレス**の原因はじつにさまざまだ。

とくに感受性が強かったり、自己意識が高く、自分自身に意識が向きやすい場合、ストレスがたまりやすいことがわかっている。

たとえば、仕事が基準に達していない自分を強く意識すると、自尊心が低下し、ストレスになる。周囲の評価にも敏感なため、ささいな叱責《しっせき》でも、大きな負担となる。

自分に注意が向くと、ネガティブなことを思い出す

自分に意識が向きやすい人ほど、抑うつ気分になりやすい。

書類に
ミスがあった
上司に
しかられた
恋人と
けんかした
「太ったね」
といわれた

自己・他者への注目のしかたと、記憶のポジティブさ

抑うつ的な人が自分に注目すると、ポジティブなできごとを思い出しにくく、ますます落ち込みやすい。

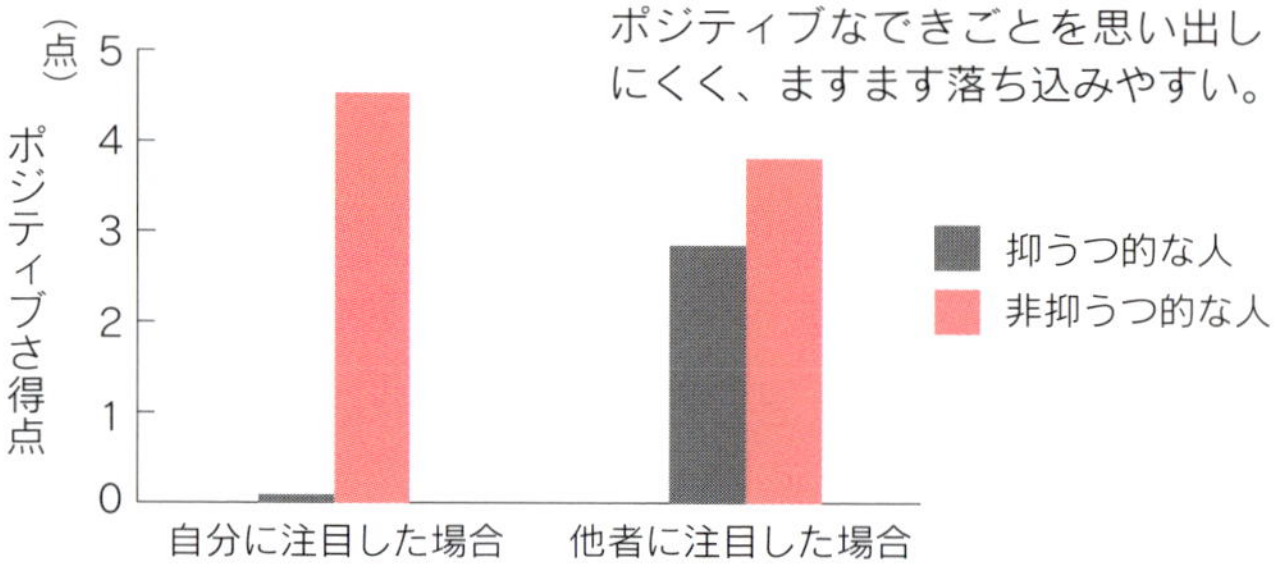
(点)
5
4
3
2
1
0
ポジティブさ得点
自分に注目した場合
他者に注目した場合
抑うつ的な人
非抑うつ的な人

グラフ出典：Pyszczynsk,T.，Hamilton,J.C.，＆Herring,F.H.（1989).「Depression，self-focused attention，and the negative memory bias.」『Journal of Personality and Social Psychology』57，351-357.

仕事と家庭の板ばさみでストレスがかかることも

FWC ファミリー・ワーク・コンフリクト

家庭 → 仕事 のストレス

- 子どもが小さく、手がかかる
- 夫は家事をほとんどしない
- 家のこと、子どものことが気になって、仕事に専念できない
- 家のことで忙しく、職場の人とのつきあいが減った など

WFC ワーク・ファミリー・コンフリクト

仕事 → 家庭 のストレス

- 就業時間が長い
- 責任の重い立場で働いている
- 会社全体、または上司が、家庭生活に配慮してくれない
- 育休をとると、キャリアに不利 など

家庭生活が仕事におよぼす影響と葛藤（FWC）と、仕事が家庭生活におよぼす影響と葛藤（WFC）の例。

ただの気晴らしでも意外と役に立つ

ストレスそのものをなくすことは、むずかしい。そこで大切なのが、ストレスにどう対処するかの、**ストレスマネジメント**である。

課題解決力や**対人スキル**を高めたり、**認知**を変えるトレーニングを受けることも、そのひとつだ。

より手軽なものとしては、趣味や娯楽で一時的に問題を忘れる、**回避・逃避的コーピング**もある。

「できる管理職」「やさしいママ」をどう両立するか

女性ではとくに、仕事と家庭の両立も負担となる。仕事で求められる思考や感情と、母親としての思考や感情が異なり、両立に悩むのだ。こうした**役割間葛藤**《やくわりかんかっとう》の軽減には、職場や家族の支援が必要だ。

接客業では、感情管理のストレスが強い

笑いは、ストレスを発散する最高の方法だ。しかし強制される笑いほどつらいものはない。とくに接客業では、喜びなどの感情や笑顔を強制され、心の健康を損なうこともある。

仕事上の役割で、感情が抑圧される

役割上、このような感情であるべきという「感情規則」により、感情を演技する。本来の感情は、「感情管理」で表出を抑える。

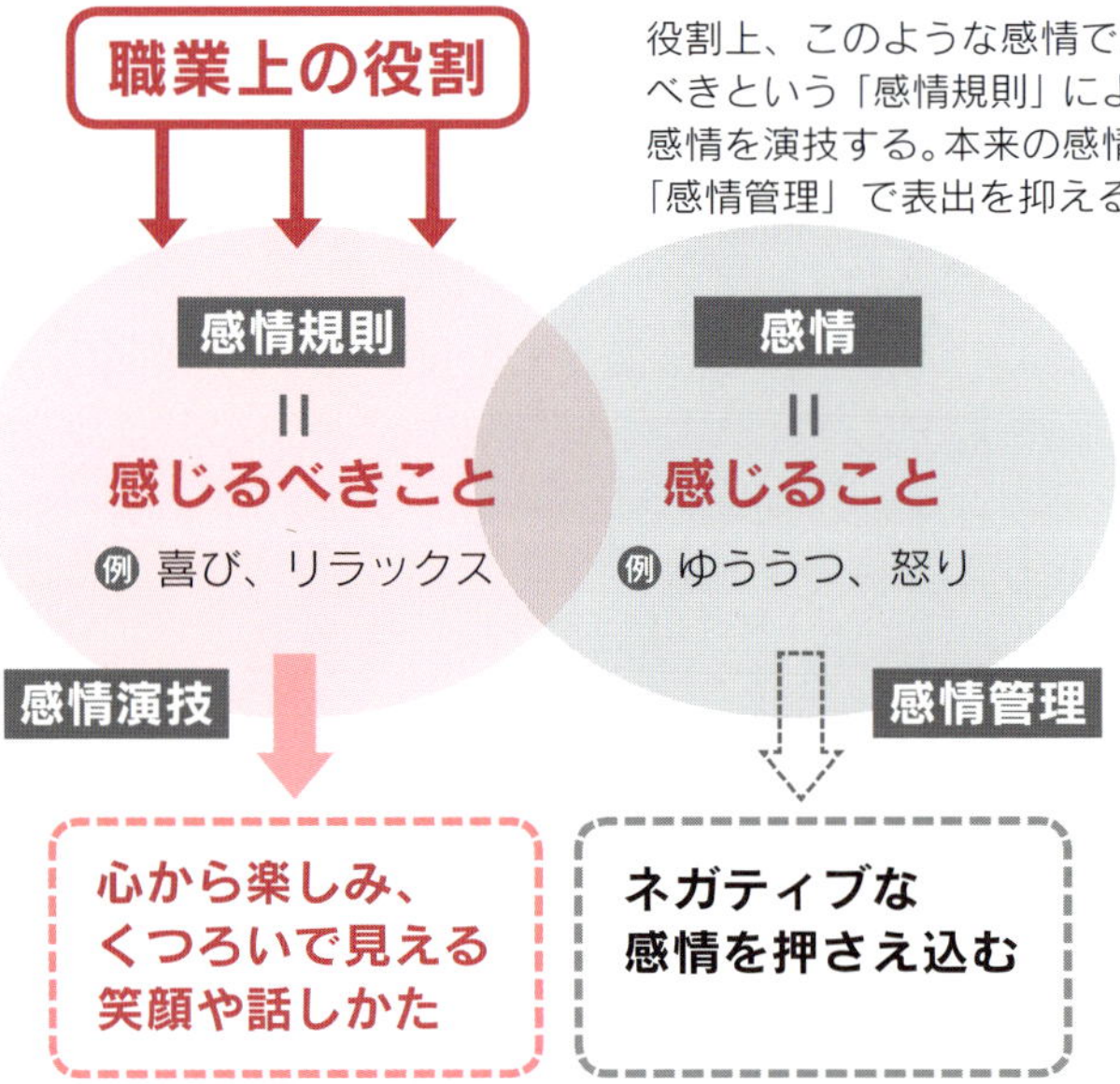
職業上の役割
感情規則
＝
感じるべきこと
例 喜び、リラックス
感情
＝
感じること
例 ゆううつ、怒り
感情演技
感情管理
心から楽しみ、くつろいで見える笑顔や話しかた
ネガティブな感情を押さえ込む

はい、ただいま お持ちしますね
おねーさん ワインないの？

女性中心のサービス業はとくに、笑顔や女性性を強く期待される。

半数以上の人が、仕事上の感情管理を強いられている

アメリカ国勢調査《こくせいちょうさ》をもとに、感情管理を求められる職業を分類したもの。半数以上の人が、感情管理を要する仕事についており、とくに女性は、その割合が非常に高い。

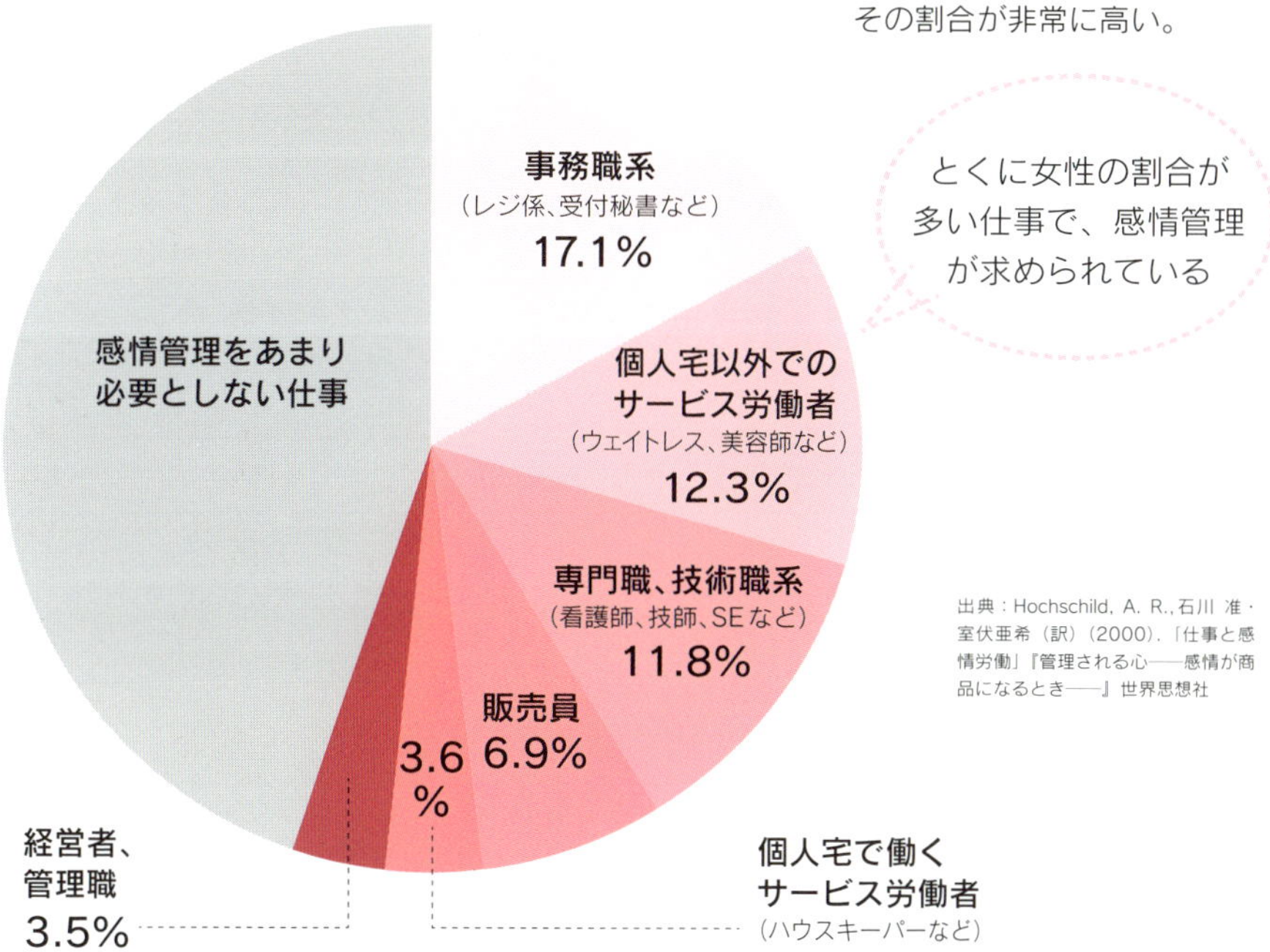
事務職系
（レジ係、受付秘書など）
17.1%
とくに女性の割合が多い仕事で、感情管理が求められている
感情管理をあまり必要としない仕事
個人宅以外でのサービス労働者
（ウェイトレス、美容師など）
12.3%
専門職、技術職系
（看護師、技師、SEなど）
11.8%
販売員
6.9%
3.6%
経営者、管理職
3.5%
個人宅で働くサービス労働者
（ハウスキーパーなど）

出典：Hochschild, A. R.,石川 准・室伏亜希（訳）（2000）.「仕事と感情労働」『管理される心——感情が商品になるとき——』世界思想社

笑顔をお金で売ることのストレス

対人サービスに携《たずさ》わる人は、とくに仕事上のストレスが大きい。つくり笑顔などの、**感情管理**の場面が多いためだ。会社から、それを強制されることも多い。

本来は個人的であるはずの、笑顔や喜びなどが、業績に直結する。これがストレスの原因となる。

演技を本心と思いこむとストレスは増す

感情管理の葛藤《かっとう》から、つくり笑顔を本心からの笑顔と思いこもうとする心理が働き、ストレスを軽減しようとすることがある。

しかし一時的には気がまぎれても、やがて心身の調子を崩《くず》したり、バーンアウトといって、燃えつきてしまうこともある。

Column

知って納得！仕事の心理

ほかの部署の人が、さぼって見えるのはなぜ？

自分の部署は、レベルが高いと思いたい

「うちの課はこんなに働いているのに、A課やB課の人は何もしていない」と、腹を立てる人がいる。よその部署を非難したところで、自分たちの評価が上がるわけではないのに、なぜこのような心理が起こるのか。その原因は、集《しゅう》団間《だんかん》差別《さべつ》（→P111）だ。

人は自分の所属する集団を高く、他集団を低く評価する傾向がある。自分の部署をより高く評価することで、そこに所属する自分も優秀だと思いたいのだ。とくに、自分に自信をなくしそうなときに、このような心理が働く。

さぼっている場面に注目してしまう

他部署の人たちが、実際はよく働いている可能性もある。しかしそれを認めてしまうと、認知的不《ふ》協和《きょうわ》（→P31）が起こるため、さぼっている場面にしか目を向けなくなる。その結果、「やっぱり彼らはダメだ」という評価が、真実味を帯びてくる。

職場での感情や評価は、これほどまでに自己都合的なものなのだ。

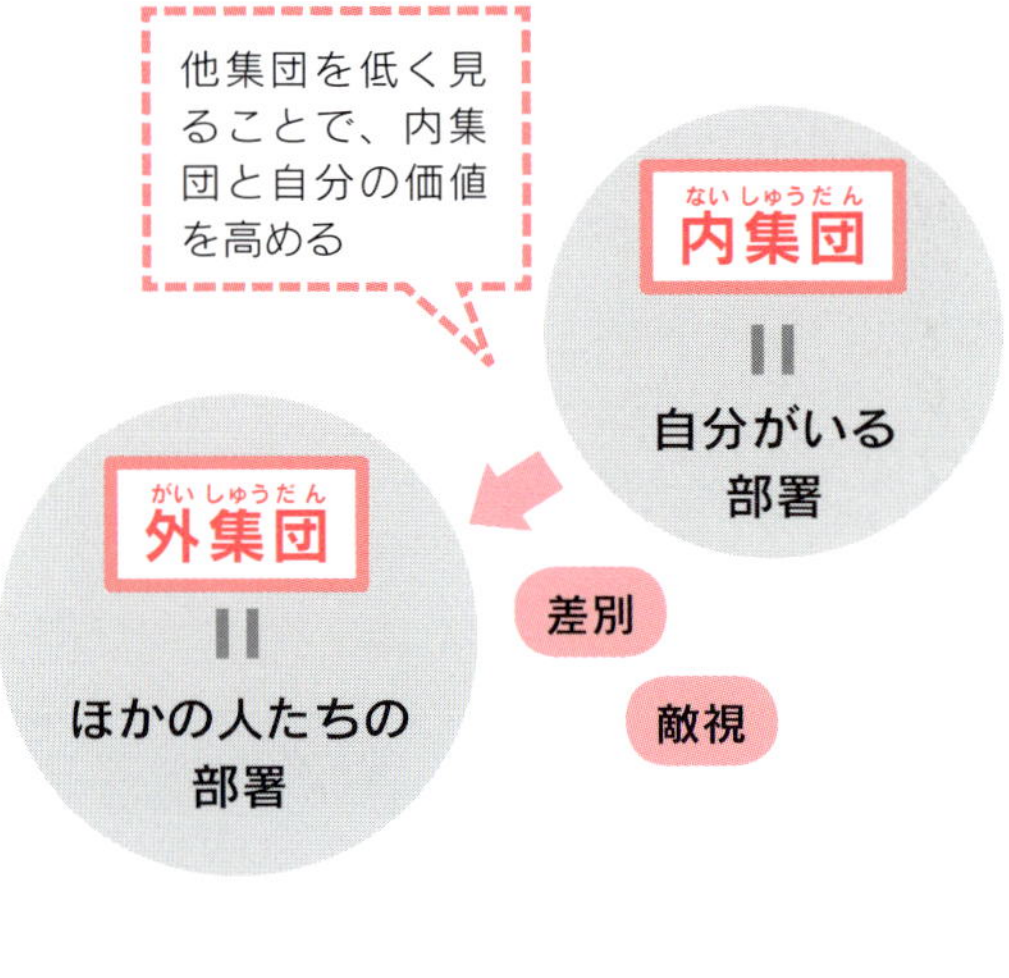

他集団を低く見ることで、内集団と自分の価値を高める
内集団《ないしゅうだん》
＝
自分がいる部署
外集団《がいしゅうだん》
＝
ほかの人たちの部署
差別
敵視

Part 5

メディアや文化の影響に気づく

――心を支配する、見えない情報圧力

自分の価値観は、自分がつくり上げたものだと、
多くの人は思っている。しかし私たちは
情報やルールだらけの社会に生まれ育ち、
その影響からは逃れられない。メディアや文化の見えない影響が、
私たちの心と日常行動を動かしているのだ。

情報や文化の圧力からは、逃れられない

夕食のしたくのために、スーパーに行く。棚にある大量の商品から、ひとつを選んでカゴに入れる。このように、ふだん何気なくおこなっている行動も、メディアの情報に大きく影響されている。

メディアや文化が欲望と行動を動かす

社会的な情報、圧力の心理的影響は幅広い。身近なものとして実感しやすいのは、消費行動への影響だ。

消費行動 ▶▶P140～

流行
メディアの情報や周囲の行動に刺激され、同調行動が広まり、特定の商品などに人気が集まる。

広告
購買意欲を高めるなどの目的で伝えられるメッセージ。無意識のうちに、商品の選択に影響している。

体験消費
外食や旅行、レジャーなど、サービスにお金を払う。広告だけでなく、口コミの影響も大きい。

ブランド
高い品質保証と、満足感を与えてくれる。広告によって、特定のブランドイメージがつくられる。

メディアの情報で認知的処理がラクになる

メディアが私たちの行動に影響していることは、あきらかだ。しかしその影響度はわかりにくく、過大評価されやすい。「暴力的な映像のせいで、少年犯罪が増えた」などの言説は、その典型例だ。

一方、「私はメディアなんかに踊らされない」という人もいる。

しかし実際には、メディアの影響を受けていない人はいない。

世界中の社会問題、あるいは商品の情報を自分で集め、検証することは不可能だからだ。

文化

▶▶P158～

日本人ならではの「謙遜《けんそん》」「もったいない精神」など、固有の文化が価値観や行動に大きく影響している。

メディア

▶▶P152～

インターネット
テレビ
映画
ゲーム
新聞

テレビなどのマスメディアや、インターネットなどの媒体。価値観や行動に大きな影響を与える。

群衆

▶▶P164～

たまたまその場にいあわせた人の集まりを群衆といい、災害時のパニック行動などは、群衆心理の典型例。

流言

▶▶P166～

群衆のあいだで広がる、根拠のない情報。不確かな状況で、確からしさを求める心理が働いている。

社会の情報や圧力にはメリットがある

メディアの影響には、このような認知的処理や時間の節約という利点がある。

上図の、文化や群衆《ぐんしゅう》の心理的影響も、同様だ。

何らかのメリットや根拠があるから、心が影響されるのだ。

CMの印象と口コミが、購入の決め手

私たちの日常は消費行動、選択行動の連続だ。無数にある商品のなかから、ひとつの商品を選びとっている。その選択に大きく影響しているのが、ふだん何気なく目にしている広告である。

商品に興味をもっても、すぐには買わない
Attention
CMなどが目にとまる。情報そのものではなく、タレントなどに惹かれる場合も
注意
Interest
商品に対して関心を抱き、くわしい特徴や他製品との違いなどを知りたくなる
関心
CMを見る
めざせ女優肌

AISASモデルでは、商品に関心を抱いた後の「探索」「行為」「共有」がとくに重要。ネットでの検索や、口コミによって話題を共有することが、商品購入につながりやすい。

CMは、商品を知るきっかけにすぎない

消費行動に対する広告の効果といえば、これまではCMを大量に流し、消費者の記憶に残すと購買につながるという、**AIDMAモデル**が主流だった。

しかし、インターネットなどの新しいメディアの登場により、新たな考えかたが求められるようになった。

そこで現在は上図のように、「自分で調べる」「口コミ」などの要素を加えた**AISASモデル**が提唱されている。

美人タレントが出ると商品の魅力がアップする

CMに美男美女が起用されやすいのは、美しい人に対して、ほかの側面まで望ましく感じる、**ハロー効果**をねらっているからだ。

商品選択にとくにこだわりがない場合は、美男美女がすすめる商品に、好意をもってしまう。

「続きはウェブで」の手法で購入率が高まる

最近は「続きはウェブで」など、商品サイトに誘導するCMも多い。これは効果的な説得法の**段階《だんかい》的要請法《てきようせいほう》**（↓P81）の応用である。

CMが気になって検索した人は、ひとつ目の依頼に応諾《おうだく》したことになる。すると心理的矛盾を避けるため、次の依頼にも応諾、つまり商品を購入する可能性が高まる。

友人と情報交換
あー 使ったことあるー
○○の化粧品で……
Search
インターネットや店頭で調べたりして、詳細な情報を得たり、比較する
探索
Action
商品について周囲の人と話したり、ブログに書いたり、比較サイトなどで語る
行為
Share
周囲の人と話題にして、評判を聞いたりネット上で多くの人と情報共有する
共有
購買
ネットで調べる
どれどれ

「コスパ」概念で、ブランド品は苦戦している

高額商品であれ、日用品であれ、買いものはブランドイメージに左右されがちだ。しかし消費者感覚の変化により、ブランドイメージだけでは商品が売れなくなっている。

広告戦略がうまくいくとブランド力が高まる

消費者と商品を結びつけるもののひとつに、**ブランド**がある。

ブランドには、個々がもつ商品価値を超えた**付加価値**《ふかかち》がある。これは高額商品だけでなく、日用品にもあてはまる。「○○シリーズのシャンプー」なども、立派なブランド品といえる。

ブランドには、品質保証という重要な側面もあり、それを提供する企業に好印象を与える。それだけに、ブランドとしての差別化は、広告をうつときの目標になる。

ブランド品には、心理的な付加価値がある

ブランド品の、ふたつの心理的付加価値に惹《ひ》かれて、特定のブランドを決めて買うようになる。

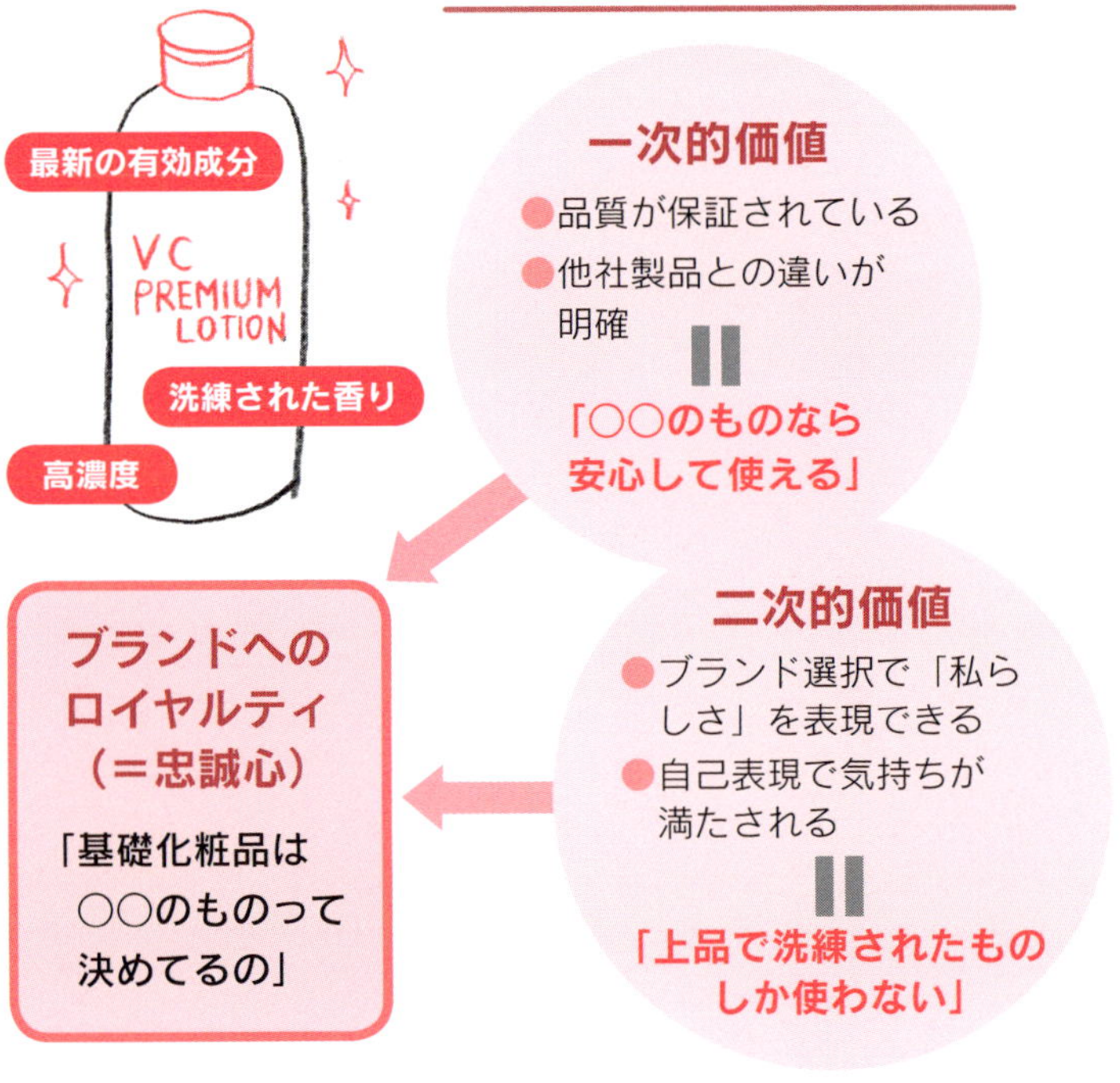
最新の有効成分
VC PREMIUM LOTION
洗練された香り
高濃度
一次的価値
●品質が保証されている
●他社製品との違いが明確
＝
「○○のものなら安心して使える」
二次的価値
●ブランド選択で「私らしさ」を表現できる
●自己表現で気持ちが満たされる
＝
「上品で洗練されたものしか使わない」
ブランドへのロイヤルティ（＝忠誠心）
「基礎化粧品は○○のものって決めてるの」

よく知らないブランドの印象は口コミで決まる

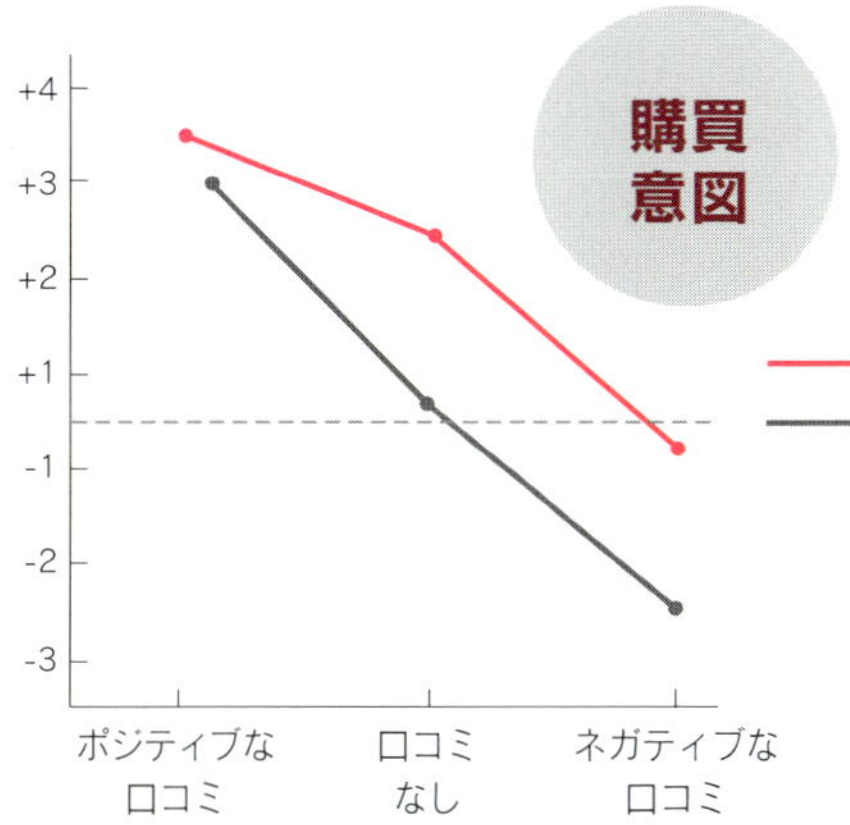
購買意図
+4
+3
+2
+1
-1
-2
-3
ポジティブな口コミ
口コミなし
ネガティブな口コミ
よく知っているブランド
あまり知らないブランド

よく知っているブランドでは、購買意図もブランドイメージも左右されにくい。しかし知らないブランドの場合、よくも悪くも口コミに左右される。

ブランドイメージ

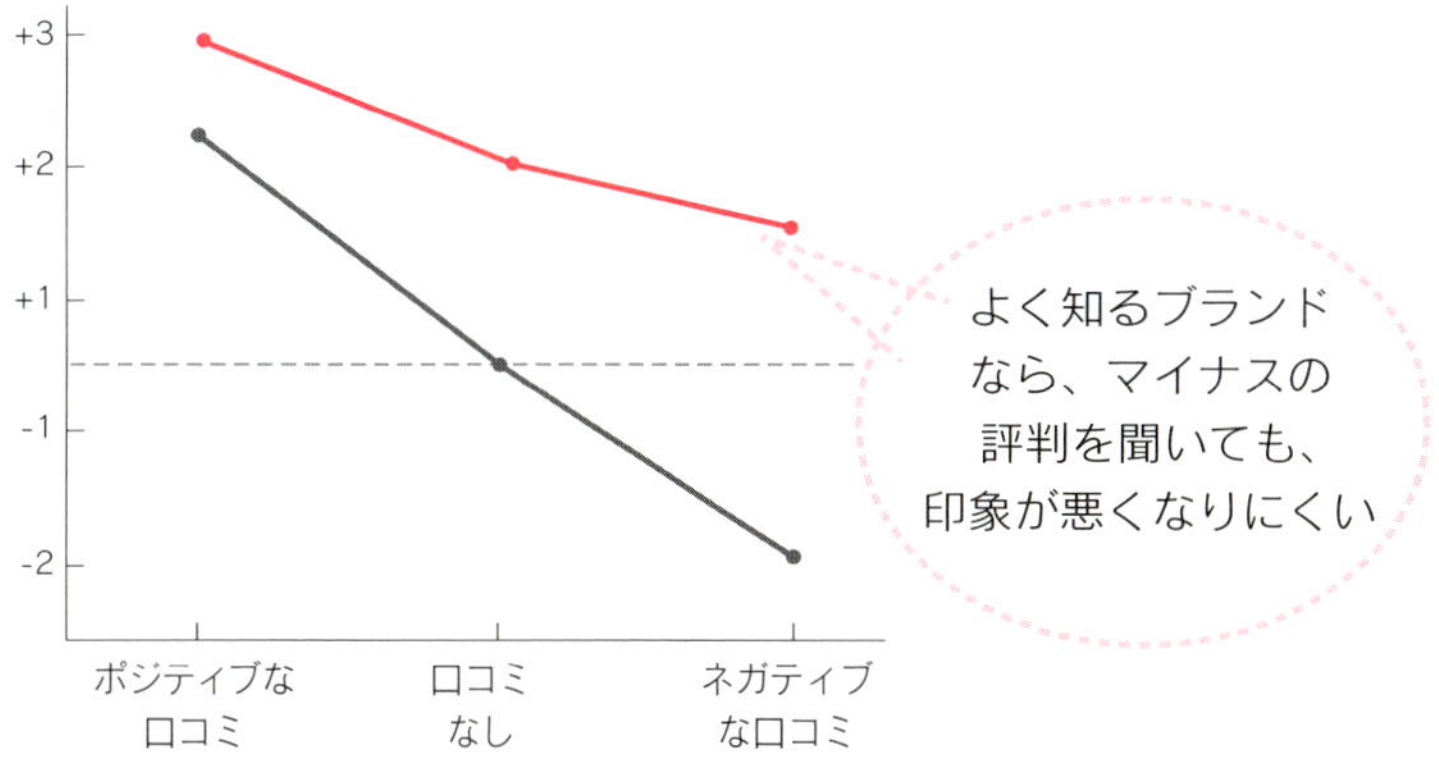
+3
+2
+1
-1
-2
ポジティブな口コミ
口コミなし
ネガティブな口コミ
よく知るブランドなら、マイナスの評判を聞いても、印象が悪くなりにくい

出典：Sundram,D.S. & Webster,C.(1999).「The role of brand familiarity on the impact of word of mouth communication on brand evaluation.」『Advances in Consumer Research』26, 664-670.

いいものがほしいが、付加価値分のコストは惜しい

昨今では、コスト意識の高い消費者が増え、ブランド品も苦戦を強いられている。「コスパ（コストパフォーマンス）」という言葉が浸透したのも一因だ。「値段にうるさい＝ケチ」といった負の印象が払拭《ふっしょく》され、安さを求めることに抵抗がなくなったのだ。

「残り1点です」の言葉が心の自由を奪う

「残りわずか！」「限定販売」という言葉に、私たちは弱い。**心理的リアクタンス**（↓P77）が生じるからだ。手に入りにくいものがあると、いつでも手に入れられるという自由が束縛される。そこで心理的自由を守るべく、数少ない商品を手に入れようとしてしまう。

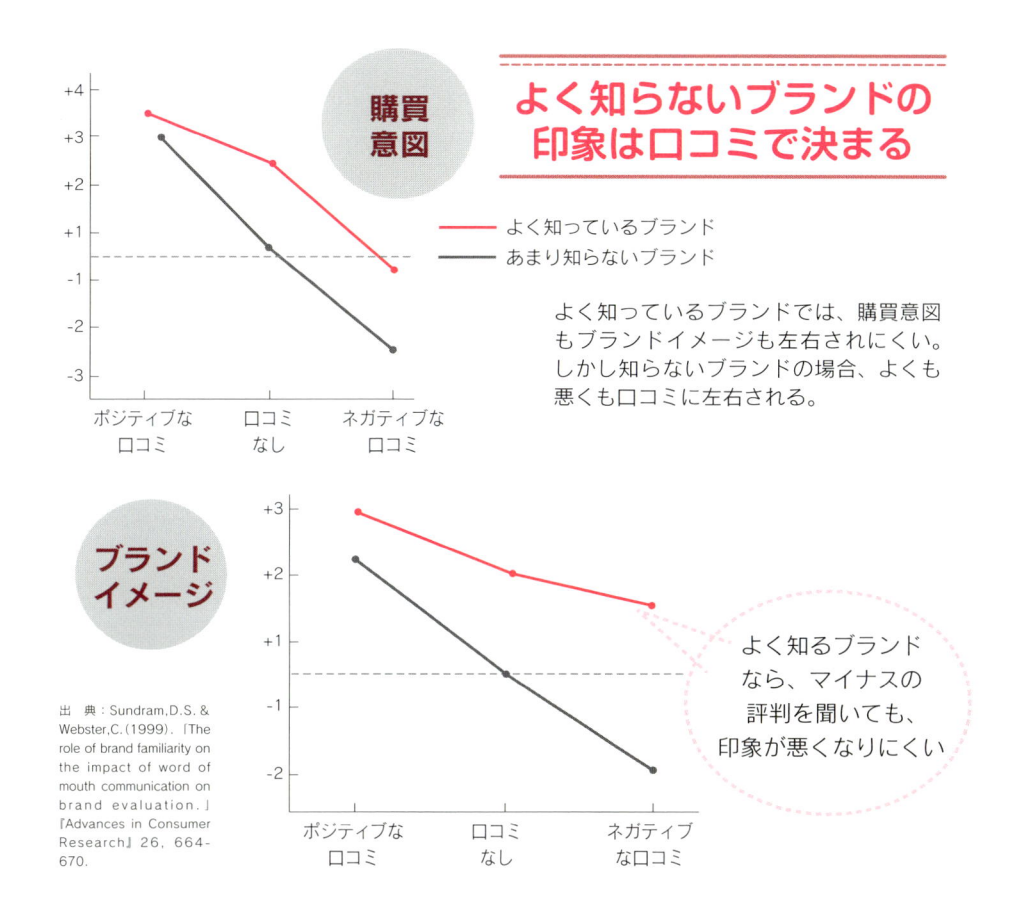

流行は、一部の変わり者から始まる

流行は、ファッションだけに見られる現象ではない。多くの人がみなと同じモノをもち、同じ音楽を聴き、同じ携帯を使っている。流行は、消費行動を大きく左右する要因なのだ。

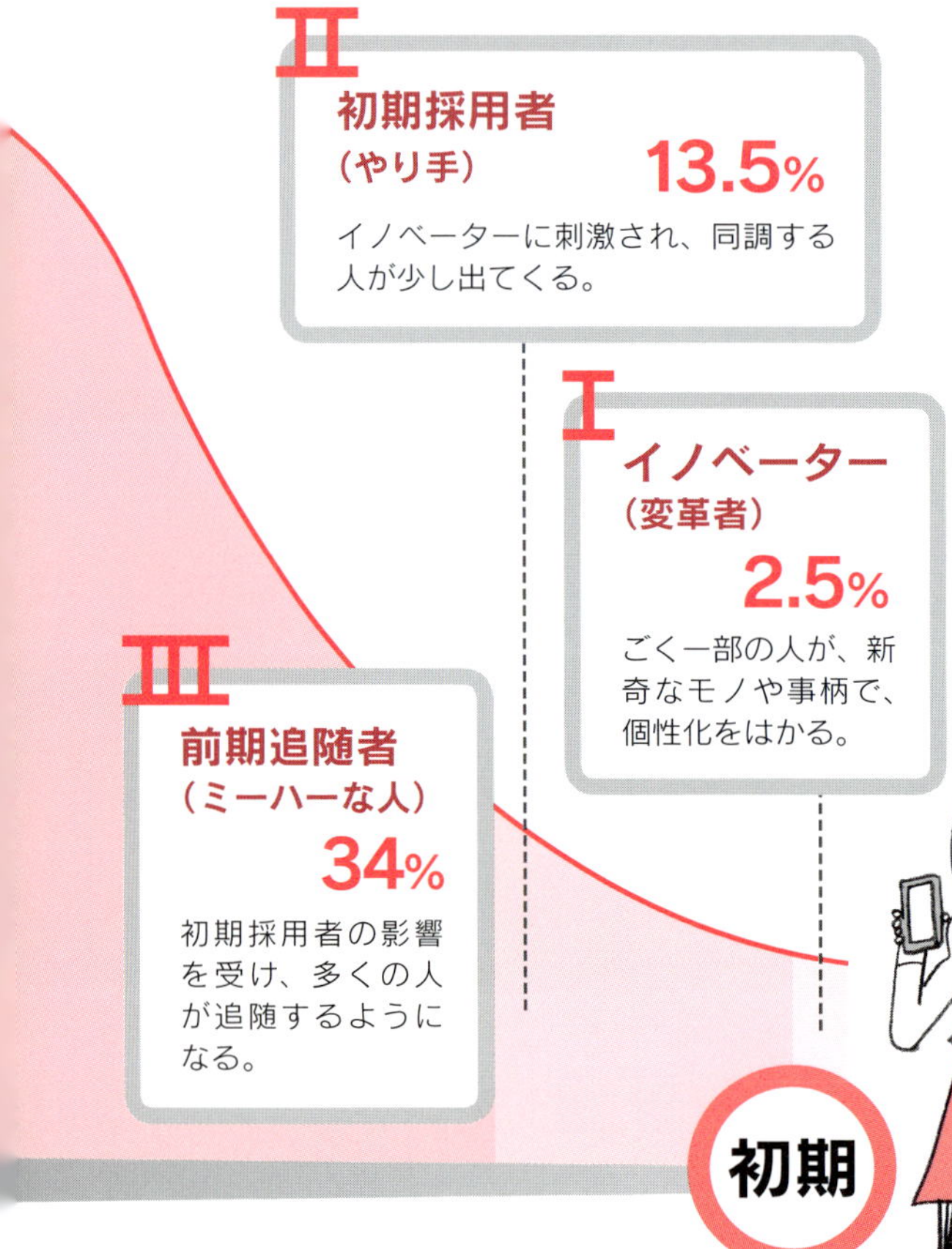

Ⅰ
イノベーター
（変革者）
2.5%
ごく一部の人が、新奇なモノや事柄で、個性化をはかる。
Ⅱ
初期採用者
（やり手）
13.5%
イノベーターに刺激され、同調する人が少し出てくる。
Ⅲ
前期追随者
（ミーハーな人）
34%
初期採用者の影響を受け、多くの人が追随するようになる。
初期

のけ者になりたくないから、まねをする

流行は、まず**イノベーター**（変革者）が個性的なものに目をつけ、他者との差別化をはかることから始まる。

その変革的事柄に対し、多くの人は反発したり無視するが、やがて数人がまねするようになり、その数が多くなると、それらの人々も追随《ついずい》するようになる。

イノベーターとは反対のタイプの人も追随するようになるのは、それを選択するしかない状況に置かれるからだ。

発端は、少数の変わり者

イノベーションの普及過程に関する研究によると、流行には5つの段階がある。なおイノベーションとは、流行の手はじめとなる新しいモノや考えかたをさす。

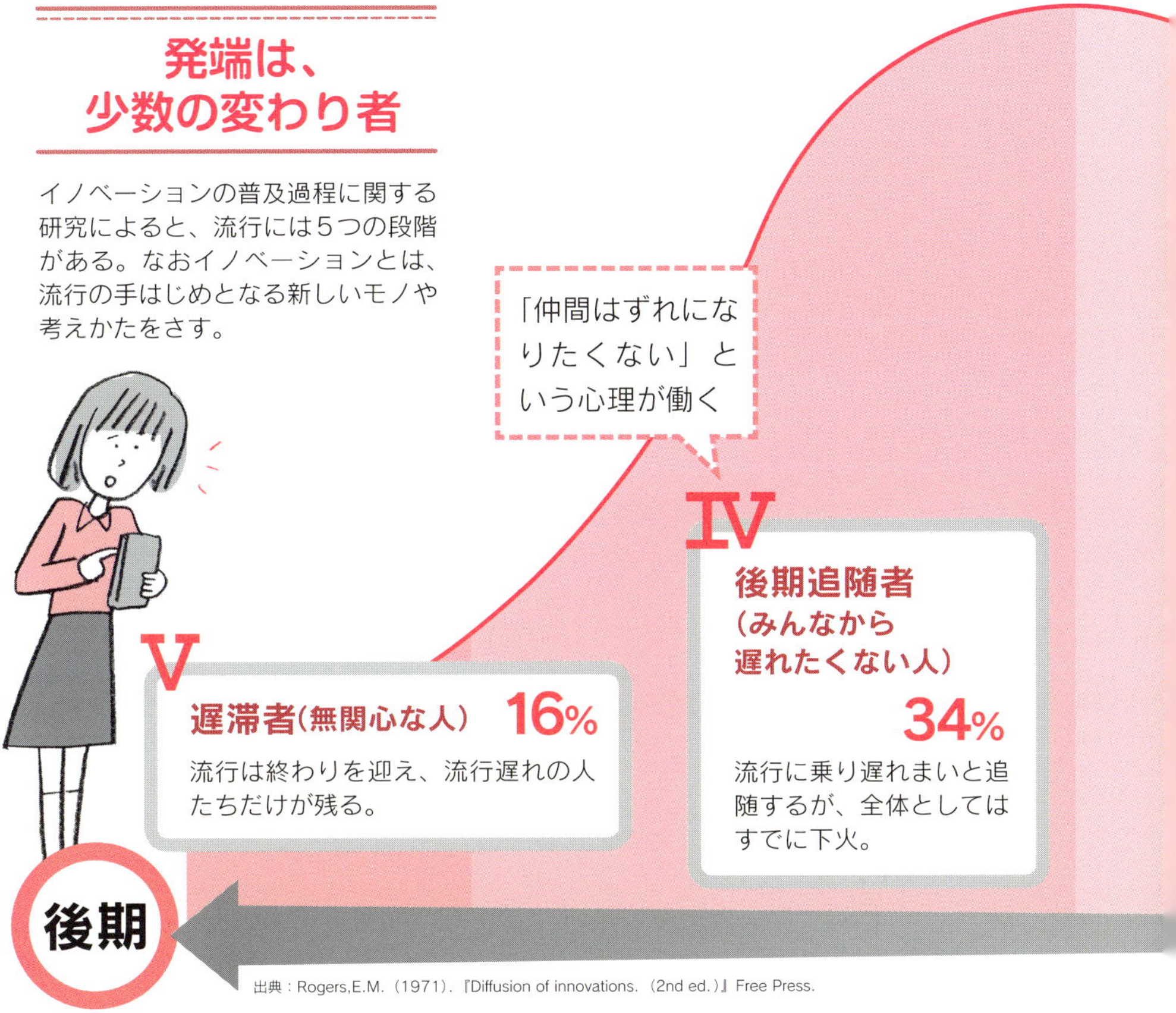
「仲間はずれになりたくない」という心理が働く
IV
後期追随者（みんなから遅れたくない人）
34%
流行に乗り遅れまいと追随するが、全体としてはすでに下火。
V
遅滞者（無関心な人） 16%
流行は終わりを迎え、流行遅れの人たちだけが残る。
後期

出典：Rogers,E.M.（1971）.『Diffusion of innovations.（2nd ed.）』Free Press.

周囲が流行にうとい場合はとくに、いち早く流行をとり入れて、差別化したいとの意識も働く。

こうして多くの人が**同調行動**をとるようになって流行が広がり、持続することになる。

ファッションが多様化しても、流行はなくならない

バブル期以降の日本では、若い女性たちが同じようなブランドバッグをもつという現象が続いていた。しかし昨今は、そのようなことは見られなくなった。

不景気で高額商品が買えなくなったり、好みが多様化されたからだといわれるが、だからといって流行がなくなることはない。

群衆がそろって同調するわけでなくても、同類の人たちからなる集団内では、現在も同じような現象が起きている。

体験を売る商品は、高くても売れる

消費者のコスト意識が高まる一方で、予約のとれない高級ホテルやレストランもある。旅行や外食など、心を豊かにする消費であれば、高額でもいいという人が少なくない。

心の豊かさのためなら、高額消費も惜しくない

心の豊かさと物質面での豊かさ、どちらに重きを置きたいかを調べた内閣府の調査結果。高度経済成長期以降は、心の豊かさを求める人の割合が高い。とくに中高年の女性でその傾向が強く、実際に旅行や観光に積極的な層と一致している。

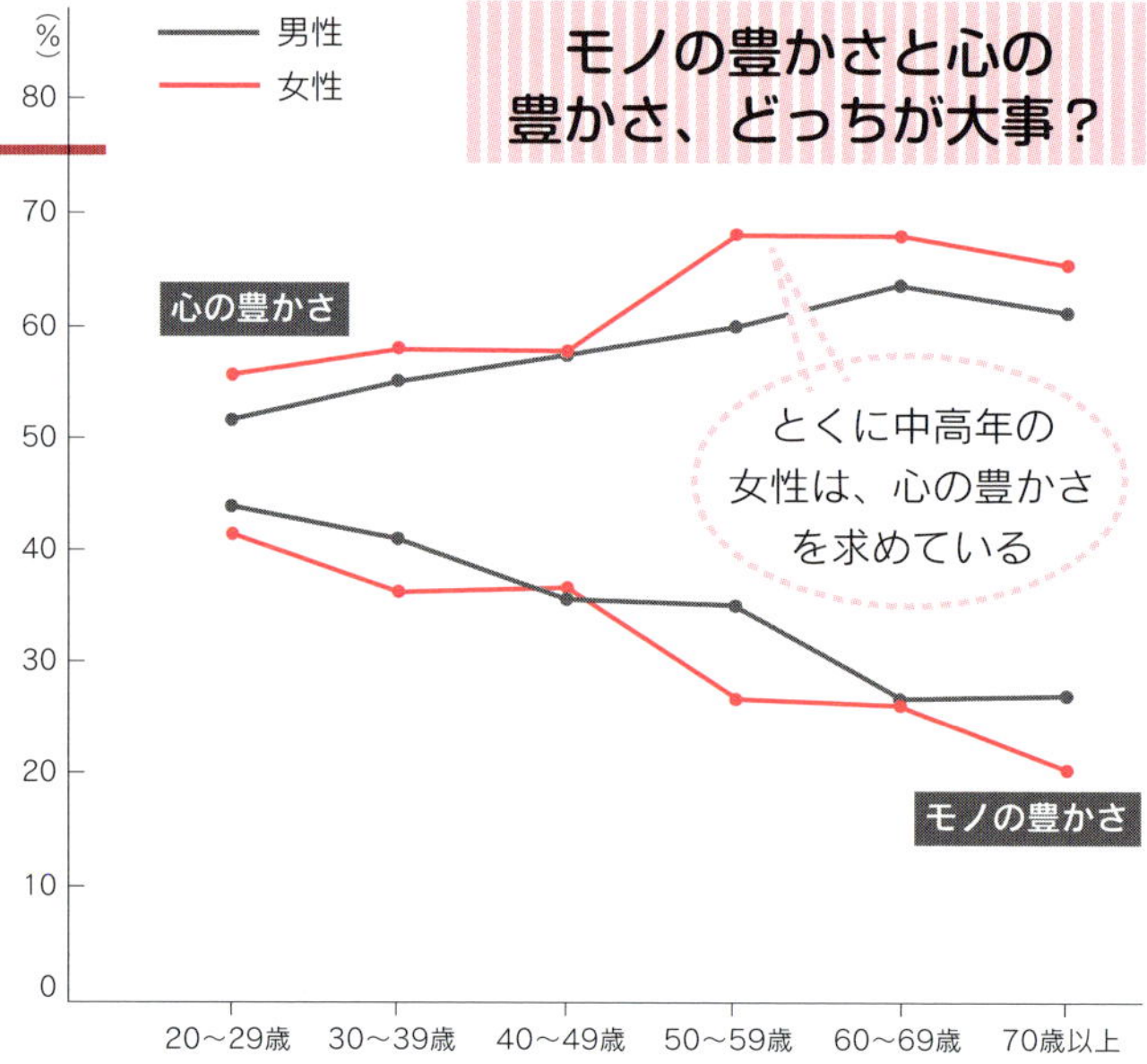

出典：内閣府大臣官房政府広報室（2011）.「国民生活に関する世論調査」

レジャーや外食ではサービスにお金を払う

消費行動は、モノの購入にとどまらない。観光や旅行をはじめ、外食、美容院、コンサートの鑑賞、スポーツ観戦なども、消費行動の一環だ。このような、体験に対して対価を払う消費行動を、**体験消費**という。

体験消費は、日常生活に不可欠なものに対する消費ではなく、なくても生活はできる。

しかし、モノの消費とは異なり、感性を刺激し、生活の満足度を高める効果がある。一度きりの貴重

マズローの欲求5段階と、消費の分類

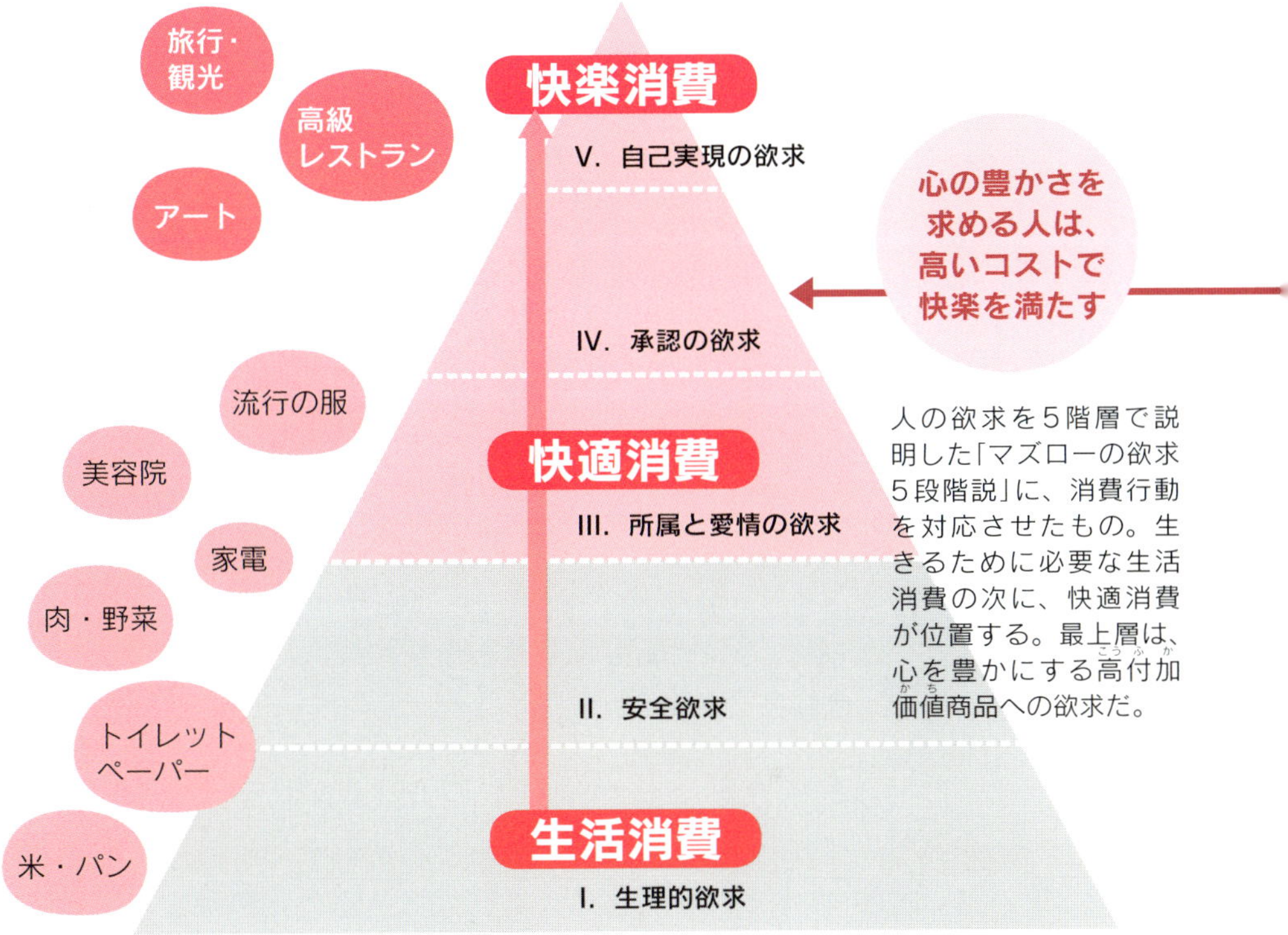
旅行・観光
高級レストラン
アート
流行の服
美容院
家電
肉・野菜
トイレットペーパー
米・パン
快楽消費
V. 自己実現の欲求
IV. 承認の欲求
快適消費
III. 所属と愛情の欲求
II. 安全欲求
生活消費
I. 生理的欲求
心の豊かさを求める人は、高いコストで快楽を満たす

人の欲求を5階層で説明した「マズローの欲求5段階説」に、消費行動を対応させたもの。生きるために必要な生活消費の次に、快適消費が位置する。最上層は、心を豊かにする高付加《こうふか》価値《かち》商品への欲求だ。

榿本邦夫（2006）.「観光行動における消費と欲望の構造――観光行動論　序説（1）――」『大阪明浄大学紀要』6, 43-53. より作成

な体験ができるという、**代替《だいたい》不可《ふか》能性《のうせい》**も特徴だ。

そのため、モノの購入時に比べてコスト意識が低下しやすく、高い対価を払う気になる。

高リスク&高コストだから口コミが役に立つ

体験消費の例として、外食を考えてみよう。対価を払う対象は、料理だけでなく、接客や店の雰囲気を含めたサービス全体である。

しかしそのよし悪しは、実際に行って試してみないとわからない。その意味では、高コストなうえ、高リスク商品でもある。

そこで、リスクをできるだけ低くするために活用されるのが、**口コミ**である。一度きりの体験で損をしないために、周囲の人に評判を聞いたり、ネットの口コミサイトなどで情報を集める人が多い。

旅行プランの決め手は、非日常性にある

旅の目的は、新たな刺激を受けたり、せわしない日常から解放され、くつろぐことである。日常とは逆の要素を求めるため、日常に退屈している人ほど、刺激的な旅を好む傾向がある。

旅には５つのモチベーションがある

観光旅行の動機には５つの特性があり、各要因の組みあわせで成り立っている。

知識増進

歴史や地理などの知識を増やし、知的好奇心を満たしたい。

自己拡大

新しい体験を積むことで、自分自身を成長させたい。

日常が退屈な人ほど刺激のある旅を求める

人はなぜ観光をするのか。観光行動の動機には、ふたつの心理がある。めずらしい体験や新しい体験をしたいという**新奇性欲《しんきせいよっ》求《きゅう》**と、日常生活から離れたいという**逃避欲求**だ。

一般に、刺激の少ない日常生活を送っている人は、旅行や観光で新奇性欲求を満たそうとする。

一方、刺激や緊張感に満ちた生活を送っている人は、旅先では休養やリラックスを重視し、逃避欲求を満たす傾向がある。

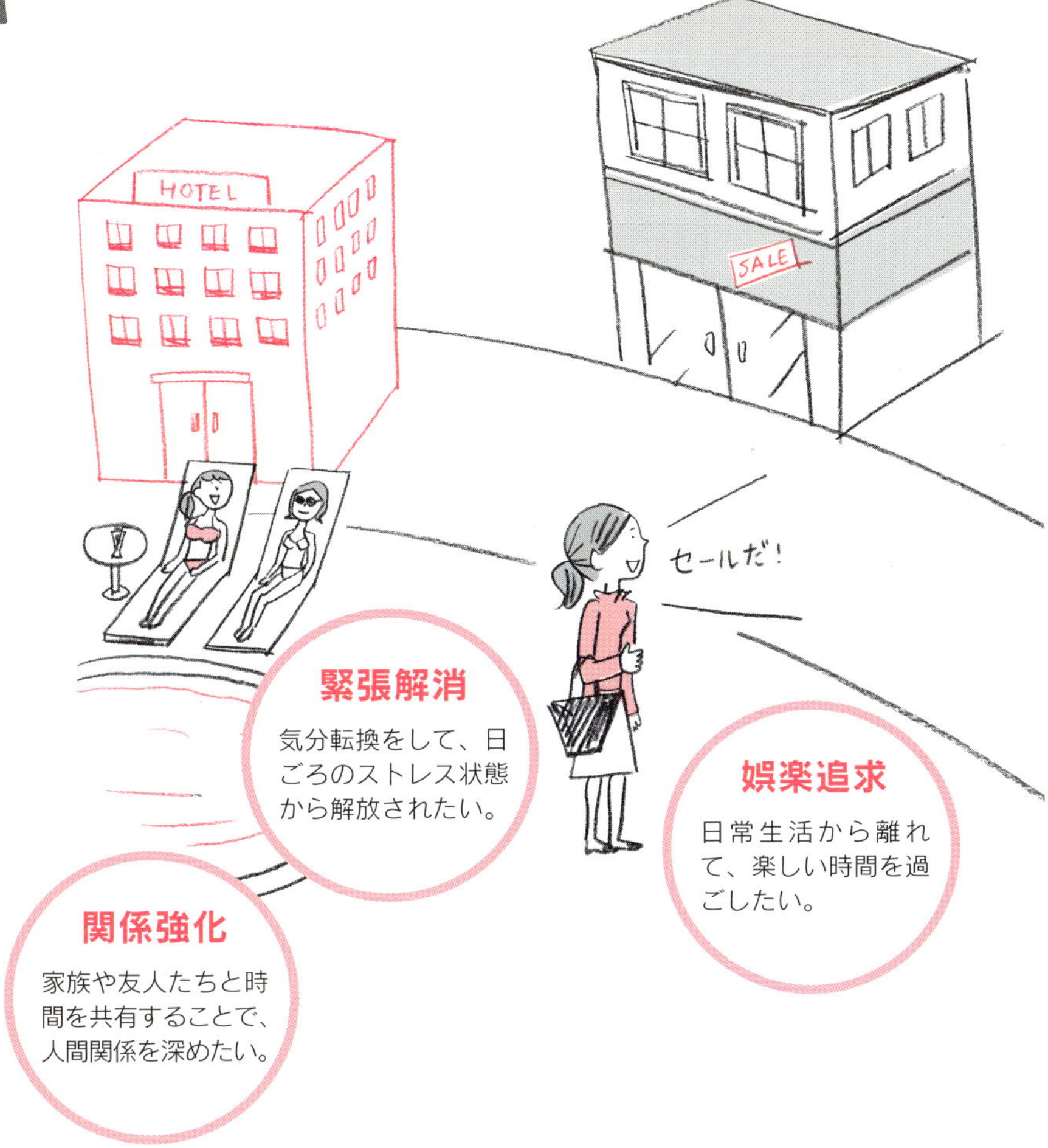
HOTEL
SALE
セールだ！
緊張解消
気分転換をして、日ごろのストレス状態から解放されたい。
娯楽追求
日常生活から離れて、楽しい時間を過ごしたい。
関係強化
家族や友人たちと時間を共有することで、人間関係を深めたい。

海外に行きたがらない若者の心理とは？

最近では、旅行や観光の消費者層は中高年だ。若者の旅行離れ、とくに海外離れが進んでいる。

理由はいくつかあるが、ひとつはインターネットの普及である。子どものころから情報による疑似体験をしていると、「わざわざ行かなくても」と感じてしまう。

日本の快適さと海外の不便さ、知らない土地で受ける心理的負担を、天秤にかける心理も働く。高いお金を払ってまで、面倒な思いをしたくないという感覚だ。

世の中の閉塞感も一因である。いまの若い世代にとっては、海外で刺激を受け、見識を広めることが、よりよい将来や人生の価値につながるとは考えにくいのかもしれない。

宿の満足度は、従業員の態度で決まる

旅のプランを決めるときは、あれこれと思い悩むもの。とくに迷うのが、宿泊施設だ。では、どのような宿泊施設を選べば、満足度の高い旅ができるのだろうか。

ゴージャスな設備より従業員の態度が大事

宿泊予約サイトの分析調査で、宿泊施設の総合的な満足感は、**従業員の態度**によって決まることがわかった。客室や設備、食事の豪華さ以上に、**ホスピタリティ**が、利用者の満足度を左右するのだ。

その宿泊施設を再度利用したいかどうかも、従業員の態度が大きく影響する。接客態度がよくないと感じると、二度と再訪したくないと思う人が多い。

つまり宿を選ぶときは、接客レベルの高さが決め手といえる。

従業員の笑顔で、楽しい旅の印象が残る

従業員が笑顔とアイコンタクトを送ると、旅行者も自然と笑顔を返す。その結果、楽しいコミュニケーションが生まれ、旅の印象がよくなる。

景色のいいレストランですね それでしたら…
海の前ですか いいですね
笑顔
笑顔
相手と同じ行動をとる
(＝共時態《きょうじたい》の効果)

ホスピタリティが高いのは、こんな人

宿をはじめ、接客業全般に、質の高いサービスが求められる時代。サービスレベルの高い従業員は、以下のような性格特性をもつ人だ。

共感性が高い

困っている人の状況や気持ちを正確に理解できる人は、サービスも的確。

社交性が高い

人と積極的に交流しようとする人は、心から楽しみながら応対できる。

セルフ・モニタリング度が高い

他者の感情や態度に敏感で、それにあわせて即時に行動を調整できる。

対人不安が低い

人前で緊張や不安を感じる人は、接客の質が落ち、ストレスもたまりがち。

ネットの普及で、サービスの質が顕在化した

これまで、宿の対人サービスの質は、実際に行ってみなくてはわからなかった。

ところが近年は、インターネットに宿泊者のコメントが掲載されるようになり、サービス情報が一気に顕在化した。その結果、より質の高いサービスが求められる時代になったといえる。

しかしサービスに対する印象や好みには、個人差がある。ていねいさを重視する人もいれば、フランクな対応を好む人もいる。

また、グループ旅行の場合は、印象が偏《かたよ》りやすいので、注意が必要だ。これは**集団極性化《しゅうだんきょくせいか》**（→P117）の影響で、サービスが少し悪いだけでも、「ひどいサービスだった」となりうる。

「自分だけは踊らされない」という心理

私たちが世の中のことを知るうえで、最大の情報源はマスメディアである。「自分はメディアに踊らされたりしない」という人も、現実には多大な影響を受けている。

報じられない問題には意識が向かない

「メディアの報道は偏《かたよ》っている」「報道をうのみにしてはいけない」などと、マスコミ報道に批判的、懐疑的《かいぎてき》な人は少なくない。

ただ、報道内容の問題以前に、「いま何が問題なのか」を考える時点で、私たちはすでにメディアから大きな影響を受けている。

報道でとりあげられる問題については考えるが、それ以外の問題については、問題自体を知らないか、深く考えないのだ。

これを、**課題設定効果**という。

どの問題に注目するかはメディアが決めている

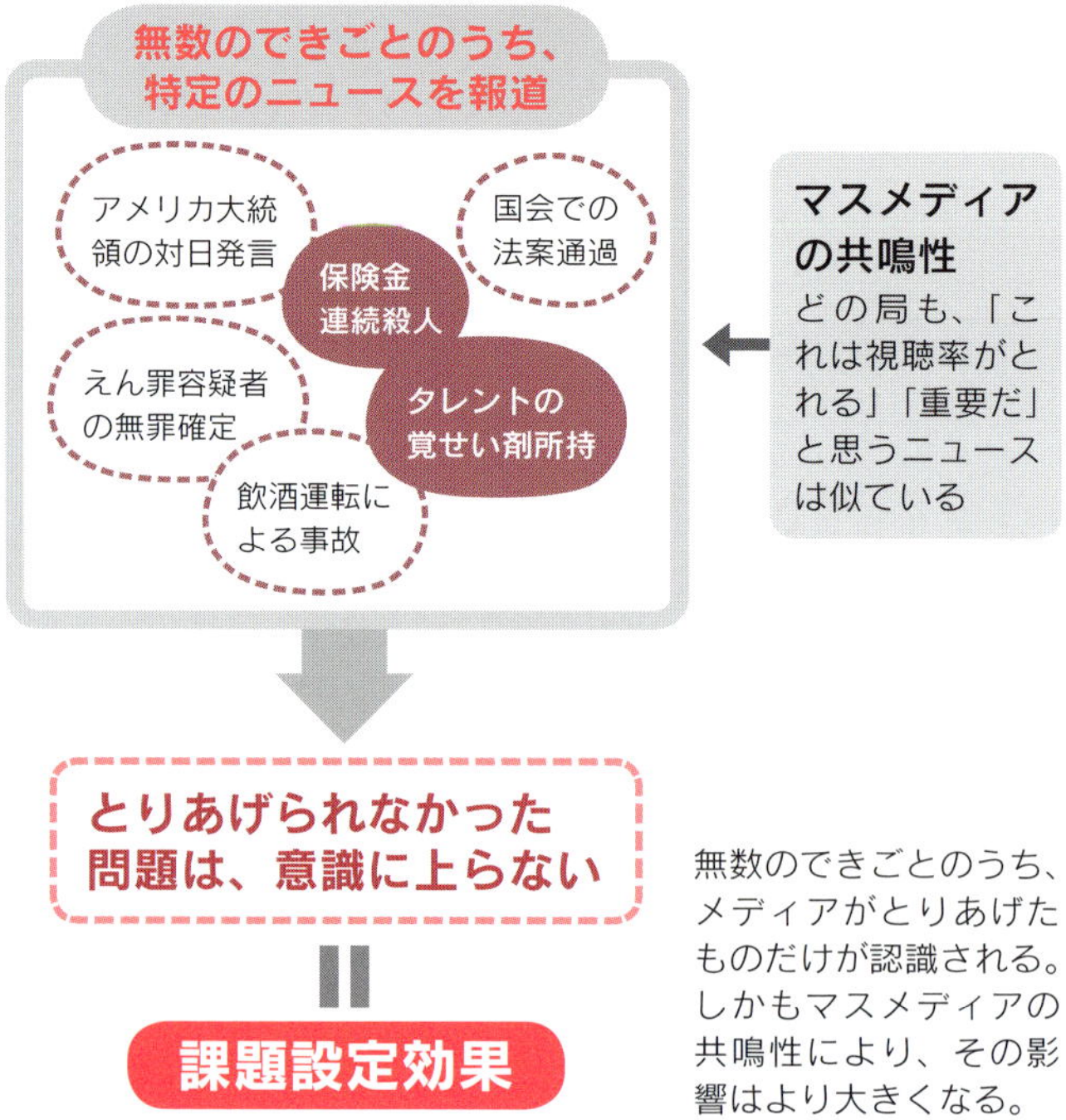
無数のできごとのうち、特定のニュースを報道
アメリカ大統領の対日発言
国会での法案通過
保険金連続殺人
えん罪容疑者の無罪確定
タレントの覚せい剤所持
飲酒運転による事故
マスメディアの共鳴性
どの局も、「これは視聴率がとれる」「重要だ」と思うニュースは似ている
とりあげられなかった問題は、意識に上らない
＝
課題設定効果

無数のできごとのうち、メディアがとりあげたものだけが認識される。しかもマスメディアの共鳴性により、その影響はより大きくなる。

メディアから大きな影響を受けているのは自分以外の人々であり、自分は影響されていないと感じる、第三者効果の例。

自分以外の人は、メディアに踊らされている

9割の人は、偏った報道に影響されている

報道の影響には、受け手による**個人差**も認められる。

もともとその話題に**関心**の低い人や、**教育程度**の低い人は、情報をうのみにしやすい。関心の高い人や教育程度の高い人は、与えられた報道以外の情報を探ったり、別の可能性を吟味《ぎんみ》する。

自分だけは、賢い視聴者だと思いたい

メディアの影響は大きいと感じているにもかかわらず、「自分は違う」と思っている人が多い。自分だけは、情報を客観的に判断していると思いたいのだ。

他者への影響を高く見積もり、自身への影響を低く見積もることを、**第三者効果**という。

視聴者の意見は、報道だけでは変わらない

メディアの情報は、私たちのものの見かたに、知らず知らずのうちに影響している。しかしテレビの報道などの影響で、もともとの価値観が大きく変わることはない。

アメリカ大統領選挙におけるメディアの影響調査。自分の考えにあう報道にふれるため、意見は変わらない。もとの意見が強化されている。

自分の意見にあう情報を選ぶ

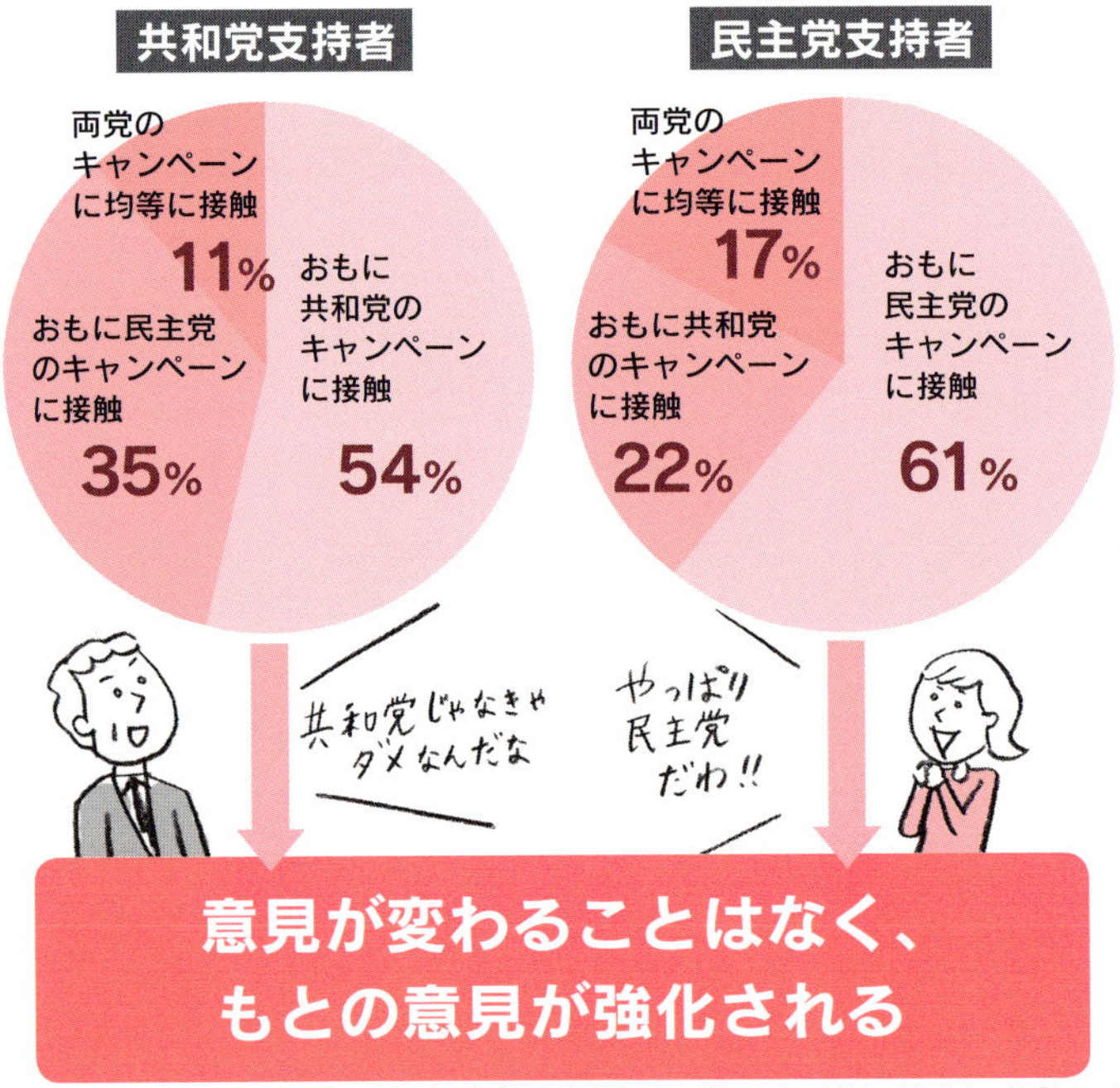

共和党支持者
両党のキャンペーンに均等に接触 11%
おもに民主党のキャンペーンに接触 35%
おもに共和党のキャンペーンに接触 54%
民主党支持者
両党のキャンペーンに均等に接触 17%
おもに共和党のキャンペーンに接触 22%
おもに民主党のキャンペーンに接触 61%
共和党じゃなきゃダメなんだな
やっぱり民主党だわ!!
意見が変わることはなく、
もとの意見が強化される

出典：Lazarsfeld,P, Berelson,B., & Gaudet,H.（1944）.『The people' s choice.』Columbia University Press.：ラザースフェルド,P.F. 有吉広介（監訳）（1987）.『ピープルズ・チョイス――アメリカ人と大統領選挙』芦書房

メディアの情報に加え、周囲の意見にも左右される

メディアは、大衆の考えかたに、ダイレクトに大きな影響を与えているように思われている。

しかし実際には、直接的な影響は弱いとする**限定効果論**が有力だ。メディアが報じた通りに、人の意見が変わるわけではないのである。個人の意見はむしろ、周囲にいる人の影響、つまり**対人環境**の影響を受けやすい。

対人環境には、「類は友をよぶ」という**類似性の法則**が働いている。

そのため周囲の人は、自分と似

メディアの送り手と受け手の構造。インターネットの登場で情報の選択肢は広がった。しかし、自分にあう情報を選択するため、価値観が変わるような構造の変化はない。

インターネットの普及でメディアへの参加が可能に

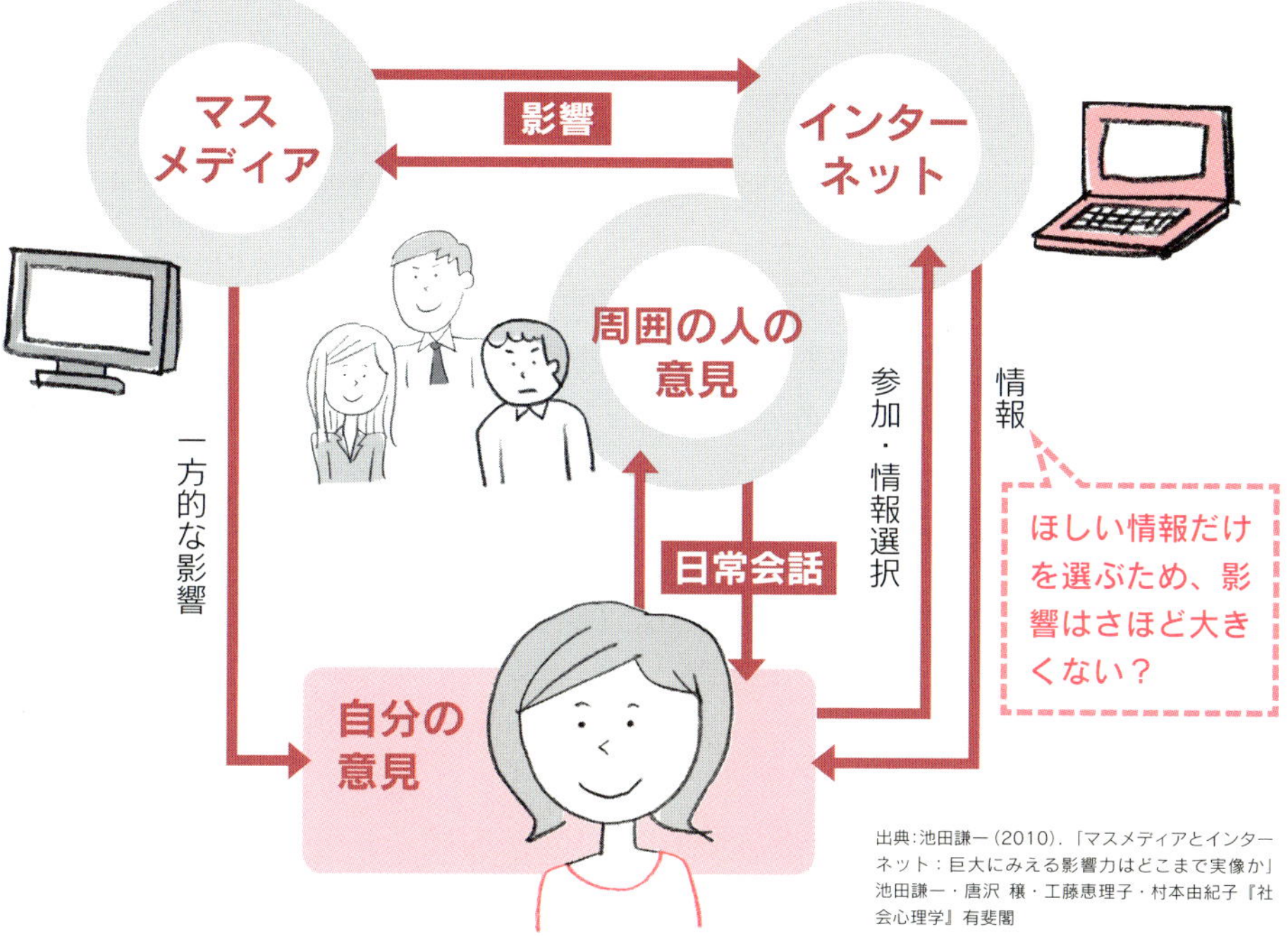
マスメディア
影響
インターネット
周囲の人の意見
参加・情報選択
情報
ほしい情報だけを選ぶため、影響はさほど大きくない？
一方的な影響
日常会話
自分の意見

出典:池田謙一(2010).「マスメディアとインターネット：巨大にみえる影響力はどこまで実像か」池田謙一・唐沢 穣・工藤恵理子・村本由紀子『社会心理学』有斐閣

た意見であることが多く、意見がガラリと変わるような影響は受けにくい。

情報化社会はものを見る目をせばめることも

インターネットの普及により、マスメディアからだけでなく、さまざまな立場から、多様な情報が得られるようになった。

ただ、多くの情報にふれられるようになったからといって、より公平な意見がもてるかというと、疑問である。

膨大な情報にふれ、それを客観的に分析するのは、物理的に不可能だ。脳への負担を減らそうという、**認《にん》知《ち》的《てき》倹《けん》約《やく》**(→P31)も起こる。

そのため結局は、自分の意見にあう情報だけを選択的に見聞し、もともとの意見が強まることのほうが多い。

テレビの暴力シーンは、犯罪を増やす？

メディアが人々に与える影響は、報道番組の情報によるものだけではない。映画やドラマなどの暴力的なシーンが、現実の暴力行動に影響することがわかっている。

残酷な少年犯罪はテレビのせいではない

残虐な少年犯罪が起こるたびに、テレビや映画の残酷なシーンの影響が、問題視される。たしかに、これらの**攻撃的映像**は、攻撃的な行動の誘因となることがわかっている。

ただ、暴力シーンを見たからといって、ダイレクトに**暴力行動**に走るわけではない。性格や状況、気分などが複合的に影響しあって、はじめて行動が起こる。

メディアが原因で、残虐な犯罪が増えているとはいえない。

暴力行為の引き金は映像だけではない

暴力シーンを見たら、それだけで誰でも攻撃的になるというわけではない。暴力的な言動には、性格傾向や、映像を見たときの状況なども深くかかわっている。

個人要因

- もともと攻撃性が高い性格である
- 女性より男性のほうが攻撃性が高まりやすい
- 年齢が低いほうが影響されやすい

状況要因

- 映像を見る前にいやなことがあって、イライラしている
- いっしょに見ている人が、暴力シーンに肯定的

娯楽性の高い内容なら悪影響はない

攻撃行動への影響は、暴力シーンの種類によって異なる。ポイントは、映像や設定のリアルさだ。

戦争や復讐をリアルに描いたものは、攻撃的感情につながる。一方、時代劇やアニメなどは娯楽性が高く、悪影響をおよぼしにくい。

暴力ゲームが先か、ひきこもり傾向が先か

ひきこもってゲームばかりしている少年が犯罪を起こすと、暴力的なゲームの影響が指摘される。実際に、ゲームにも攻撃的影響があるとする報告もある。

ただ、人にとけこめない性格のために、ゲームにはまっている可能性もある。暴力的なゲームが犯罪の原因とはいいきれない。

ゲームなどの暴力シーンも、攻撃行動の誘因となる可能性がある。

映像要因

表現のしかた

- 残酷に描かれている
- 現実にありそうな設定である
- 変化に富んでいてスリリング

暴力の正当性

- 復讐としての暴力など、文脈として正当化されている

暴力行為、攻撃的な態度

日本では、控えめなほうが得をする

グローバル化が進み、外国人とビジネスをしたり、親しくなる機会が増えている。しかし外国の人を知れば知るほど、日本人には理解しがたい面が見えてくることもある。

育った文化で心のかたちがつくられる

心と文化は、**相互依存的**な関係にある。生まれ育った国の文化は、私たちのものの見かた、感じかたに大きく影響する。そして私たちの心が、新たなモノや思考、システムを生み出し、文化をつくる。

その結果、ものごとや他者への理解のしかたなどに、国ごとの違いが生じる。さらに、人種による**性格傾向の差**も認められている。

とくに欧米と東アジアの違いを比較検討した研究が多く、認知や性格の差異が報告されている。

各国の文化の違いには、5つの次元がある

1 権力格差

- 格差が大きい：マレーシア、フィリピン、メキシコなど
- 格差が小さい：オーストリア、イスラエル、デンマークなど

2 個人主義・集団主義

- 個人主義的：アメリカ、イギリス、カナダなど
- 集団主義的：グアテマラ、エクアドル、コロンビアなど

3 男性らしさ・女性らしさ

- 性役割観が強い：日本、オーストリア、イタリアなど
- 性役割観が弱い：スウェーデン、ノルウェー、オランダなど

4 不確実性の回避

- 回避的：ギリシャ、ポルトガル、ベルギーなど
- 非回避的：シンガポール、ジャマイカ、デンマークなど

5 長期的志向・短期的志向

- 長期的：中国、香港、台湾、日本、韓国など
- 短期的：フィリピン、カナダ、イギリス、アメリカなど

文化的価値の5つの次元。とくにその傾向が強い国と、弱い国をあげている。

出典：Hofstede,G.（1991）.『Cultures and organizations：Software of the mind.』McGraw-Hill.

欧米人と日本人の認知のしかたを比べると、欧米人は対象を分析して理解する「分析的思考」が、日本人は全体像をつかもうとする「包括的《ほうかつてき》思考」が強い。

欧米人は対象を、日本人は全体像を見る

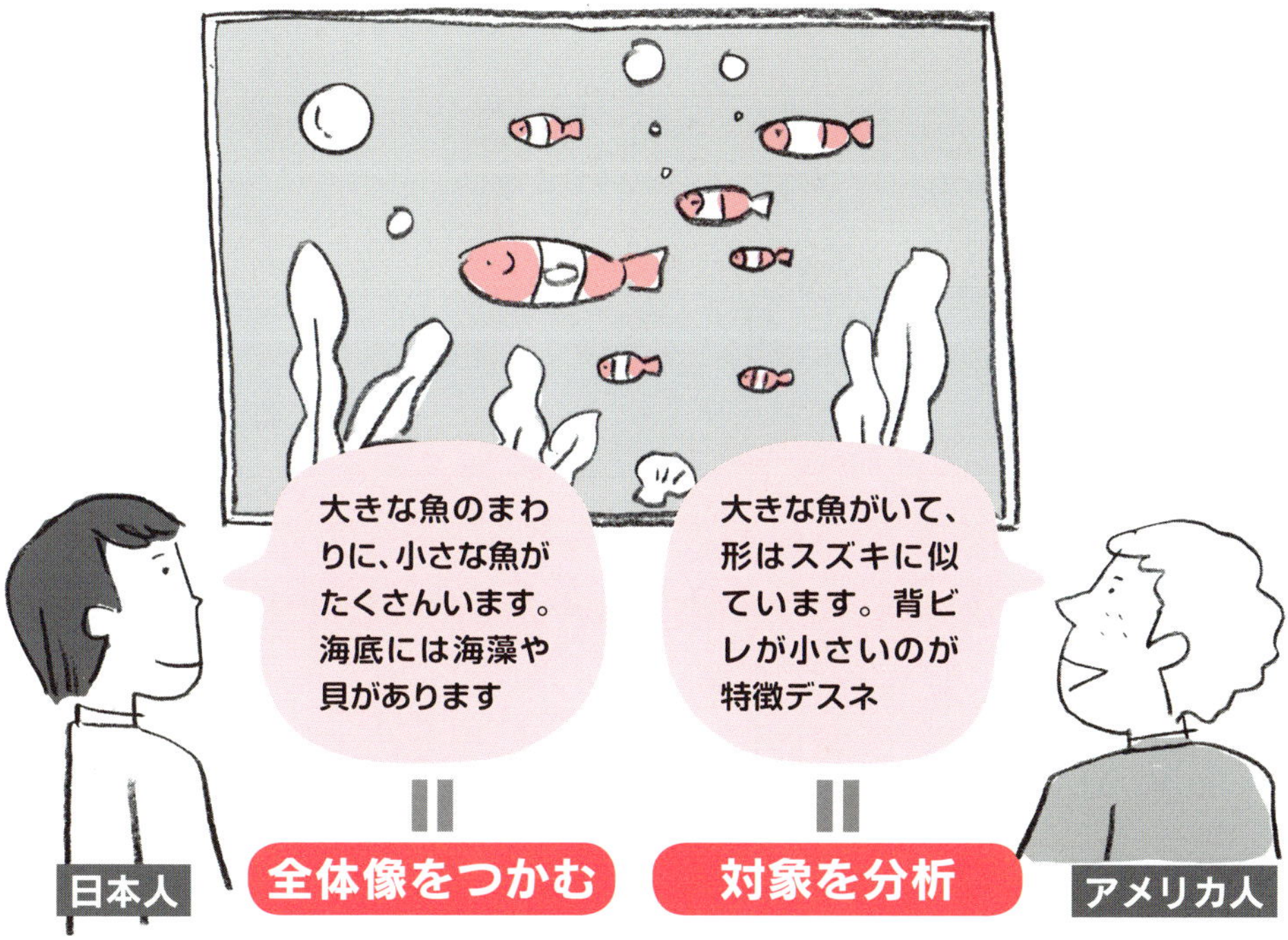
大きな魚のまわりに、小さな魚がたくさんいます。海底には海藻や貝があります
大きな魚がいて、形はスズキに似ています。背ビレが小さいのが特徴デスネ
日本人
全体像をつかむ
対象を分析
アメリカ人

日本は集団主義ではなく「集団主義っぽい」国

文化差としてよく引き合いに出されるのが、欧米人は**個人主義**、日本人は**集団主義**という説である。

欧米人は、自分は他者や周囲とは区別された存在であるとする**相互独立的自己観**を、日本人は周囲の関係性を重視する**相互協調的自己観**をもつことがわかっている。

一方で、じつは日本人のほうが個人主義的だとの報告もある。

ではなぜ、日本人は欧米人に比べ、自己主張を抑えて集団主義的にふるまうのか。それは、「日本は集団主義的な国」と、多くの日本人が認識しているからだ。これを**知覚された合意**という。この合意により、集団主義的にふるまうほうが社会に受け入れられやすいため、協調的な態度をとるのだ。

異文化になじむには、共感性が大切

外国人とのつきあいで、感覚の違いに違和感を覚えたときは、どうすればいいのか。相手の考えかたを、完全にまねする必要はない。異なる考えかたを受容する態度が大切だ。

異文化にバランスよくとけこむのはむずかしい

異文化になじむには、時間がかかる。4つの対処法のうち理想的なのは、自国の文化を維持しながら、異文化にとけこむ「統合」だ。

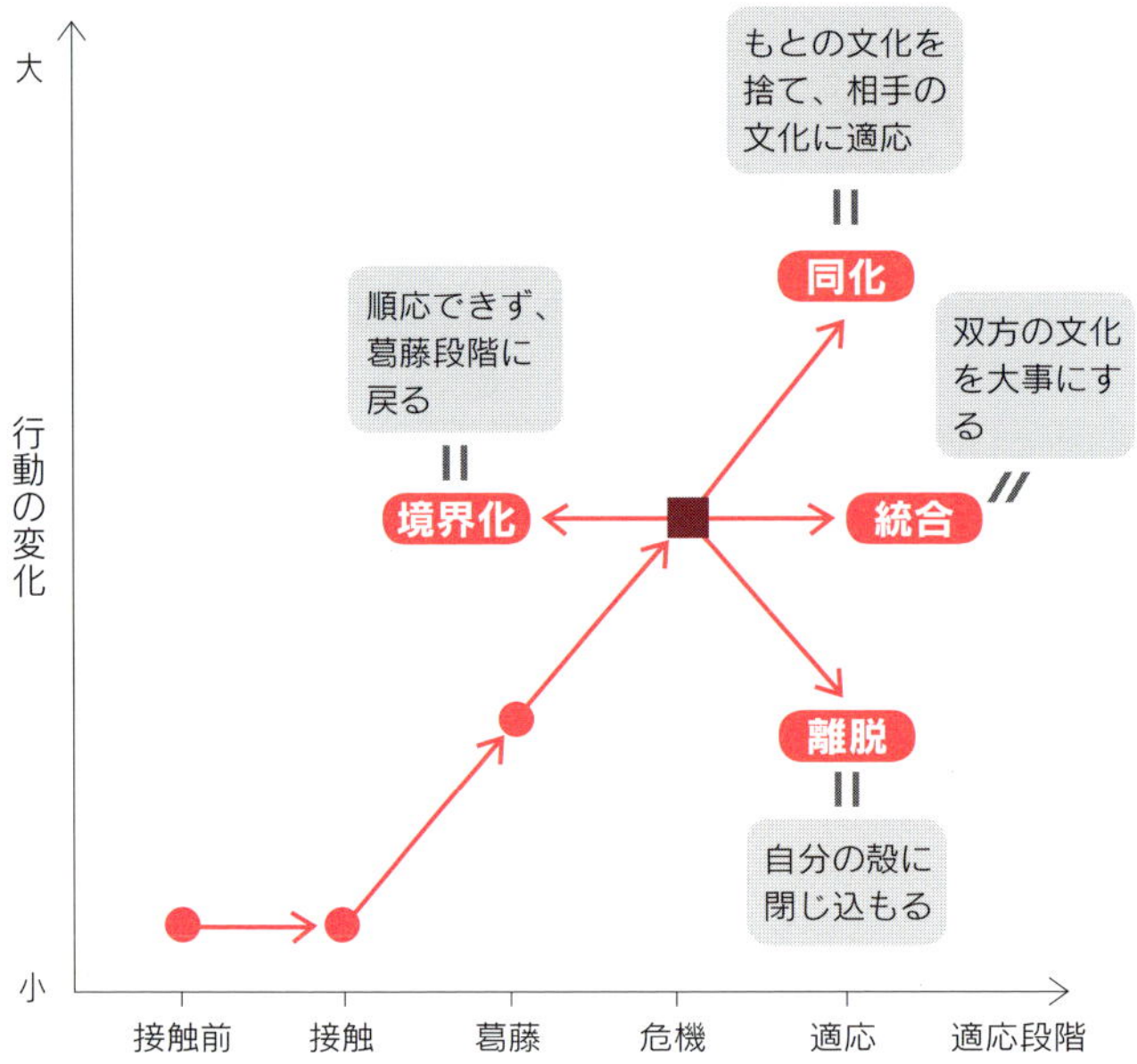

大
小
行動の変化
もとの文化を捨て、相手の文化に適応
同化
順応できず、葛藤段階に戻る
境界化
双方の文化を大事にする
統合
離脱
自分の殻に閉じ込もる
接触前
接触
葛藤
危機
適応
適応段階

出典：Berry,J.W., Poortionga,Y.H., Segall,M.H., & Dasen,P.R.（1992).『Cross-cultural psychology : Research and applications.』Cambridge University Press.

対人ルールが違えば誤解も生まれる

心の文化差が、対人的な衝突の原因となることもある。送り手のメッセージを受け手が誤って解釈する、**コミュニケーション・ギャップ**が生じやすいのだ。

とくに日本人と欧米人では、**言語的な規範**の違いが大きい。

欧米ではメッセージを明確に言語化するが、日本人は暗黙の了解を期待する。表情やしぐさなどの**非言語コミュニケーション**も、日本人は比較的とぼしく、外国人からすると判読しにくい。

違和感があっても、互いの文化として受け入れる

だまってニコニコしているのは、きっと日本人のクセなんだ
共感
受容
相手のやりかたを尊重する
批判しない
わからないことに耐える
何でもズバズバいうのは、悪意があるからじゃないんだわ

日本人と欧米人のコミュニケーション例。相手の立場に立つ「共感」や、批判せずに受け入れる「受容」などの4つの能力で、異文化コミュニケーションがうまくいく。

文化をまたぐとアイデンティティがゆらぐ

日本を離れて海外で暮らすと、自分と異なる文化にふれて、**カルチャー・ショック**を受けることが多い。また、異文化にとけこんだ後に帰国すると、今度は自分の文化にショックを受ける、**リエントリー・ショック**も生じる。

帰国子女や移住二世などでは、ふたつの文化のあいだで葛藤《かっとう》することが多く、**文化的アイデンティティ**が揺らぎやすい。

とくに日本は単一文化をベースとしているため、異文化を受け入れにくい傾向がある。日本に異文化をもちこむ人に対しても、**偏見**をもったり拒否反応を示したりしやすい。自分に理解できない言動も、頭から否定や批判をせず、まずは受け入れることが大切だ。

強くて稼げる女性は、きらわれる

「男性は男性らしく、女性は女性らしく」という、社会的に定められた性別を、ジェンダーという。ジェンダーの影響は世界的に認められているが、とくに日本はその影響が強い。

社会の決めつけのせいで数学が苦手になる

通常の条件で数学のテストをすると、男女の成績に差はない。しかし男女の能力の違いを意識させた条件では、女性の成績が著《いちじる》しく低下した。

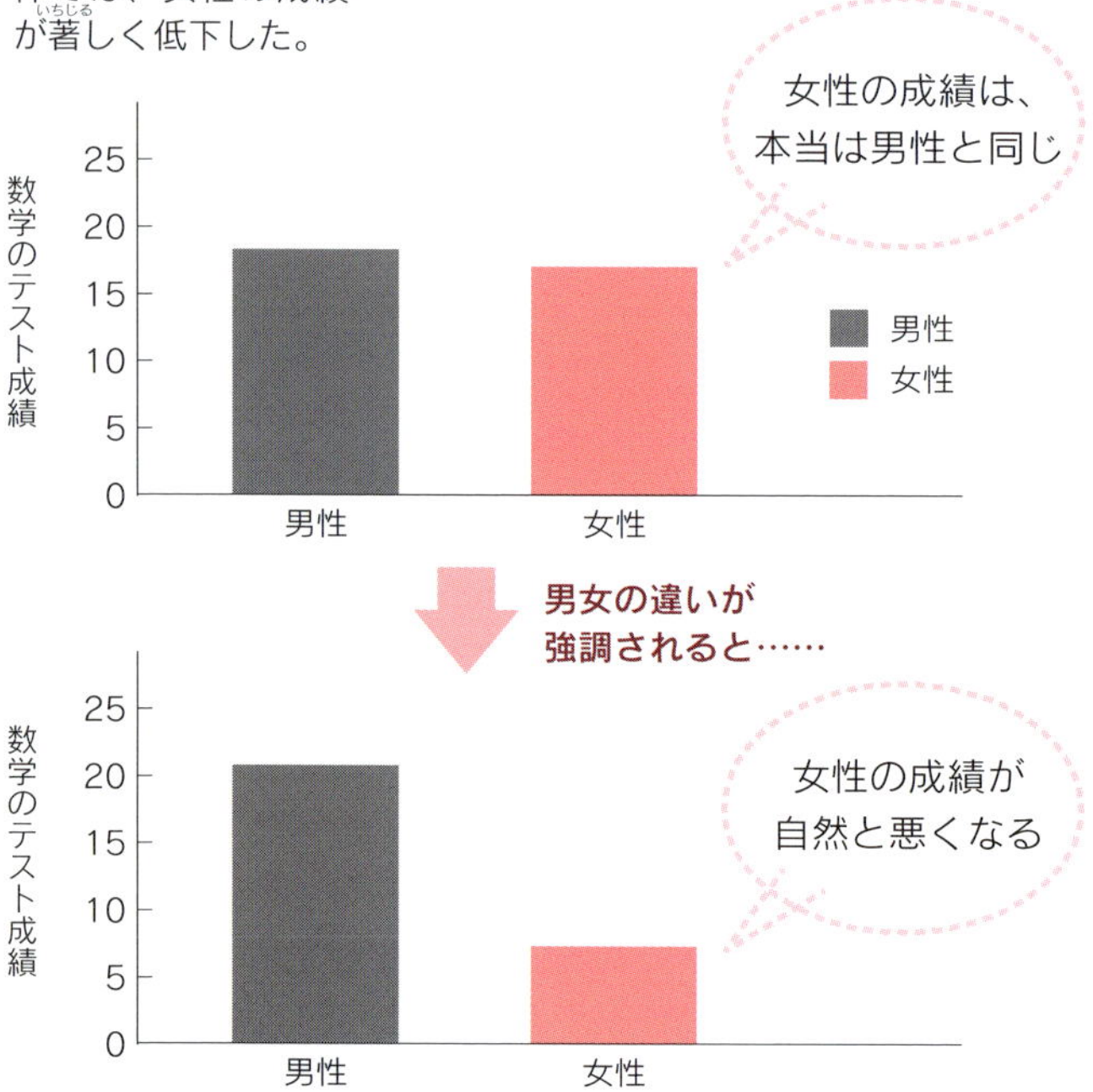
女性の成績は、本当は男性と同じ
数学のテスト成績
25
20
15
10
5
0
男性
女性
男性
女性
男女の違いが強調されると……
女性の成績が自然と悪くなる
数学のテスト成績
25
20
15
10
5
0
男性
女性

出典：Spencer,S.J., Steele,C.M., & Quinn,D.M.（1999).「Stereotype threat and women' s math performance.」『Journal of Experimental Social Psychology』35, 4-28.

女性へのステレオタイプが女性の能力を奪う

文化が心理におよぼす日常的な影響に、**ジェンダー・ステレオタイプ**がある。**男性らしさ、女性らしさ**に対する偏《かたよ》ったイメージだ。

たとえば、女性は数学が苦手で、地図の読解力が低いというのも、そのひとつである。「女性はそういうものだ」と広く理解されているために、数学や地図への苦手意識が生まれ、実際に能力が低下する。

私たちは無意識のうちに、社会や他者の期待通りにふるまってしまうのだ（**予言の自《じ》己《こ》成就《じょうじゅ》**）。

時代を超えて認められる、ジェンダー・ステレオタイプのトップ3。「草食系」とよばれる男性が、社会で低く評価されたり、管理職の女性が組織できらわれがちなのは、このような偏見によるものだ。

男らしさ、女らしさを守らないと、人に好かれない

女らしさ

1 かわいい
2 美しい
3 気持ちの細やかな

＝

共同的／表出的特性

［大勢のなかのひとりとして他者の世話をし、愛情を与える］

↓

女性が管理職としてリーダーシップを発揮すると、人として好かれない

男らしさ

1 強い
2 経済力がある
3 指導力がある

＝

作動的／道具的特性

［自立した人間として、生計維持の役目を果たす］

↓

男性が働かず家事をしたり、収入が低いと、人として低く見られる

出典：湯川隆子（2002).「大学生におけるジェンダー（性役割）特性語の認知：ここ20年の変化」『三重大学教育学部紀要』53，73-86.

男性らしい職業ほど威信があり、給料も高い

ジェンダー・ステレオタイプは、職業観にも影響している。男性的な特性が求められる仕事のほうが、威信があり、高い給料に値すると見なされる。偏見がないつもりでも、実際には多くの人が、このような無意識の価値観をもっている。

両方の特性をバランスよくもつことが大事

男女の規範を逸脱すると、人に好かれにくい。しかし規範通りにふるまいすぎるのも考えものだ。

男性性は**抑うつ**や**不安感**の低さ、高い**問題解決能力**に、女性性の高さは、よい**人間関係**につながる。

そのため、両方の特性を備えている人のほうが、心が健康で、社会的にも成功しやすい。

人口密度が高いほど、パニックになる

何らかの目的で集まったわけではなく、たまたまいあわせた人の集まりを、群衆という。群衆心理は、災害などの緊急状況で、偏ったり揺れ動いたりしやすいことがわかっている。

とっさの避難時には思考が偏ってしまう

災害などの緊急事態では、**群衆《ぐんしゅう》**が**パニック**になり、無秩序な行動を起こすと思われてきた。しかし近年の研究では、実際は無秩序ではないことがわかっている。緊急時でも、力をあわせて合理的に判断し、対処しようとしているのだ。

ただし、緊急時は思考力や記憶力が低下し、判断が偏《かたよ》りやすいのも事実だ。周囲の人に無意識に同調したり、体がすくんで動けなくなることもある。その結果、避難がうまくいかないことも多い。

人が多く、出口が少ないとパニックになりやすい

将棋倒《しょうぎだお》しなどの大混乱が起きやすいのは、人口密度が高く、出口が少ない場所だ。

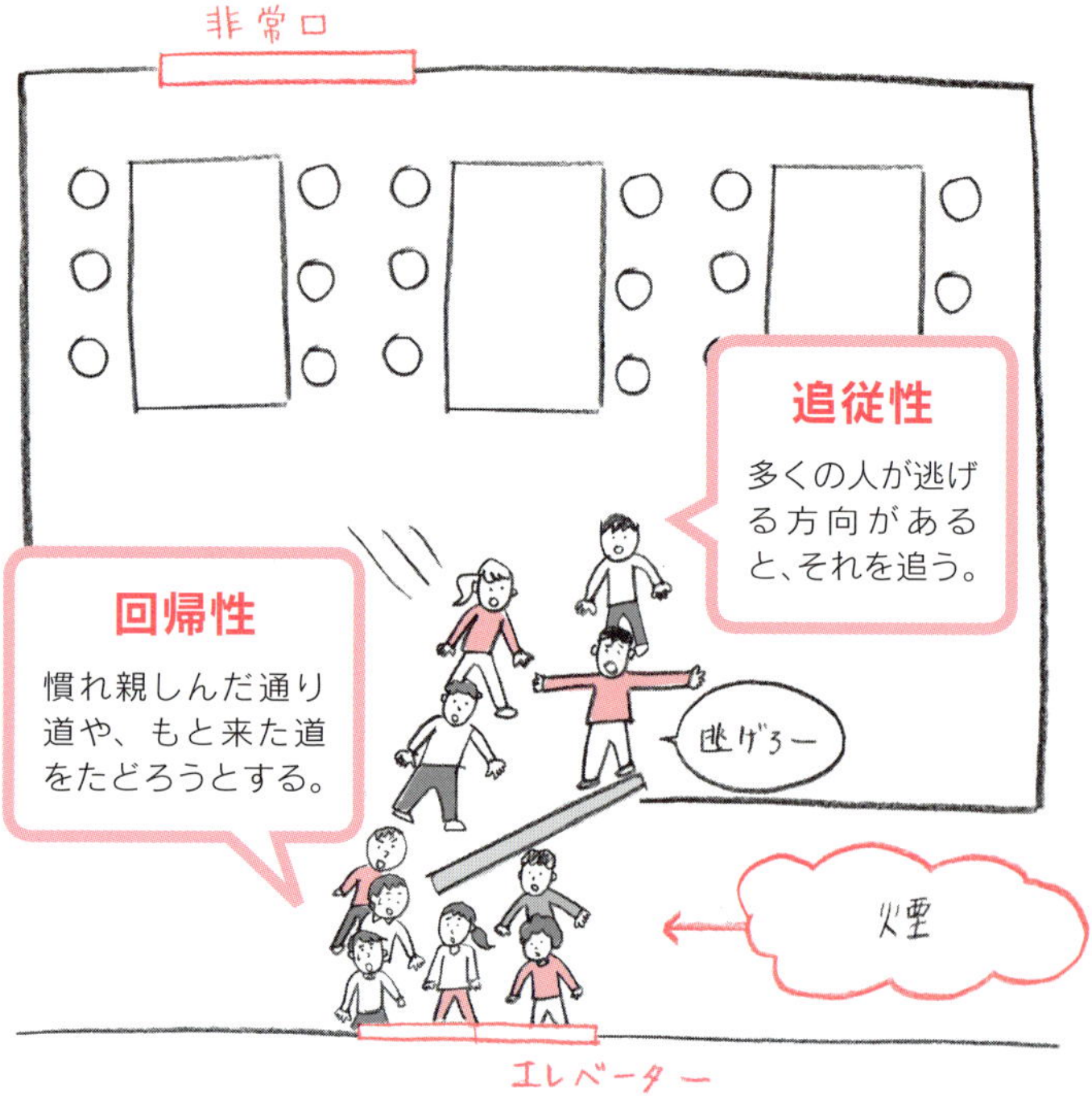
非常口
追従性
多くの人が逃げる方向があると、それを追う。
回帰性
慣れ親しんだ通り道や、もと来た道をたどろうとする。
逃げろー
煙
エレベーター

事態を楽観視して逃げ遅れることもある

東日本大震災の被災者の、避難のタイミング

生存者

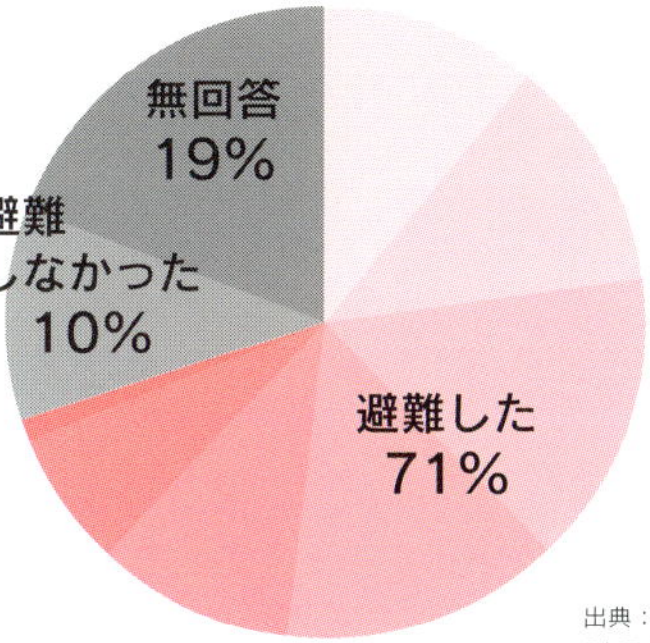
無回答
19%
避難
しなかった
10%
避難した
71%

亡くなった人

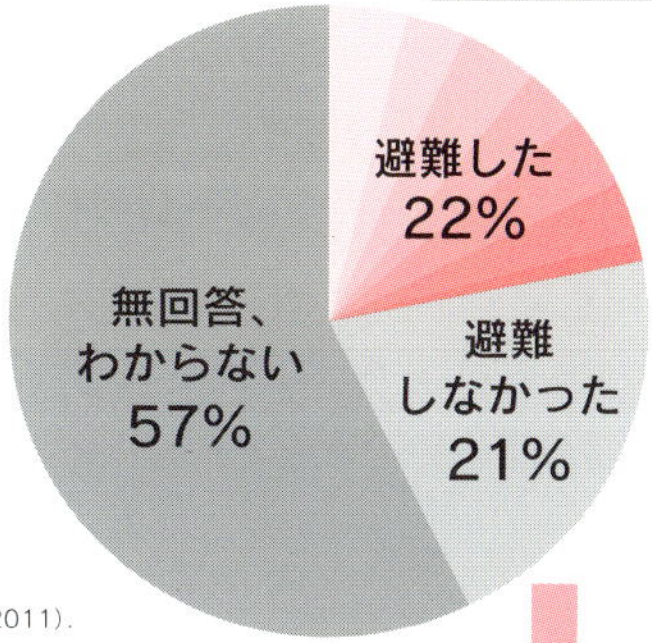
避難した
22%
無回答、
わからない
57%
避難
しなかった
21%

出典：ウェザーニューズ（2011）.「東日本大震災津波調査」

- 地震発生直後
- 5分以内
- 10分以内
- 20分以内
- 30分以内
- 60分以内
- 120分以内

東日本大震災の津波に遭遇《そうぐう》した5296人を対象にした調査。生存者は亡くなった人より、避難開始時間が早かった。背景には、安全性についての認識の違いがある。

避難しなかった理由

- 「自分のいる場所が安全だと思った」
- 「逃げる前にすべきことがあった」
- 「逃げるという思考が浮かばなかった」など

気が動転して、いつもの行動ができない

緊急時は、注意が一点に集中するあまり、柔軟な考えかたができなくなどの、**認知的バイアス**がかかりやすい。

その結果、押してダメならひいてみるという、別の考えかたができなくなる。実際に、内開きのドアをひたすら押し続けて逃げ遅れる、などの事例も報告されている。

小グループをつくると避難がうまくいく

大勢の場合、「あっちへ逃げて」などと指をさして誘導するのではなく、先導したほうがスムースに避難できる。特定の責任者がいない場合は、誰かがリーダー役になり、小さなグループをつくって率いていくといい。

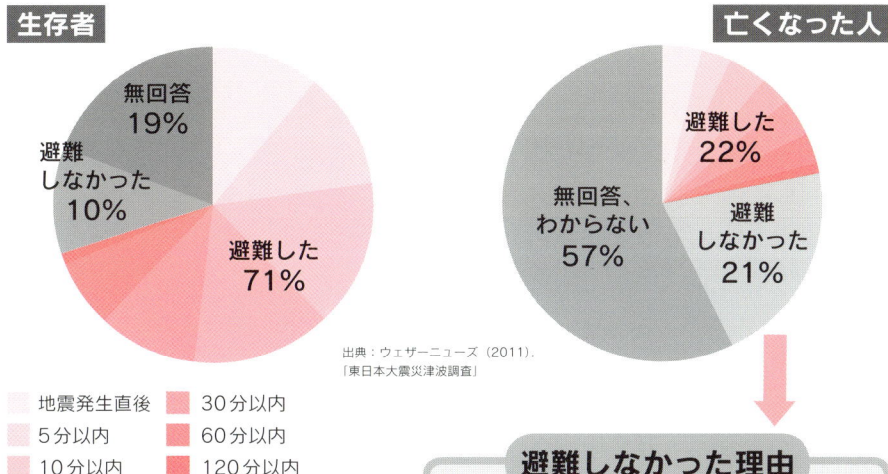

緊急時には、不確実な情報が広まる

まるで根拠のない話が、まことしやかに広まることがある。これを流言という。「デマを広めてやろう」という悪意はないのに、事実とは違う話が広まってしまう。

冗談でいったひと言が社会的問題に発展

豊川信用金庫のとりつけ騒ぎの研究からわかった、流言の伝達経路。実際にあったこの事件は、女子高校生の他愛ない会話が発端だった。

豊川信用金庫に内定が決まったの
信金は危ないわよ〜
豊川信用金庫って危ないの？

- 叔母に話す
- 叔母が義姉に話す
- 義姉が美容師に話す
- 美容師が妹に話す
- 妹が親に話す
- 親が、御用聞きの商店主に話す
- 商店主が妻に話す
- 妻が知人と話す「豊川信用金庫で120万円引き出している人がいたわよ」
- 妻が周囲に伝える
- 顧客が信金に殺到し、とりつけ騒ぎに！

＝ 社会現象

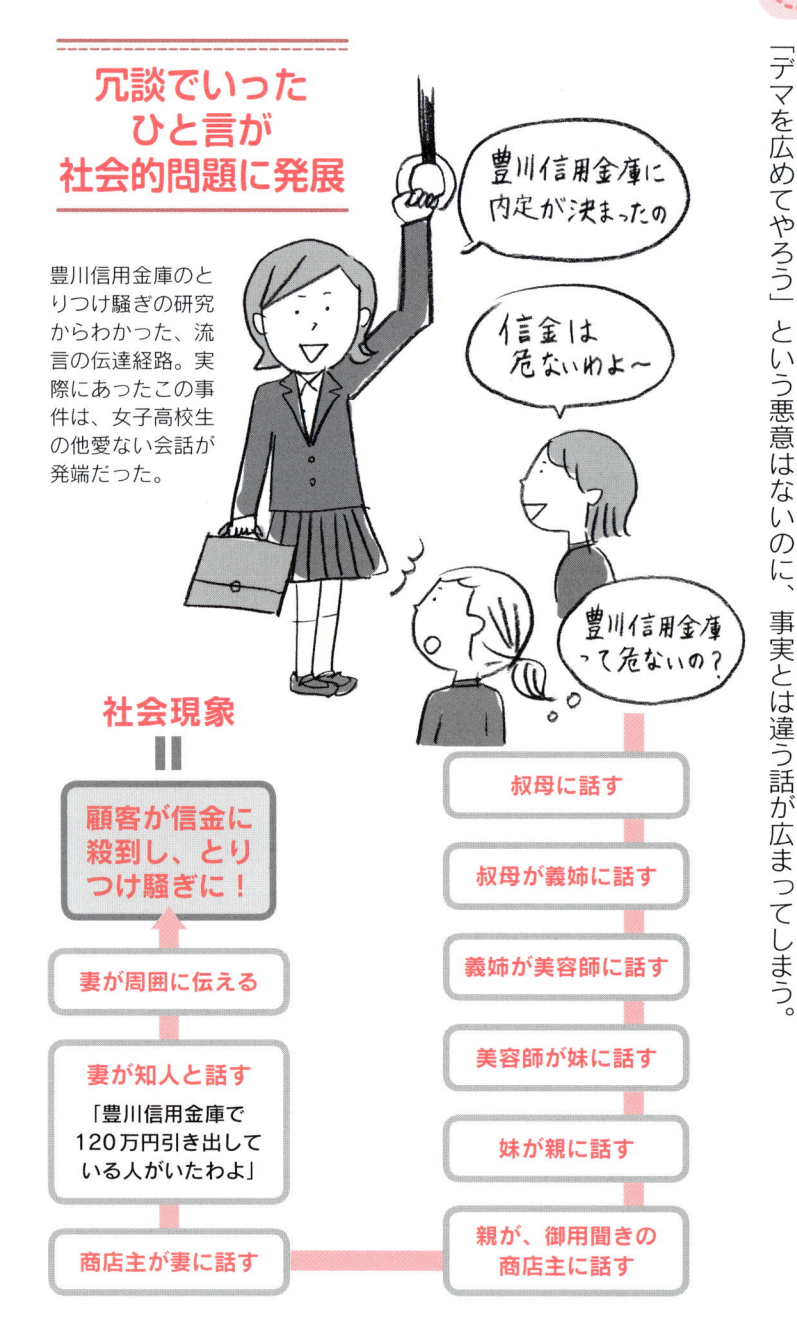

あてにならない情報をみんなであてにする

投資家は、先行する人の行動を参考にするため、先行者がある銘柄《めいがら》を売ると、みながそれに追随《ついずい》して株を売る。この構図を情報のカスケード（雪崩《なだれ》現象）という。

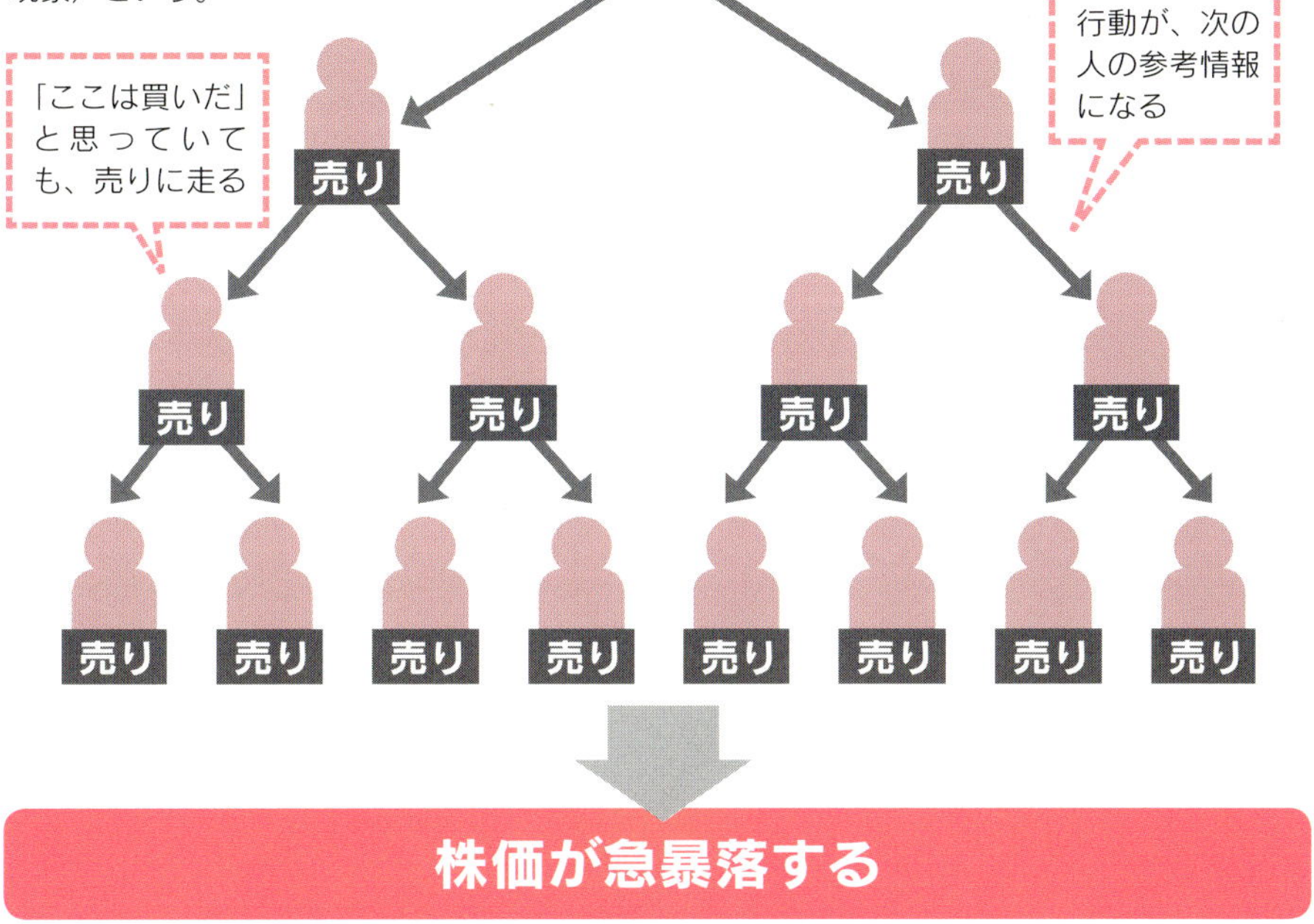
ここは売りだな
先行する人の行動が、次の人の参考情報になる
「ここは買いだ」と思っていても、売りに走る
売り
売り
売り
売り
売り
売り
売り
売り
売り
売り
売り
売り
売り
売り
株価が急暴落する

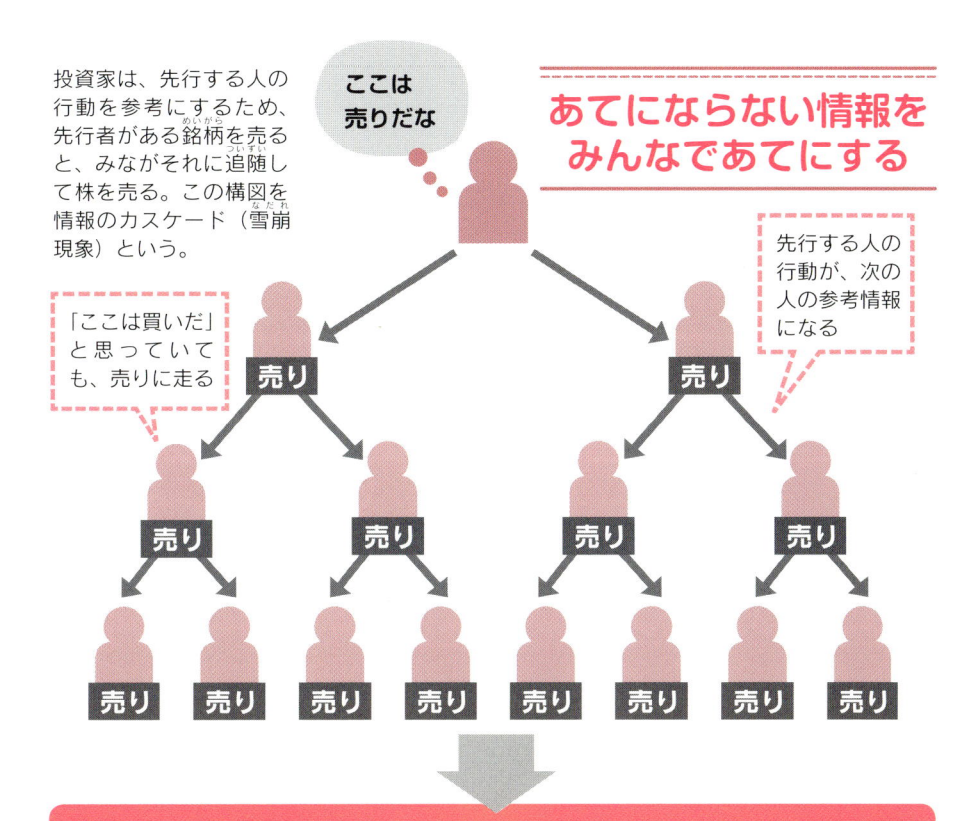

間違った情報は、悪意で広まるわけではない

根拠のない情報が、思わぬ社会的な広がりをもってしまうのが、**流言《りゅうげん》**である。明確な情報が少ないあいまいな状況で、なおかつ人々の関心が高い話題で生じやすい。

発信者や伝達者には、悪意はない。みな、自分の関心の高いことがらを真剣に伝えているのだ。

ポイントがどんどん強調されていく

流言の発信者や伝達者には、自分の不安を解消するために話していることがよくある。そのために心理的な操作が加わり、ポイントだけ簡約化される**平均化**や、部分的に誇張して伝える**強調化**などが起こる。その結果、事実と異なる内容が伝わってしまう。

Column

女性を大切にするのは好意的な差別表現

女性に食事をごちそうし、車に乗るときはドアを開けてあげる。男性のこのようなふるまいは、最近では少なくなりつつある。若い世代では、「デートは割り勘」という感覚が広まっているようだ。

このような現象には、景気も関係している。しかし、最大の理由は、心の文化的影響の変化だろう。

男女のステレオタイプが徐々に弱まってきた

女性をかよわい存在と見なし、守ろうとするのは、心理学的には、女性への差別の一種だ。

差別にも2種類あって、より好意的なタイプの差別とされる（下図参照）。これを、アンビバレント・セクシズムという。

知って納得！日常の心理

男性が女性に食事をおごらなくなったのは、なぜ？

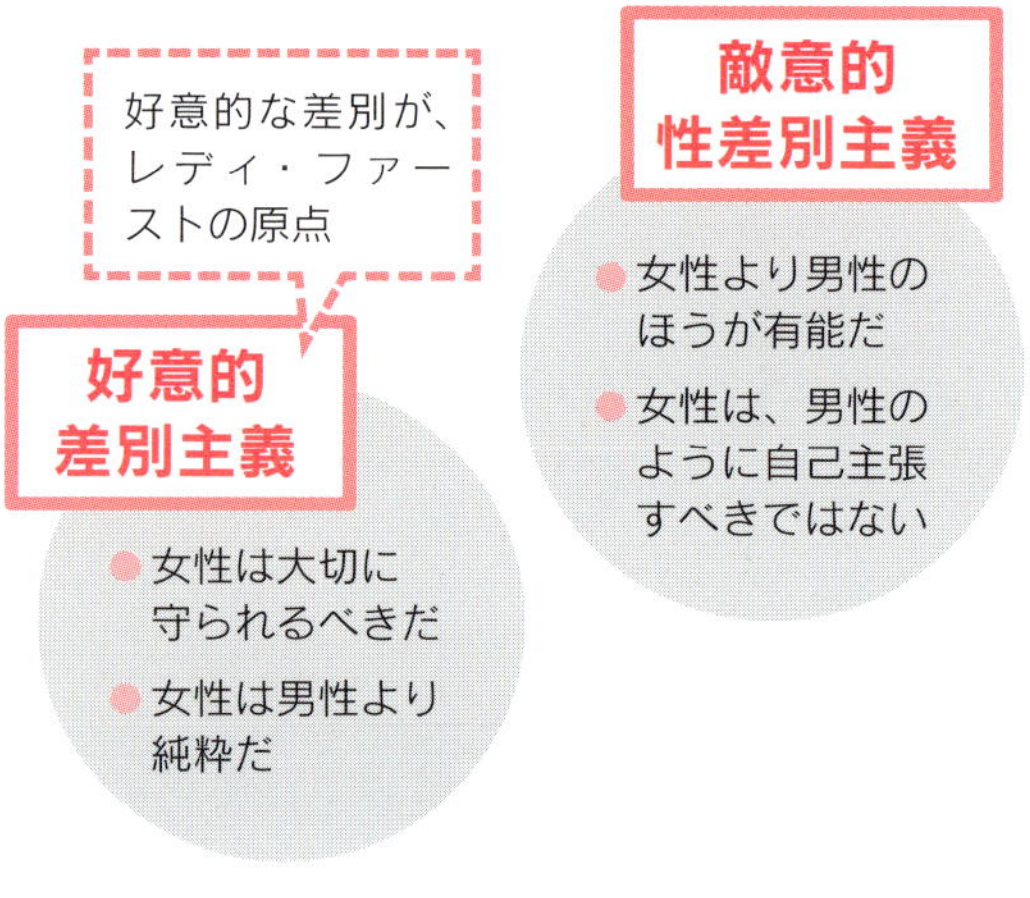

敵意的性差別主義
女性より男性のほうが有能だ
女性は、男性のように自己主張すべきではない
好意的な差別が、レディ・ファーストの原点
好意的差別主義
女性は大切に守られるべきだ
女性は男性より純粋だ

一見すると思いやりに見えるが、実際は、女性を弱い存在と位置づけることで、男性の社会的優位性を確保しているのである。

つまり、最近の男性の態度は、平等意識の表れといえる。

ジェンダー・ステレオタイプが、少しずつ変わりつつあるのだ。

Part 6

ストレスだらけの現代社会を、しなやかに生きる

——時事問題からわかる、現代人の孤独とエゴ

ネット依存、心の病気、経済格差……。
どれも、現代ならではのストレスに関係する問題だ。
では、どのような心理によって、
このような現象が起こるのか。
どうすれば、問題を解決できるか。
その答えは、私たちの生きかたの処方箋となるはずだ。

社会問題から、現代人の心理がわかる

社会問題は、社会学や経済学の対象と考えている人も多い。しかし、社会をつくっているのは人の心だ。インターネットから政治まで、あらゆる問題に、国民単位、個人単位での心理が隠されている。

便利な現代社会ならではの、心の問題に迫る

４つの代表的な社会問題、トレンドに注目。その心理的背景を知れば、私たちの心を守り、よりよい社会をつくるのに役立つ。

インターネット・携帯

▶▶P172～

キーワード 1　フレーミング

ネットでは、面と向かって話すより、人を傷つける発言をしがち。

キーワード 2　自己開示

相手の顔が見えないぶん、内面を素直にうちあけられる。

キーワード 3　孤独感

孤独を過度におそれる心理から、携帯を離さない人が増えている。

キーワード 4　依存症

ネットや携帯、ゲームに依存し、生活に支障が出ることもある。

社会が進化するほどストレスが増す

インターネットや携帯電話などの普及により、若者を中心に、人間関係のありかたが変わってきたといわれる。

家にひきこもり、働けない若者の存在も指摘されている。

一方の中高年も、心の不調に悩み、自殺に追い込まれる人もいる。

これらの問題は、とくに先進国に共通するものだ。

社会システムが高度になるほど、人はつながりを失い、**孤独**になるようだ。

幸福度・心の健康

▶▶P180〜

周囲の人のサポート

対人スキル

ストレスへの対処力

↓

うつを防ぎ、幸福感を高める

物質的に豊かな社会では、うつ病などの心の病気や、自殺率が高まる。地域社会や家庭での人間関係などが、心の健康と幸福の鍵。

環境・エコ

▶▶P186〜

自分の利益

↑↓ ジレンマが起こる

社会全体の利益

環境が気になる一方で、エコ活動に積極的になれないのは、自分の利益と相反するから。ジレンマを解消するしくみづくりが必要だ。

政治・世論

▶▶P188〜

政治や社会問題への世論が、いままで以上に大きく揺れ動いている。政治や社会問題への無関心層が増えていることが、その一因だ。

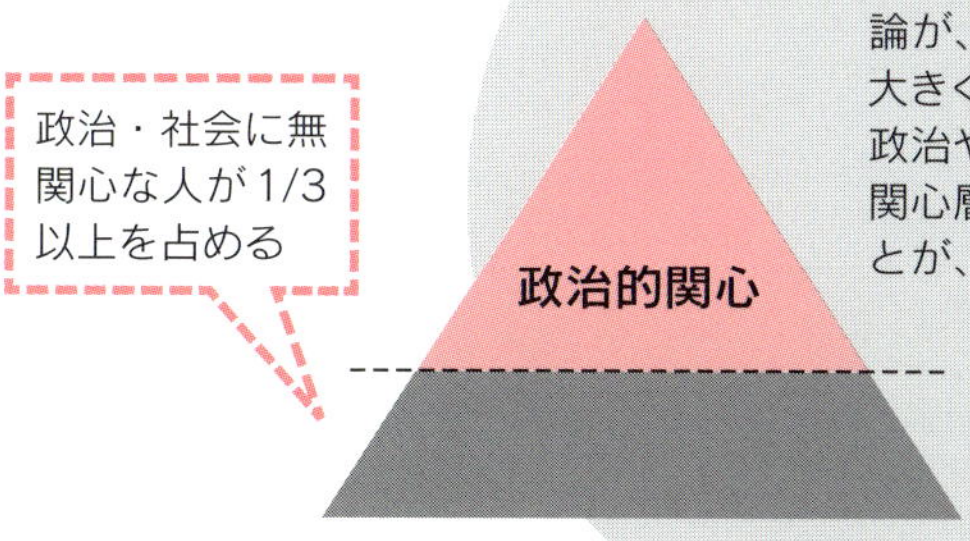

ネット・携帯

ネット上の言葉は、人を傷つけやすい

近年の社会的変化で、私たちの心と生活にもっとも影響しているのは、インターネットだ。インターネットは便利な反面、人を傷つけたり、誤解を招いたりする可能性もある。

相手の顔が見えないと、言葉がきつくなる

対面、テレビ、メールの３種類の方法で議論をおこない、敵意のある言葉の数を調べた結果。敵意的な言葉、つまりフレーミングが多いのは、メールだった。

出典：Castellá,V.O., Abad,A.M.Z., Alonso,F.P., & Silla,J.M.P.（2000）.「The influence of familiarity among group members, group atmosphere and assertiveness on uninhibited behavior through three different communication media.」『Computers in Human Bihavior』16, 141-159.

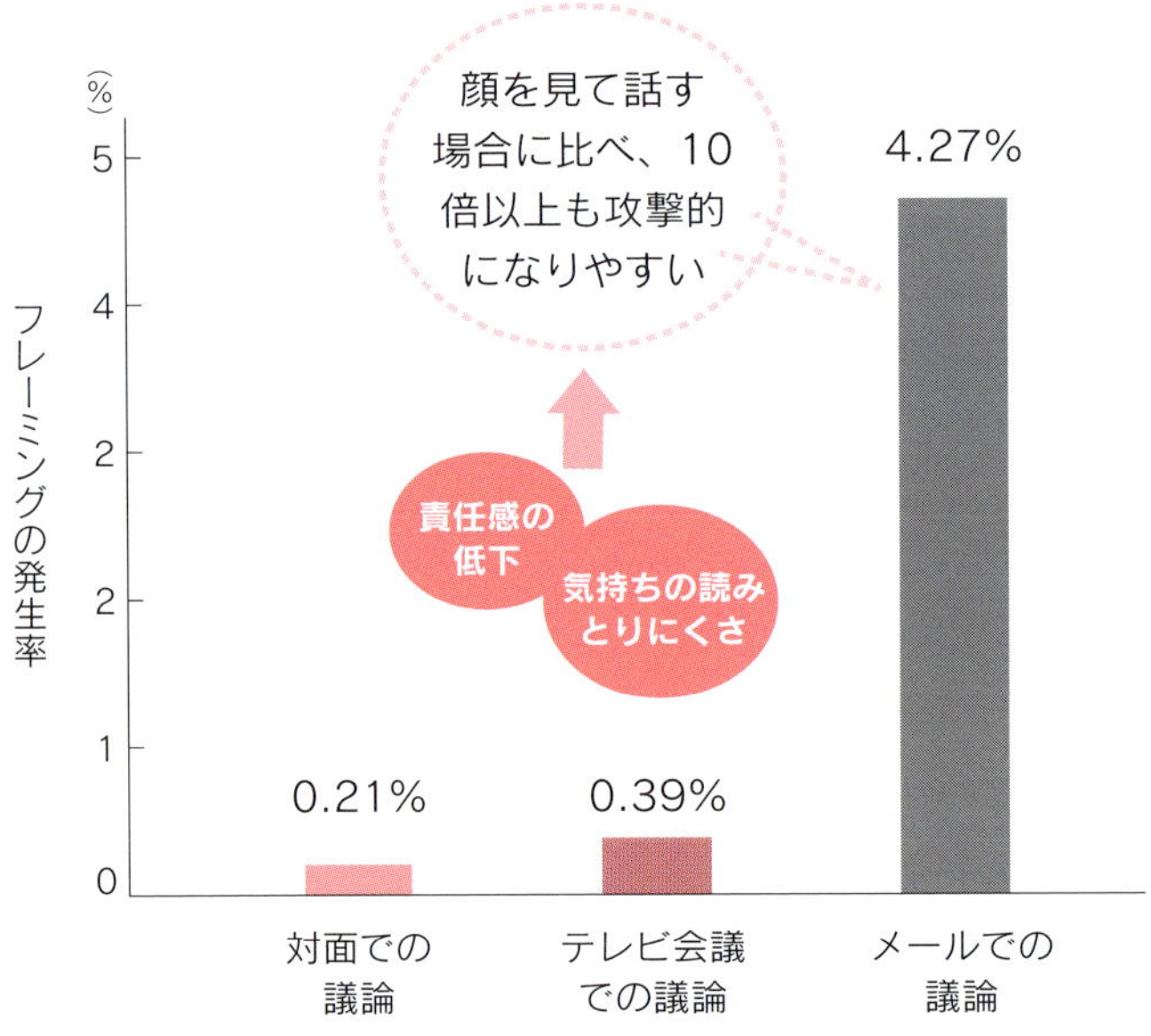

％
5
4
2
2
1
0
フレーミングの発生率
4.27％
顔を見て話す場合に比べ、10倍以上も攻撃的になりやすい
責任感の低下
気持ちの読みとりにくさ
0.21％
0.39％
対面での議論
テレビ会議での議論
メールでの議論

ネットの炎上は責任感の低下が原因

インターネットの普及にともなって顕在化した問題に**フレーミング**、すなわち敵意に満ちた言動がある。上図のように、フレーミングは対面よりも、ネット上のほうがきわだって多い。

ネット上では**匿名性**《とくめいせい》が高く、相手の情報も少ないため、自分の言動に対する相手からの評価が気にならない。さらに、**責任感**が希薄になること、相手の情報が少ないと言語メッセージだけに注意が集中することなどが要因である。

「正しく伝わるはず」と過信してしまう

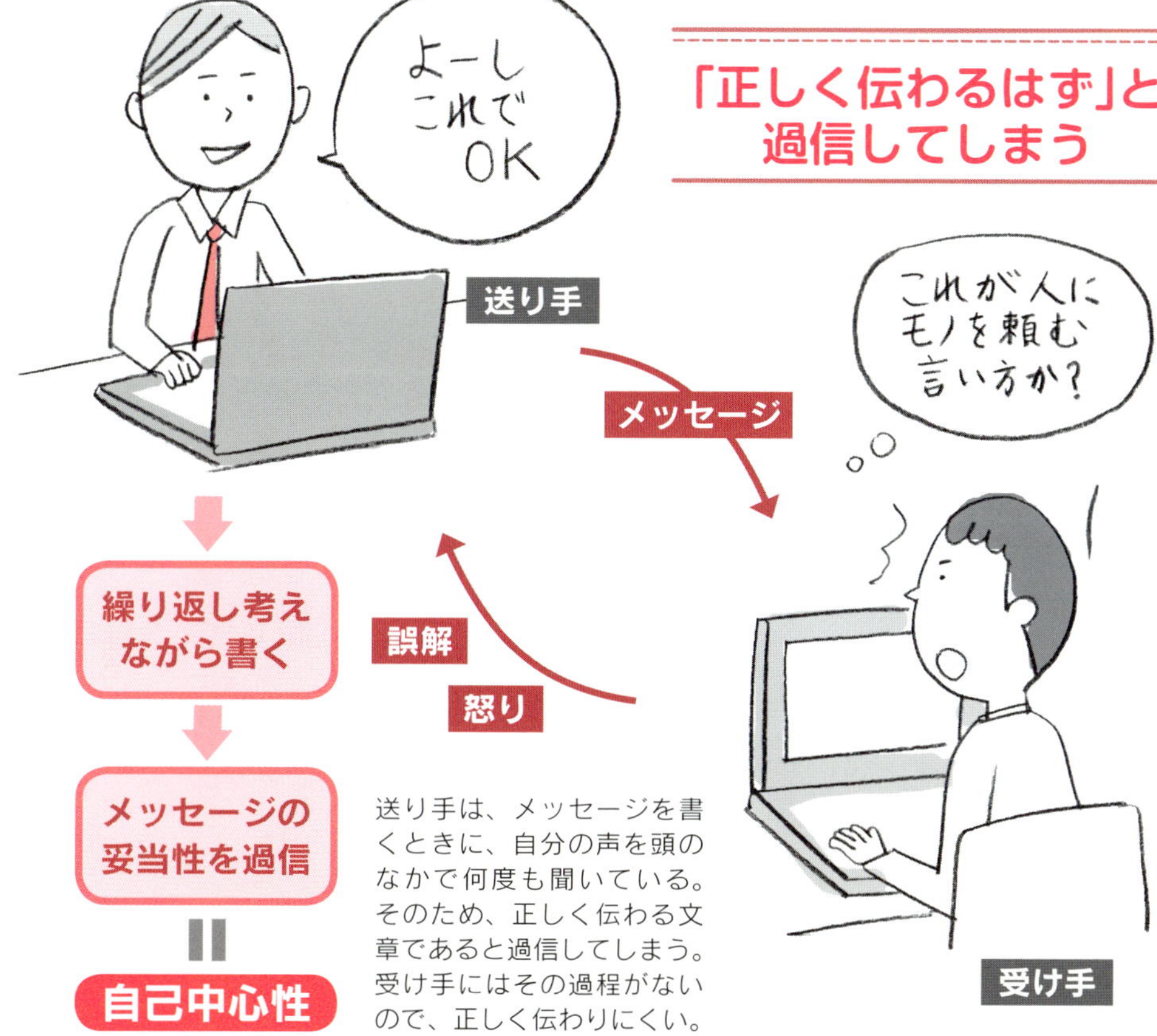
よーし
これで
OK
送り手
メッセージ
これが人に
モノを頼む
言い方か？
受け手
誤解
怒り
繰り返し考えながら書く
メッセージの妥当性を過信
＝
自己中心性

送り手は、メッセージを書くときに、自分の声を頭のなかで何度も聞いている。そのため、正しく伝わる文章であると過信してしまう。受け手にはその過程がないので、正しく伝わりにくい。

気持ちがちゃんと届く確率は6割程度

伝えたいことが正しく伝わらず、誤解をまねくことも多い。

メールとテープ録音、対面の3つの手段で、送り手と受け手のあいだのギャップを調べた結果、ギャップがもっとも大きかったのはメールだった。送り手の88％は正しく伝わったはずだと思っているのに、正しく解釈した受け手は、62％にすぎなかったのだ。

誤解を防ぐために絵文字や顔文字を使う

言語のみを使ったメールでは、印象がきつくなったり、誤解が生じやすい。そのため多くの人が、絵文字や顔文字などの非言語的な手がかりを入れて、印象をやわらげようとしている。

ネット・携帯

ネットでの出会いでも、いい関係は築ける

インターネットの普及により、人間関係が希薄化したと懸念する声もある。しかしメールやチャットなど、相手の顔が見えないコミュニケーションのほうが、関係が深まる場合もある。

間違った情報は、悪意で広まるわけではない

ネット上での人間関係は当初、マイナス面ばかりが指摘されてきた。対面での関係に比べて、攻撃的になりやすい、誤解をまねきやすい、内容が浅いなどの要因だ。

しかし現在では、相手の顔が見えないことが、プラスの面をもつこともわかっている。

相手の情報が少ないと、「相手からどう思われるだろう」という不安感が減り、自己開示《じこかいじ》しやすい。

そのぶん、相手をより深く知ることができる場合も多い。

ひんぱんにやりとりすると、互いに好意が増す

送ったメールの数と、受け手の印象の関係。やりとりが増えると、好意も増している。メールでも、対面と同様に親しくなれるのだ。

出典：森尾博昭（2009）.「CMCと対人過程」三浦麻子・森尾博昭・川浦康至（編著）『インターネット心理学のフロンティア――個人・集団・社会』誠信書房

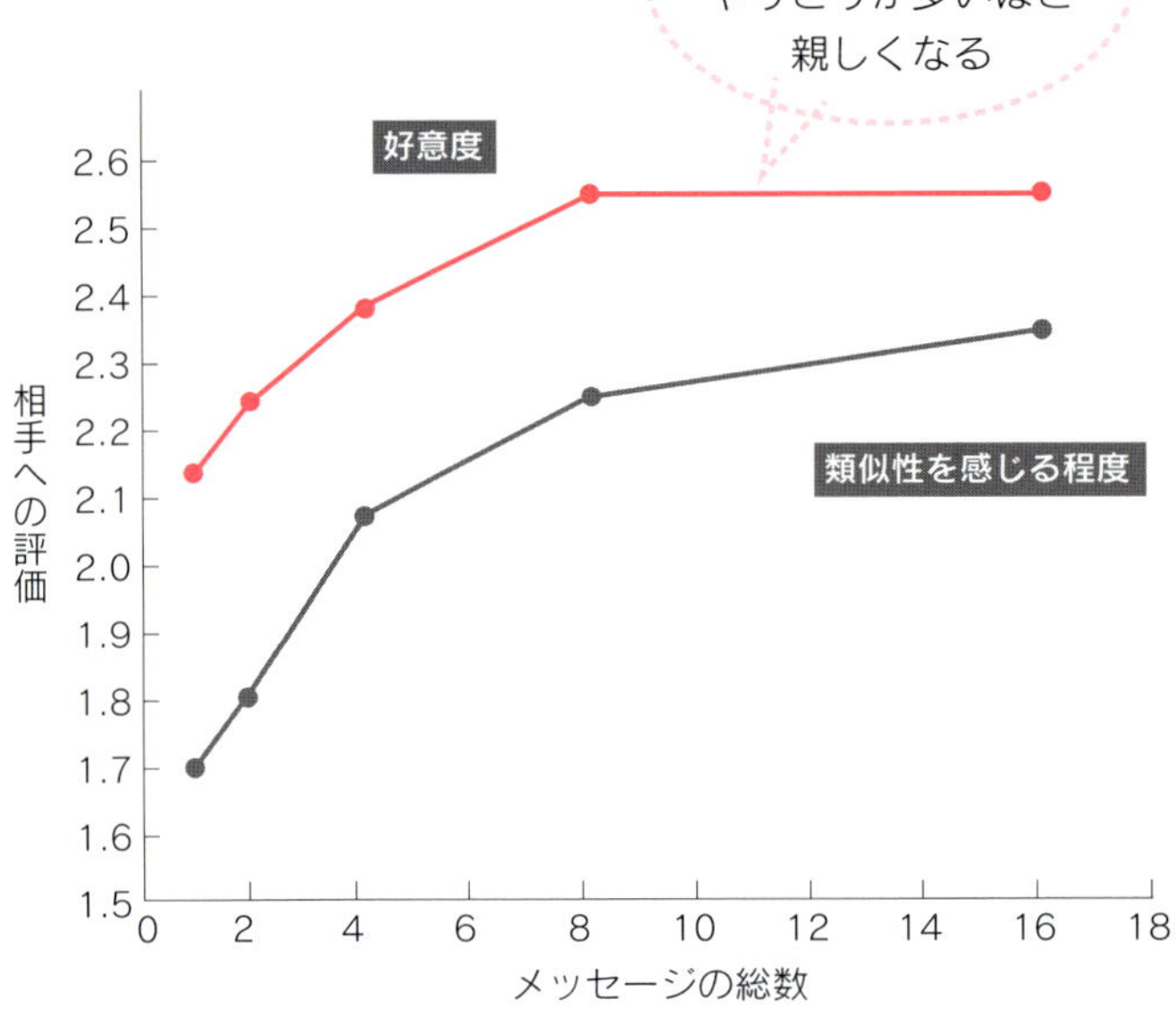

話の内容にかかわらず
やりとりが多いほど
親しくなる
好意度
類似性を感じる程度
相手への評価
2.6
2.5
2.4
2.3
2.2
2.1
2.0
1.9
1.8
1.7
1.6
1.5
0
2
4
6
8
10
12
14
16
18
メッセージの総数

外見に左右されずに深いつきあいができる

対面に比べて、外見やしぐさなどの非言語的手がかりにまどわされにくく、内面的なコミュニケーションができる。また、対面よりも自分の印象を操作しやすいので、対人不安が強い人も安心して話せる。

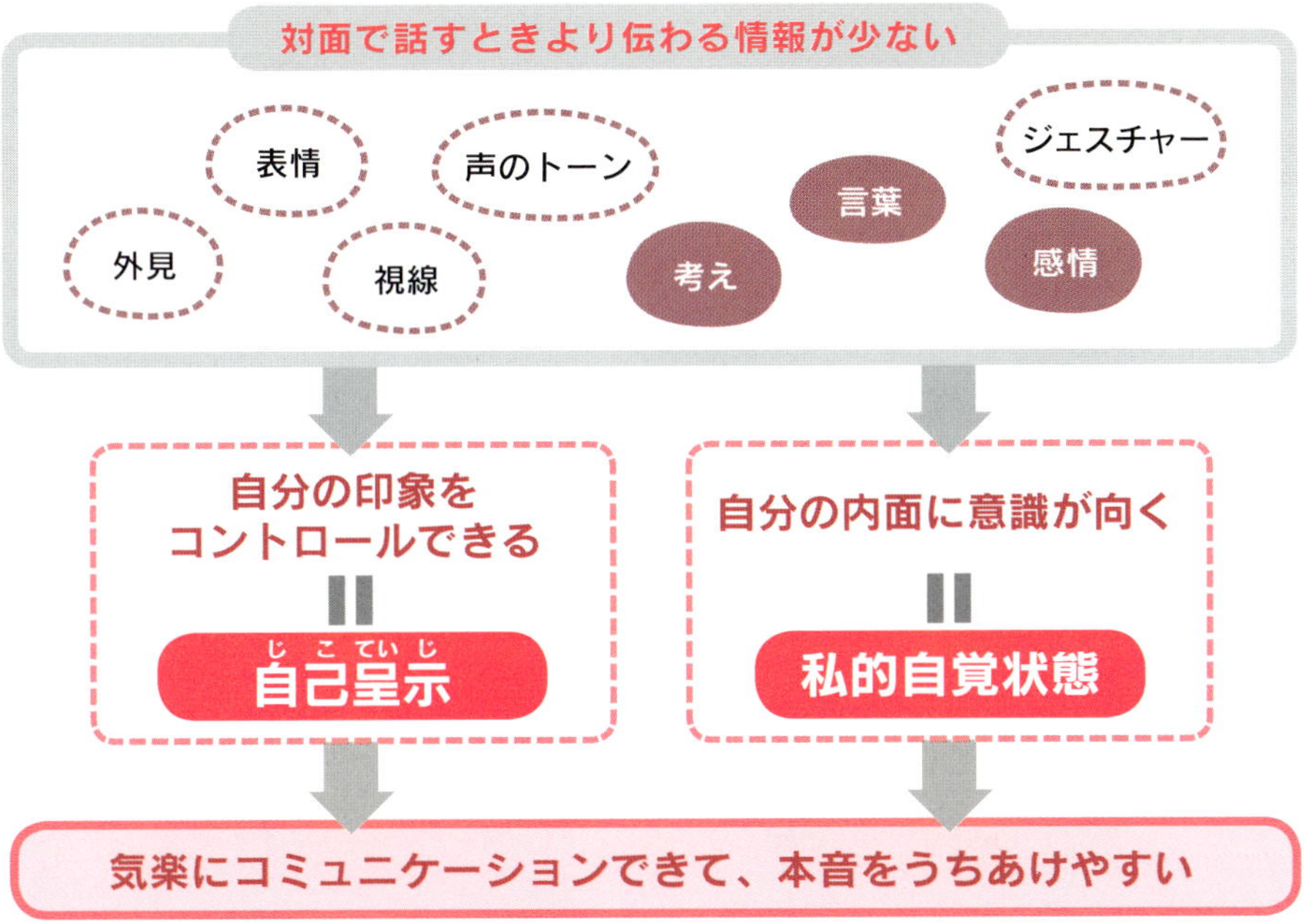
対面で話すときより伝わる情報が少ない
表情
声のトーン
ジェスチャー
言葉
外見
視線
考え
感情
自分の印象を
コントロールできる
自己呈示《じこていじ》
自分の内面に意識が向く
私的自覚状態
気楽にコミュニケーションできて、本音をうちあけやすい

面と向かって話すより心の負担が少ない

対面や電話でのコミュニケーションに比べ、チャットやメールなどネットを利用したツールのほうが、話しやすいという研究結果も出ている。

直接話すより、表現のしかたをコントロールしやすいことや、自分が納得いくまで内容を編集できるからではないかと考えられる。

顔が見えないほうが人柄がよくわかることも

相手の顔が見えない**視覚的匿名《しかくてきとくめい》性《せい》**のもとでは、表情やしぐさなど、他の要素に左右されることがない。

そのため、言語でのコミュニケーションに集中して相手を評価でき、相手の人柄がより深く読みとれることもある。

孤独がこわい人ほど、携帯を手放せない

人と会っているのに、手もとの携帯をチラチラ見たり、メールをうったりする人がいる。孤独への恐怖心が強く、つねに他者とのつながりを確認していないと、安心できないのだ。

ネットでの人間関係にも格差がある

ネットや携帯メールが、人間関係や精神的健康に与える影響のひとつに、**「富める者はさらに富む」仮説**がある。

もともと外向的で人間関係が豊かな人は、ネットや携帯などの新ツールによって、人間関係がより充実するというものだ。

一方で、対面でのコミュニケーションがうまくいかない人は、ネットやメールを最大限利用することで新たな人間関係を築けるという、**社会的《しゃかいてき》補償《ほしょう》仮説《かせつ》**もある。

携帯メールが好きな人の特徴は？

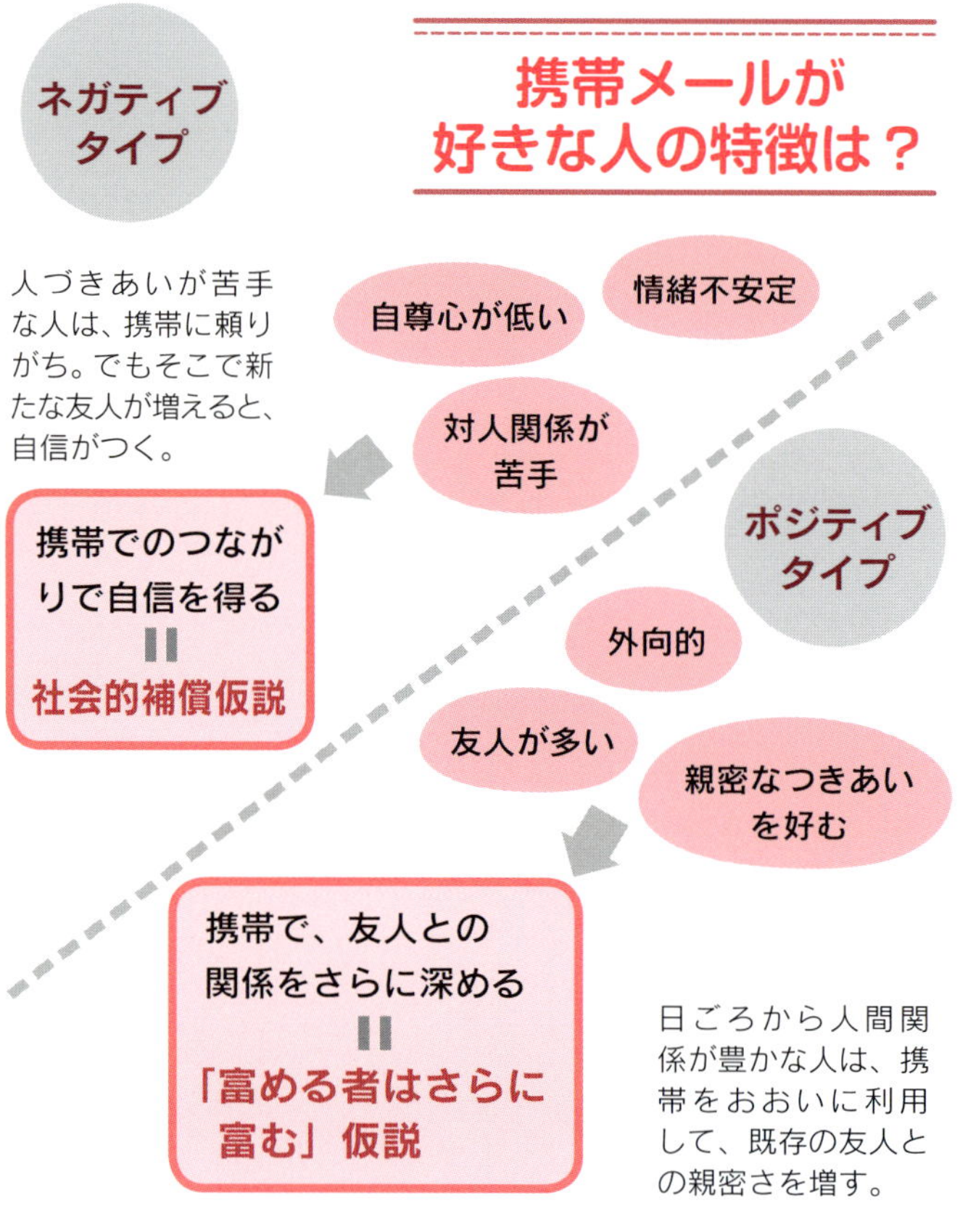
ネガティブタイプ
人づきあいが苦手な人は、携帯に頼りがち。でもそこで新たな友人が増えると、自信がつく。
自尊心が低い
情緒不安定
対人関係が苦手
携帯でのつながりで自信を得る
=
社会的補償仮説
ポジティブタイプ
外向的
友人が多い
親密なつきあいを好む
携帯で、友人との関係をさらに深める
=
「富める者はさらに富む」仮説
日ごろから人間関係が豊かな人は、携帯をおおいに利用して、既存の友人との親密さを増す。

つねに携帯をさわっている人には、ふたつの性格特性が認められる。孤独への恐怖と、仲間はずれになることへの恐怖だ。

孤独感を減らすために携帯メールを多用する

人と会っているときも、ほかの人とのつながりを確認したい

孤独耐性恐怖

- いつも誰かとつながっていたい
- 寂しがりやである
- 週末に何か計画が入っていないと、落ち着かない

疎外恐怖

- まわりのみんなから、いい人と思われたい
- ひとりではぜったい生きていけない
- 仲間はずれになるのがこわい

携帯でのつながりで孤独感がやわらぐ

孤独を感じやすい人は、そうでない人より、携帯メールの送信回数が多いことがわかっている。

近年の若者たちは、孤独を過度におそれる傾向がある。そのため、人間関係の空白を埋めるために、つねにメールで「つながっていたい」のだと考えられる。

SMSのやりすぎは人を不幸にする!?

SMS（ショートメール）やチャットなど、即時的なやりとりをする**同期ツール**を多く使う人は、対人関係を含めた人生に満足していない、という研究結果がある。

即時性が高いぶん、相手からの反応が少し遅れただけでも、孤独感が増してつらくなってしまう。

ケータイ依存、ネット依存が急増中

携帯を忘れると、その日一日落ち着かず、何も手につかないという経験はないだろうか？

携帯を手放さないだけでなく、心理的にもふりまわされている人は、依存症の可能性が高い。

携帯電話への依存度をチェック

CPDQ（a cellular phone dependence questionnaire）

携帯メールへの依存傾向を調べる、「携帯メール依存尺度」。下記の20の質問に対し、5段階評価であてはまるものに○をつける。

		まったくあてはまらない	あまりあてはまらない	どちらともいえない	ややあてはまる	非常にあてはまる
1	ケータイ代の方が服や食事代より優先される	1	2	3	4	5
2	ケータイを忘れるとその日一日落ち着かない	1	2	3	4	5
3	ケータイを落とす方が財布を落とすよりも嫌である	1	2	3	4	5
4	毎日ケータイを充電する	1	2	3	4	5
5	電波の悪いところにはあまり行きたくない	1	2	3	4	5
6	電車などに乗ると、とりあえずケータイをさわる	1	2	3	4	5
7	電車の中でも電話する、または応答する	1	2	3	4	5
8	人と2人でいるときにケータイを使う	1	2	3	4	5
9	夜遅くてもケータイに電話してしまう	1	2	3	4	5
10	1日1時間以上ケータイで話す	1	2	3	4	5
11	ケータイを持っていない人とはつき合いにくい	1	2	3	4	5

依存症になり生活に支障をきたすことも

携帯の使用量が多いだけでなく、学校を休むなど日常生活に支障が出たり、携帯がないと不安になるなどの症状があれば、**ケータイ依存**かもしれない。実際に、ケータイ依存だと自覚がある人は、23％いるというデータもある。

オンラインゲームも中毒性が高い

依存症になるのは、携帯だけでなくゲームも同様だ。**ゲーム依存**になると、孤独感が高まったり、社会性が低下するなどの症状が出てくる。ただし、ゲームが原因というより、**ひきこもり**になりやすい性格や、**社会への不適応**でゲームに逃避することなどが、依存の原因になっている可能性もある。

12	電話やメールの着信がないか無意識にケータイを開くことがある	1	2	3	4	5
13	仕事中や授業中でもメールをする	1	2	3	4	5
14	メールを１日10件以上する	1	2	3	4	5
15	メールが入るとうれしい	1	2	3	4	5
16	用事もないのに内容のないメールを送ることがある	1	2	3	4	5
17	メールをうつとき絵文字をよく使う	1	2	3	4	5
18	メールには必ず返信する	1	2	3	4	5
19	長いメールをよくうつ	1	2	3	4	5
20	電話や直接話すよりメールの方が本音を言える	1	2	3	4	5

20項目の合計得点は？　□点

○をつけた点数をすべて合計する。得点が高いほど依存傾向が強い。明確な診断基準はないが、80点以上の人は、依存症の疑いがある。

出典：戸田雅裕・門田和之・久保和毅・森本兼曩（2004）.「女子大学生を対象とした携帯電話依存傾向に関する調査」『日本衛生学会雑誌』59，383-386.

社会的に成功しても、幸せにはなれない

社会が豊かになり、先進国になるほど、お金ではなく心の豊かさを求める人が増える。事実、経済的にどんなに成功しても、心の幸福にはつながらないことがわかっている。

収入の高さと幸福度は一致しない

世界の幸福度ランキング

OECDによる、国別の幸福度調査の結果。幸福度は、経済的豊かさに比例しないことがわかる。

コミュニティでの人間関係が大切にされている

1	オーストラリア
2	ノルウェー
3	アメリカ
4	スウェーデン
5	デンマーク
6	カナダ
7	スイス
8	オランダ
9	ニュージーランド
10	ルクセンブルク
11	フィンランド
12	イギリス
13	アイスランド
14	ベルギー
15	アイルランド
16	オーストリア
17	ドイツ
18	フランス
19	スペイン
20	スロベニア
21	日本

所得レベルは最高ランクだが、ワークライフバランスは最低ランク

OECD（2012）.「より良い暮らしの指標」アップデート版より作成

日本人の世帯所得と幸福度の関係

収入が低いと幸福度も低いが、中程度以上なら、幸福度は変わらない。この傾向は世界共通だ。

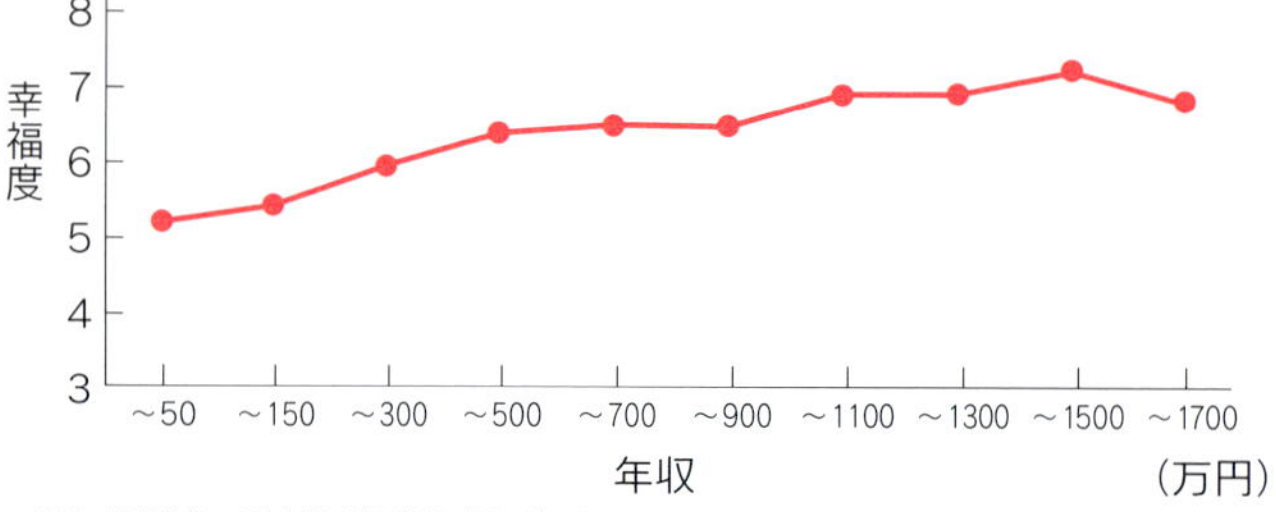

出典：筒井義郎・大竹文雄・池田新介（2010）.「なぜあなたは不幸なのか」大竹文雄・白石小百合・筒井義郎（編著）『日本の幸福度：格差・労働・家族』日本評論社

以下の10項目は、人生の満足感と幸福感に強く関連する要素。収入もそのひとつだが、人間関係に関連するもののほうが多い。

幸せは10の要素で成り立っている

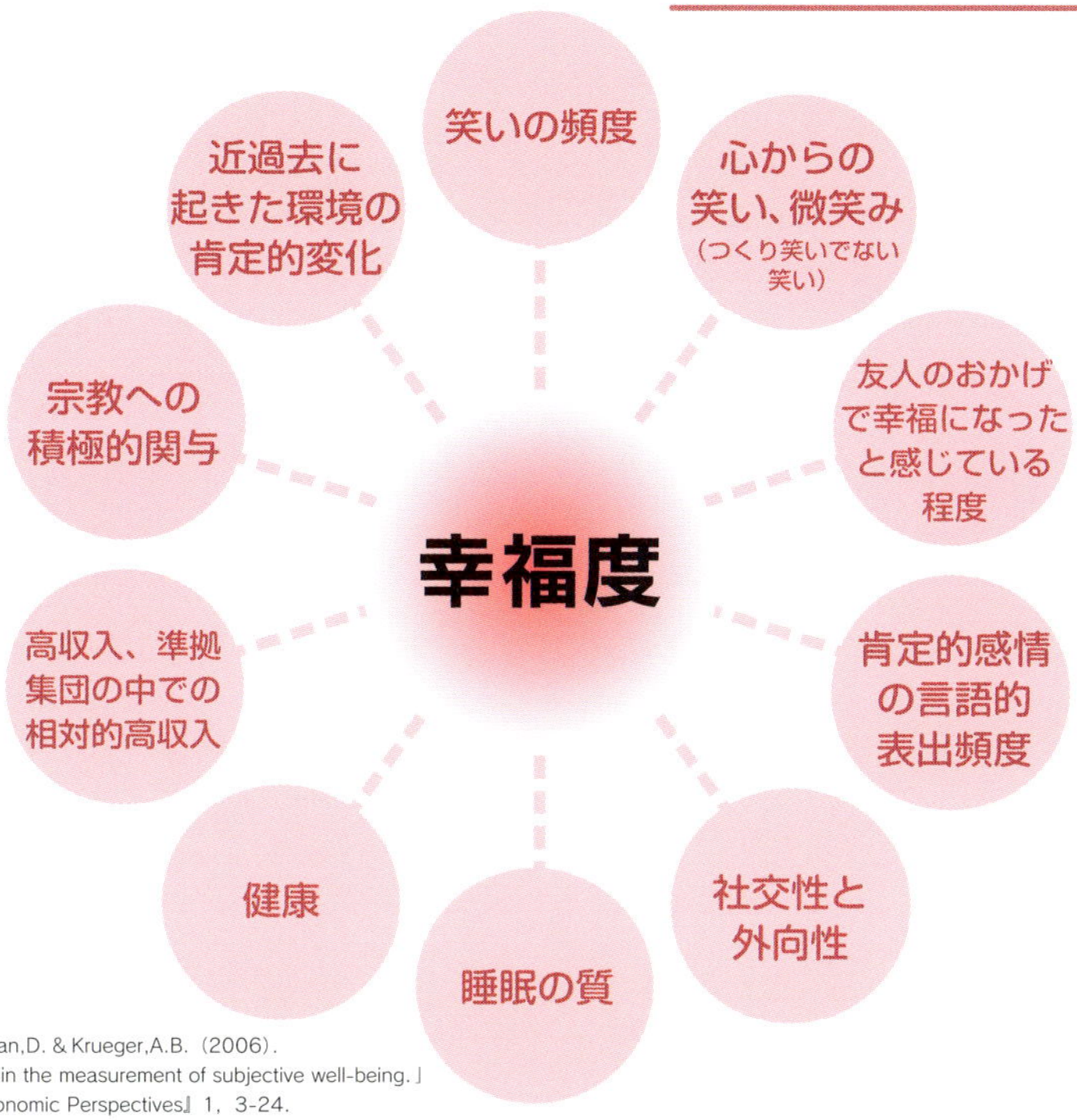
幸福度
笑いの頻度
心からの笑い、微笑み
（つくり笑いでない笑い）
友人のおかげで幸福になったと感じている程度
肯定的感情の言語的表出頻度
社交性と外向性
睡眠の質
健康
高収入、準拠集団の中での相対的高収入
宗教への積極的関与
近過去に起きた環境の肯定的変化

出典：Kahneman,D. & Krueger,A.B.（2006).
「Development in the measurement of subjective well-being.」
『Journal of Economic Perspectives』1，3-24.

お金で買えない幸せを世界中が求めている

近年、国家を評価する指標として、**幸福度**が採用されることが増えた。ブータンの国家的幸せ改革が注目されるように、金融破綻以降、お金では買えない幸せを求める潮流が広がっている。

日本も、東日本大震災以降、経済よりも家族や人とのつながりに、価値観が大きくシフトしている。

人間関係と生活のバランスが幸せの決め手

幸福感をもたらす要素は、上図のように多岐にわたる。所得はその一要因にすぎず、**人間関係**のほうが大きなウエイトを占めている。会話中の**笑い**も、大切な要因だ。

他者との会話や絆《きずな》は、人生の満足感に欠かせない要素である。

パートナーとの関係が心身を健康にする

心の病気や高い自殺率、ひきこもり、非婚者と孤独死の増加……。どれも現代人の心、とくに孤独に関連する社会問題だ。心の健康を守り、幸せになるには、誰かの支えが必要だ。

周囲の人との関係が心の健康度を高める

社会への適応感を高め、心の健康を保つのに役立つ３つのスキル。トレーニングによって、スキルを高めることも可能だ。

ソーシャルスキル
＝
対人関係を円滑にする能力

ストレスコーピング
＝
ストレスにうまく対処する力

ソーシャル・サポート
＝
パートナーや周囲の人の心理的・物理的サポート

↓

社会にうまく適応できる

↓

心の健康度を高め、うつを防ぐ

日本人の自殺率は世界トップクラス

ＯＥＣＤの調査では、日本は韓国に次いで、２番目に**自殺率**が高かった。日本では働きざかりの自殺者が多く、長引く不景気を背景に、年々増え続けている。

世界的に見て日本人は、**孤独・孤立感**を抱きやすいこともわかっている。**集団主義的な規範**によって、閉塞感や束縛感が強まってしまうとの見かたもある。

孤独感や自殺率を低下させるには、**ソーシャル・サポート**を高めることが重要と考えられている。

周囲の人のサポートがストレスをやわらげる

地域社会のネットワークのなかで、お互いに支えあうことを、**ソーシャル・サポート**という。

ソーシャル・サポートに恵まれていると、生活上の**ストレス**が少なくなる（**直接効果説**）。また、ストレスがあっても必要なサポートが受けられ、心の健康が保たれる（**ストレス緩衝効果**《かんしょうこうか》）。

パートナーがいない人は死亡率が高い

孤独感によるストレスは、うつなどの心の病気だけでなく、体の健康にも悪影響をおよぼす。

その結果、パートナーのいない人は、既婚者より**死亡率**や**疾病率**《しっぺいりつ》が高い。配偶者と死別した人にも、同様の傾向が認められている。

パートナーのサポートが、うつを防ぐ

夫のサポート程度とうつ症状の発症率の関係。パートナーの支えがあると、うつ症状を発症しにくい。ただし関係がよくなかったり、ストレス要因が大きすぎたり多すぎる場合は、効果を期待しにくい。

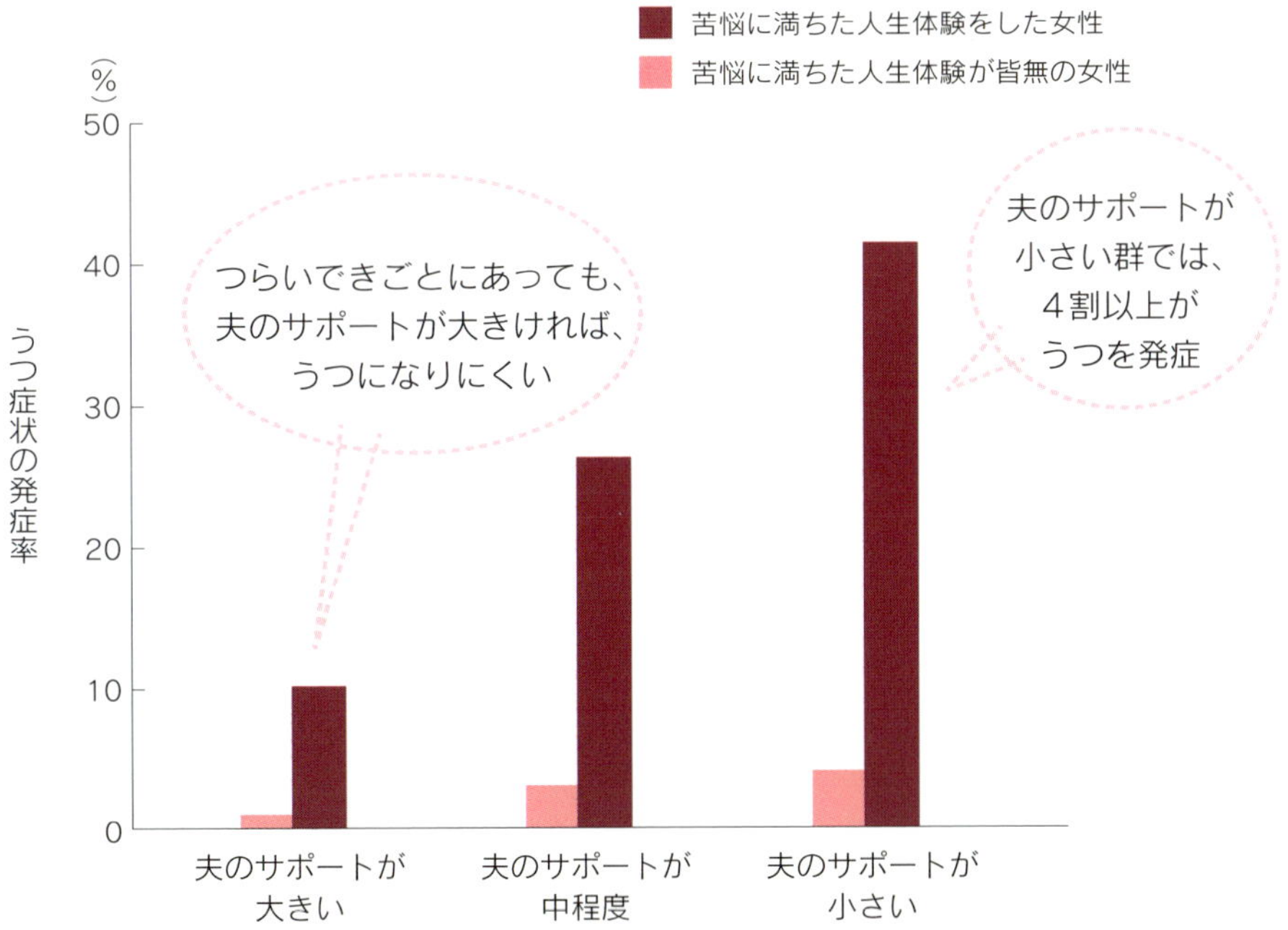

苦悩に満ちた人生体験をした女性
苦悩に満ちた人生体験が皆無の女性
（%）
50
40
30
20
10
0
うつ症状の発症率
つらいできごとにあっても、夫のサポートが大きければ、うつになりにくい
夫のサポートが小さい群では、4割以上がうつを発症
夫のサポートが大きい
夫のサポートが中程度
夫のサポートが小さい

出典：Brown,G.W. & Harris,T.（1978）.『Social origins of depression.』Tavistock.

被災者の心の回復には、時間がかかる

東日本大震災と、その後の原発問題は、被災者をはじめ、多くの日本人の心に衝撃を与えた。とくに被災者の心理的ダメージは大きく、心身の不調が長く続くことがわかっている。

喪失感と悲しみで心身の状態が悪化する

災害に遭遇《そうぐう》した人は、甚大な**ストレス**を負うことになる。

死の恐怖を感じたり、実際に負傷したショックはもちろん、命は助かっても、大切な人や財産、いままでの生活を**喪失**《そうしつ》した**悲しみ**にうちひしがれる。

このような体験をすると、多くの人は不眠や頭痛、抑うつなどの心身の不調に悩まされる。

被災者だけでなく、惨状を目のあたりにした救助隊員などにも、同様の症状が現れる。

被災者の心の葛藤は長期間続く

災害に直面した人の心の変化を表したもの。被災直後は、生き残った喜びもあるが、時間とともに喪失の深刻さにうちのめされる。その後、長い期間をかけて徐々に回復していく。

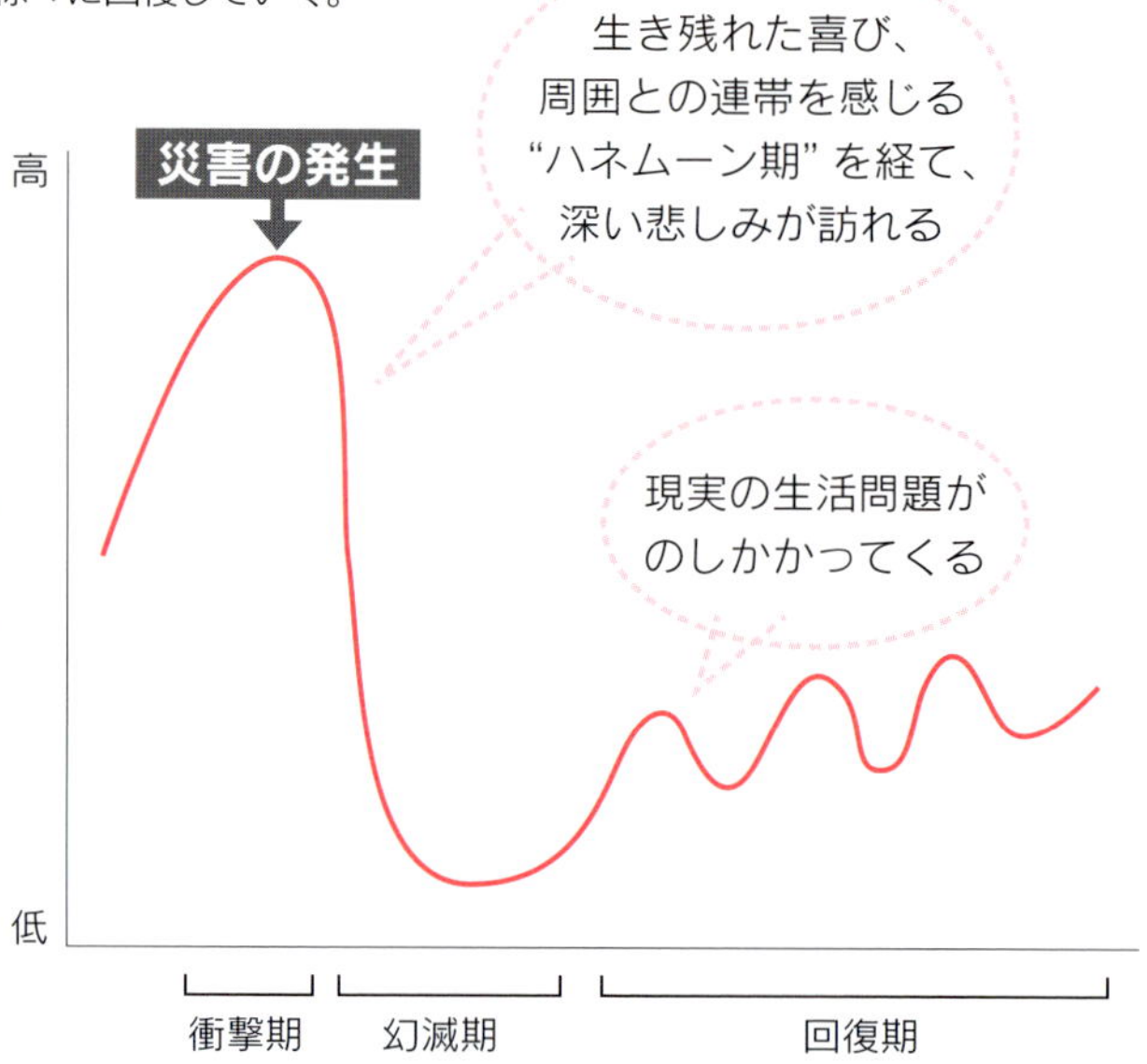
生き残れた喜び、
周囲との連帯を感じる
“ハネムーン期”を経て、
深い悲しみが訪れる
災害の発生
高
心理的反応
低
現実の生活問題が
のしかかってくる
衝撃期
幻滅期
回復期

出典：藤森和美（1997）.「災害被災者の精神健康と回復への援助」松井 豊（編）『悲嘆の心理』サイエンス社

災害から10か月後も不調に悩む人が多い

北海道南西沖地震の被災者に対する、被災から10か月後の調査結果。時間がたっても、深刻なストレス症状に悩まされる人が多い。

1 身体的症状

「疲れを感じた」	71%
「頭が重い」	57%
「頭痛がした」	54%
「疲労回復剤を飲みたい」	47%
「寒気がした」	43%

2 不安と不眠

「夜中に目を覚ます」	74%
「イライラする」	65%
「ストレスを感じた」	62%
「よく眠れない」	58%
「不安を感じ緊張した」	58%

3 社会的活動障害

「日常生活が楽しくない」	63%
「すべてがうまくいかない」	59%
「ものごとを決めることができない」	48%
「何かするのに時間がかかる」	42%
「生きがいを感じない」	36%

4 うつ状態

「人生に望みを失った」	31%
「役に立たない人間だと考えた」	26%
「生きていることに意味がない」	18%
「この世から消えてしまいたい」	18%
「死んだほうがましだ」	12%

出典：藤森立男（1996）.「北海道南西沖地震による被災者の精神健康に関する研究」『精神科診断学』7（1）, 65-76.

8割以上の人が心の病気のリスクを抱える

過去の大地震についての研究では、被災者のなんと77％が、**うつ病**などの心の病にかかるリスクが高いと判断された。同じ被災者でも、被害が大きく深刻な人ほど、ハイリスクだった。一般人のハイリスク率は14％で、被災者の心のリスクがいかに高いかがわかる。

ソーシャル・サポートによるケアと専門家が重要

被災直後の混乱は過ぎても、フラッシュバックのように災害時の再体験をしたり、物音などの刺激に過敏になるなどの**PTSD（心的外傷後ストレス症候群）**が起こることもある。PTSDは8割程度が自然に治るといわれるが、専門家による支援が欠かせない。

みんなの危機感が高まれば、節電する

地球温暖化の問題が叫ばれて久しいが、温暖化防止のためのとりくみは、不十分なままだ。私たちがエコ活動に積極的になれないのは、生活の快適さを手放したくないという心理が原因だ。

エコ活動にはジレンマがつきまとう

環境問題自体は社会的に浸透しているものの、現実にはそれほど**エコ活動**が進展しているとはいえない。その背景には、個人の胸中に生じる**社会的ジレンマ**がある。

環境問題の重要性を頭では理解できても、個人的には、エコ活動に協力しないほうが便利でラクなのだ。このジレンマを解消させようと、「自分ひとりくらい協力しなくても平気だろう」とみんなが思うため、全体としてエコ活動に非協力的になってしまう。

社会の利益と自分の利益、どっちを選ぶ？

夏のエアコンの例。節電のために設定温度を高くして暑い思いをするか、低く設定して快適環境をつくるか、ジレンマが生じる。

25℃設定
28℃設定
自分は得をするが社会は損をする
自分は損をするが社会は得をする
社会的ジレンマ

消費者と被害者が別だとジレンマが強くなる

たとえば原発問題の場合、発電所近辺に住み、万一のときに被害を受ける人と、電気を供給されて恩恵をこうむる人がいる。ゴミ問題でも、焼却所のそばの人、ゴミを出す人は、それぞれ別だ。

このように、消費者と被害者が別々の場合はとくに、社会的ジレンマが強くなりやすい。

一致団結のムードがモチベーションを上げる

社会的ジレンマの状況で協力率を高めるには、個々のエコ活動の必要性について、各人が実感することだ。その結果、「一致団結していこう」というムードが社会的に高まり、**多数派**になると、協力する人がさらに増えてくる。

危機感と有効感が高まれば利己的な行動はしない

社会全体が得をするには……

危機感

例

- 「電気使用量を減らさないと、原発依存から抜け出せず、危険だ」
- 「温暖化をくい止めないと、子どもや孫の未来が危ない」

有効感

例

- 「私ひとりの行動は微力でも、きっと全体の役に立つはずだ」
- 「エコ意識の高い人が少しでも増えれば、環境は確実によくなる」

環境問題をよく理解し、将来的なリスクを実感したうえでの危機意識と、自分の行動でリスクが減るとの意識をみんながもてれば、一致団結できる。左にあげた、福島原発事故後の高い節電実施率が好例である。

東日本大震災後の節電へのとり組み

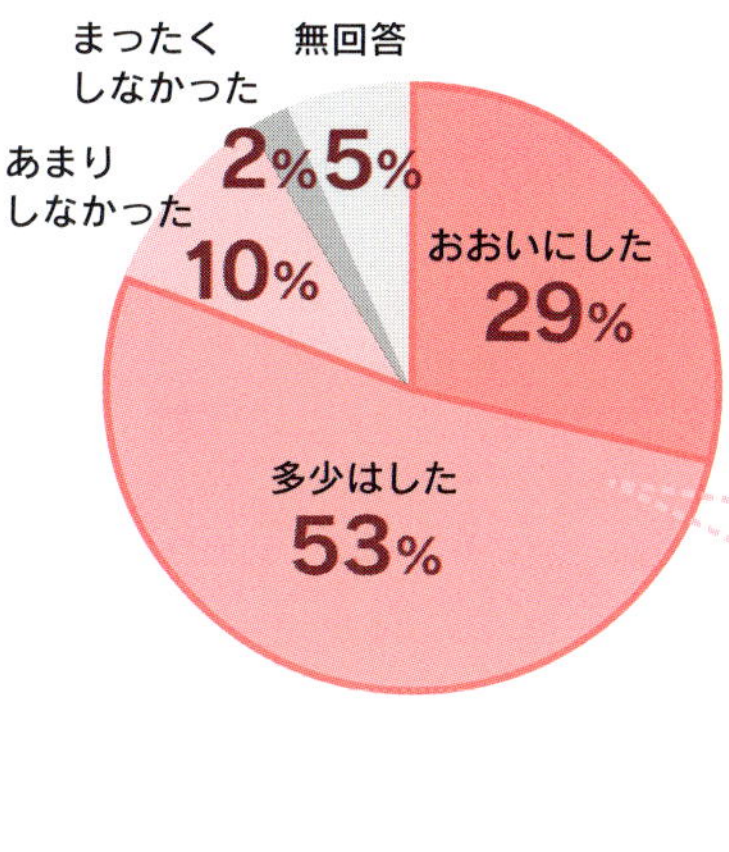
まったくしなかった 2%
無回答 5%
あまりしなかった 10%
おおいにした 29%
多少はした 53%

全体の危機意識が高まり、8割以上が節電をした

出典：政木みき（2012）．「大事故と“節電の夏”を経た原発への態度～「原発とエネルギーに関する意識調査」から～」『放送研究と調査』2012年1月号，18-33．

多数派っぽさが、世論形成の決め手

近年の日本の政治では、政権交代や郵政総選挙の例でもわかるように、世論がひとつの方向に急激に動く傾向がある。この傾向は、政治への無関心層が増えていることと関係している。

政治や社会問題への態度は、4タイプにわけられる

政治や社会問題への態度を、理想社会に期待する聖‐俗次元と、個人‐社会志向次元で分類。いつの時代も、無関心型がもっとも多い。

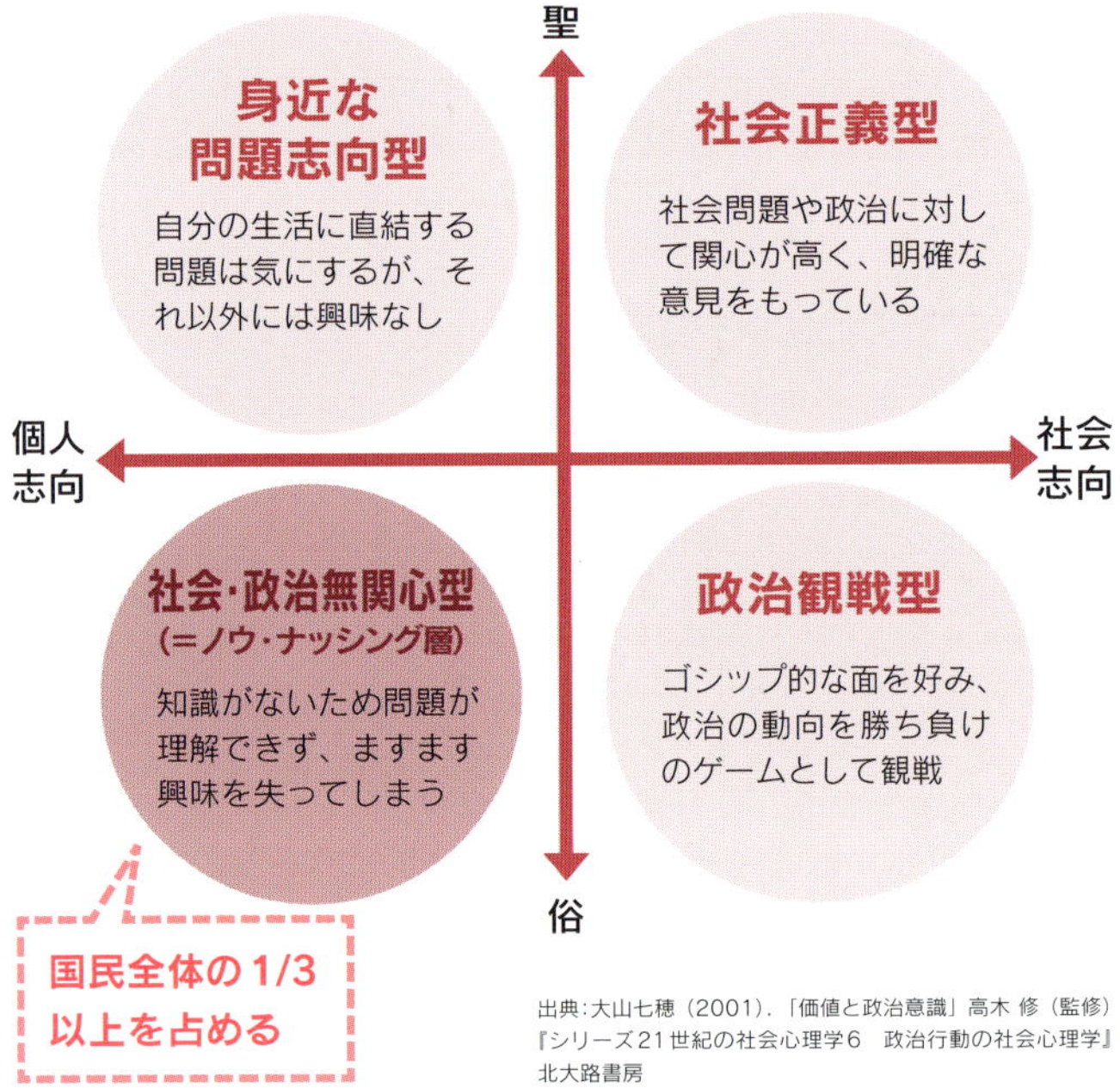
聖
俗
個人志向
社会志向
身近な問題志向型
自分の生活に直結する問題は気にするが、それ以外には興味なし
社会正義型
社会問題や政治に対して関心が高く、明確な意見をもっている
社会・政治無関心型
(=ノウ・ナッシング層)
知識がないため問題が理解できず、ますます興味を失ってしまう
政治観戦型
ゴシップ的な面を好み、政治の動向を勝ち負けのゲームとして観戦
国民全体の1/3以上を占める

出典：大山七穂（2001）.「価値と政治意識」高木 修（監修）『シリーズ21世紀の社会心理学6　政治行動の社会心理学』北大路書房

社会や政治への理解度も格差が広がっている

「最近の若者は、社会や政治を知らなすぎる」と嘆《なげ》く人がいる。しかし**政治的関心**の傾向は、年代や教育レベルには関係しない。

どのような年代や教育レベルでも、もともと知識や関心のある人と、ない人にわかれている。前者は、教育や情報によってさらにくわしくなる。後者は、無関心による知識のなさから、情報の内容が理解できず、ますます興味を失う。

その結果、政治的関心の個人格差が、どんどん広がっていく。

人は、メディアの情報から多数派意見を推測する。多数派らしい意見の人は、自説を主張しやすいが、少数派らしい人は主張しにくくなる。その結果、多数派的な意見にますます勢いがつく。

多数派っぽい意見に多くの人が流れていく（＝沈黙のらせん理論）

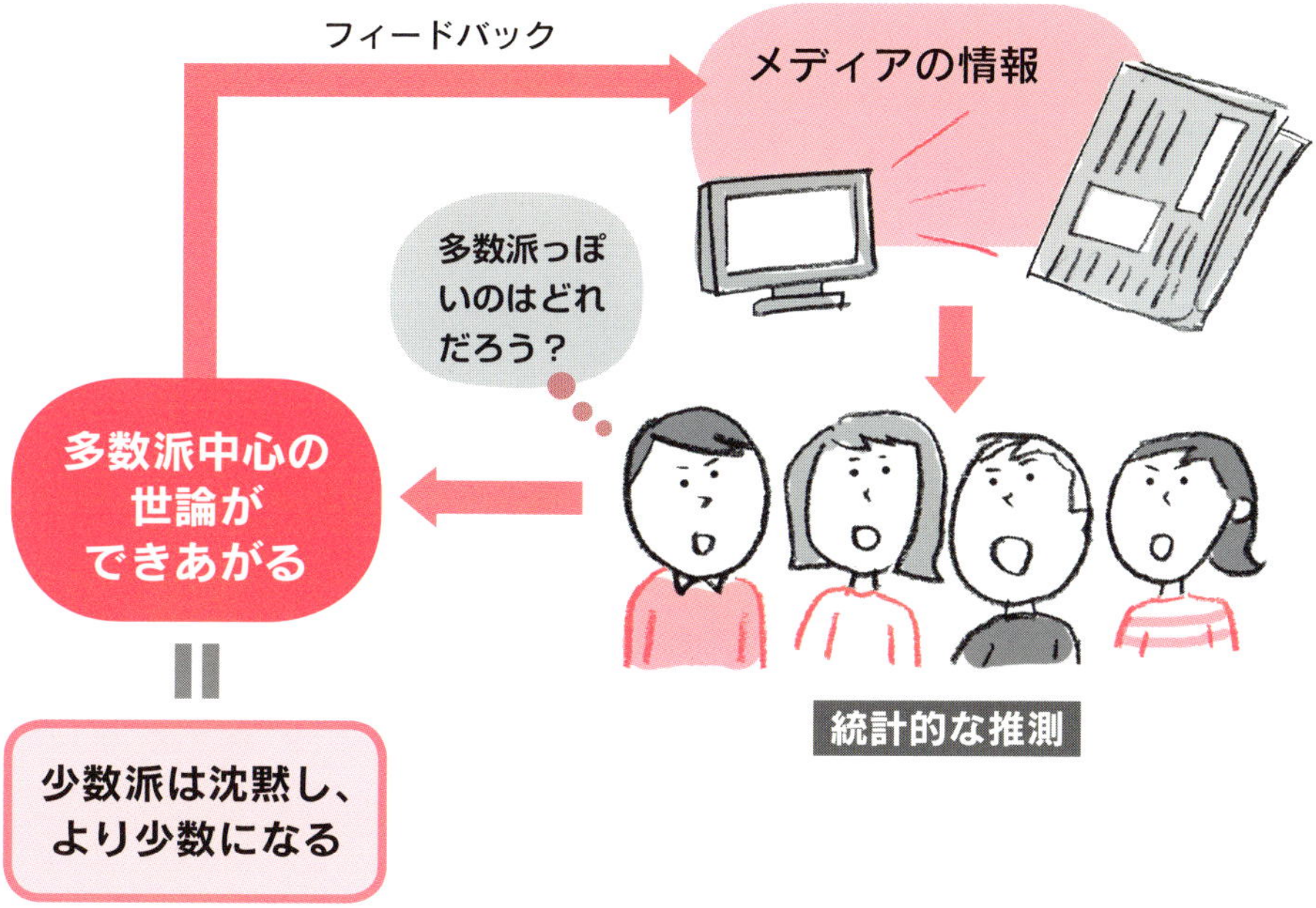
フィードバック
メディアの情報
多数派っぽいのはどれだろう？
多数派中心の世論ができあがる
統計的な推測
＝
少数派は沈黙し、より少数になる

争点がわからなくても意見はいえる

政治や社会に無関心な層がいくら多くても、何らかの**世論**が形成されていく。人には「この意見が多数派っぽい」と推測する能力が備わっているからだ。

そのため**無関心層**も、多数派っぽさをもとに投票したり、意見をいうことができる。その結果、世論が一定の方向に大きく動くという現象が起こりやすくなる。

自分の意見を多数派と勘違いすることも

高い関心をもつ層も、世間の意見分布を推測しながら動いている。しかしそのときに、自分と同じ意見が多いと見積もり、多数派だと思い込む傾向がある。このような認知のズレを、**鏡映《きょうえい》知覚《ちかく》**という。

国家的脅威で、政府の支持率が上がる

政権支持率が急激に高まるとき、その鍵は政治への無関心層が握っている。とくに国家的脅威という状況下では、より圧倒的な支持率につながりやすい。

ピンチのときは政府と国民が結束する

9.11後の、アメリカ大統領支持率の変化

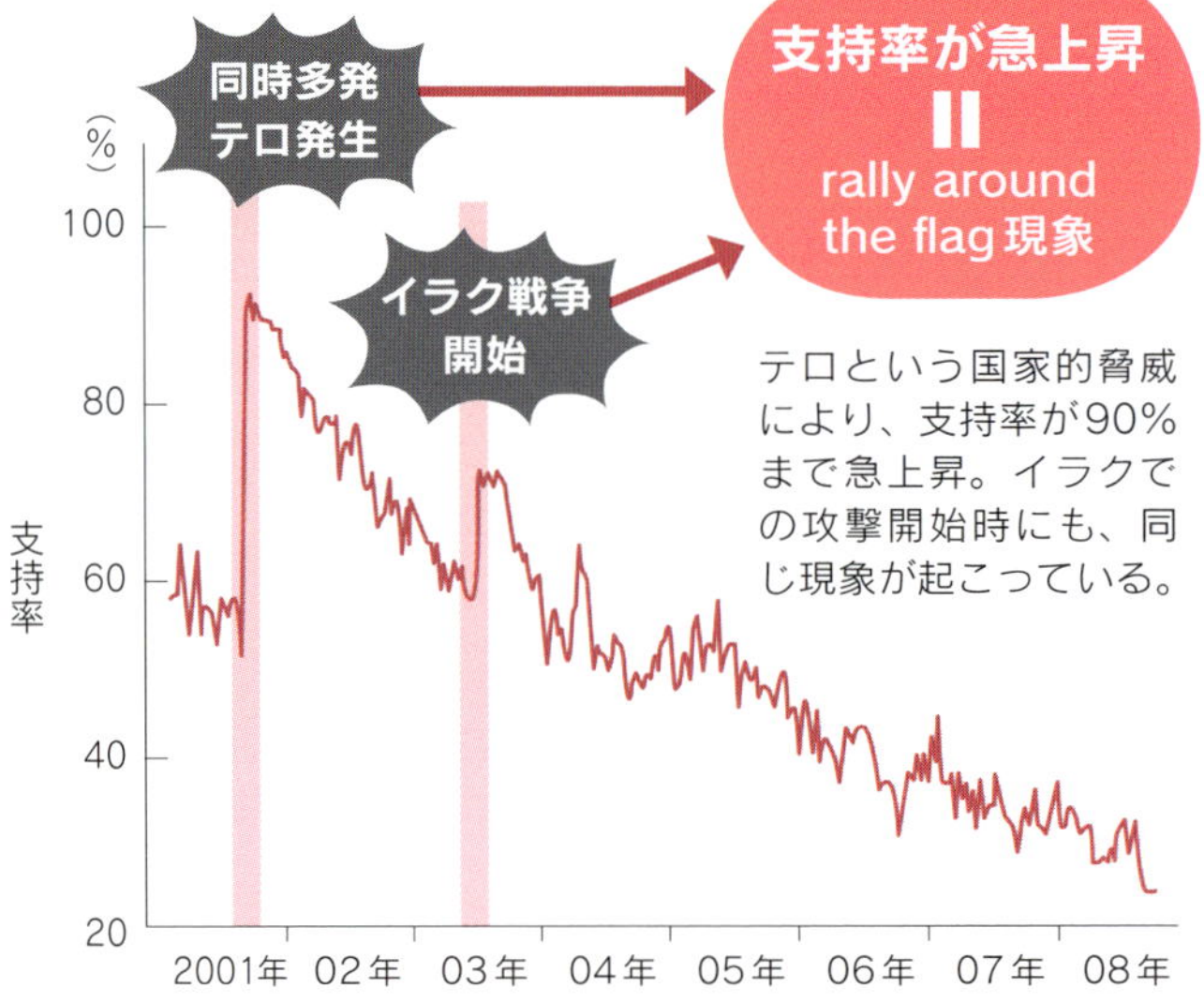
同時多発テロ発生
イラク戦争開始
支持率が急上昇
＝
rally around the flag現象
テロという国家的脅威により、支持率が90%まで急上昇。イラクでの攻撃開始時にも、同じ現象が起こっている。
(%)
100
80
60
40
20
支持率
2001年
02年
03年
04年
05年
06年
07年
08年

ギャラップ社調査：池田謙一（2010）.「世論と社会過程：社会の流れを読み，これに関わる」池田謙一・唐沢 穣・工藤恵理子・村本由紀子『社会心理学』有斐閣

大きな外交問題があるときは、現職が有利

アメリカではこれまで、重大な外交問題があるときは、現職大統領が多くの人に支持されてきた。記憶に新しい例が、上図に示した、同時多発テロ後のブッシュ大統領の、驚異的な支持率である。

国家が存亡の危機にさらされていると感じると、国民には、国のトップのもとに結束して自国を守ろうという心理が働く。

いわゆる**ラリー・アラウンド・フラッグ（旗《き》下《か》集結《しゅうけつ》）現象**が生じるのだ。

争点が明確なほど意見を決めやすい

投票などの政治行動は、時間的にも認知的にも高いコストがかかるため、避けたがる人も多い。

しかしワンテーマに対して賛成か反対かを問う選挙なら、関心をもちやすく、行動しやすい。とくに無関心層への影響は大きい。

ワイドショー的なわかりやすさが、高支持率の秘訣

スピーチの印象も重要だ。

日本でも、小泉純一郎首相がわかりやすいフレーズを多用し、「ワンフレーズポリティクス」で国民の人気を集めた。このような手法を使うと、ワイドショーなどでもひんぱんに紹介され、誰でもラクに政治情報に接触できる。その結果、世論を大きく動かせる。

国民の支持を得るには見た目の印象も大事

アメリカでは候補者の印象を重視し、服やメイクに気を配るのが普通。1960年の大統領候補ニクソンとケネディのテレビ討論で、見た目の印象が結果に大きく影響したことがきっかけだ。

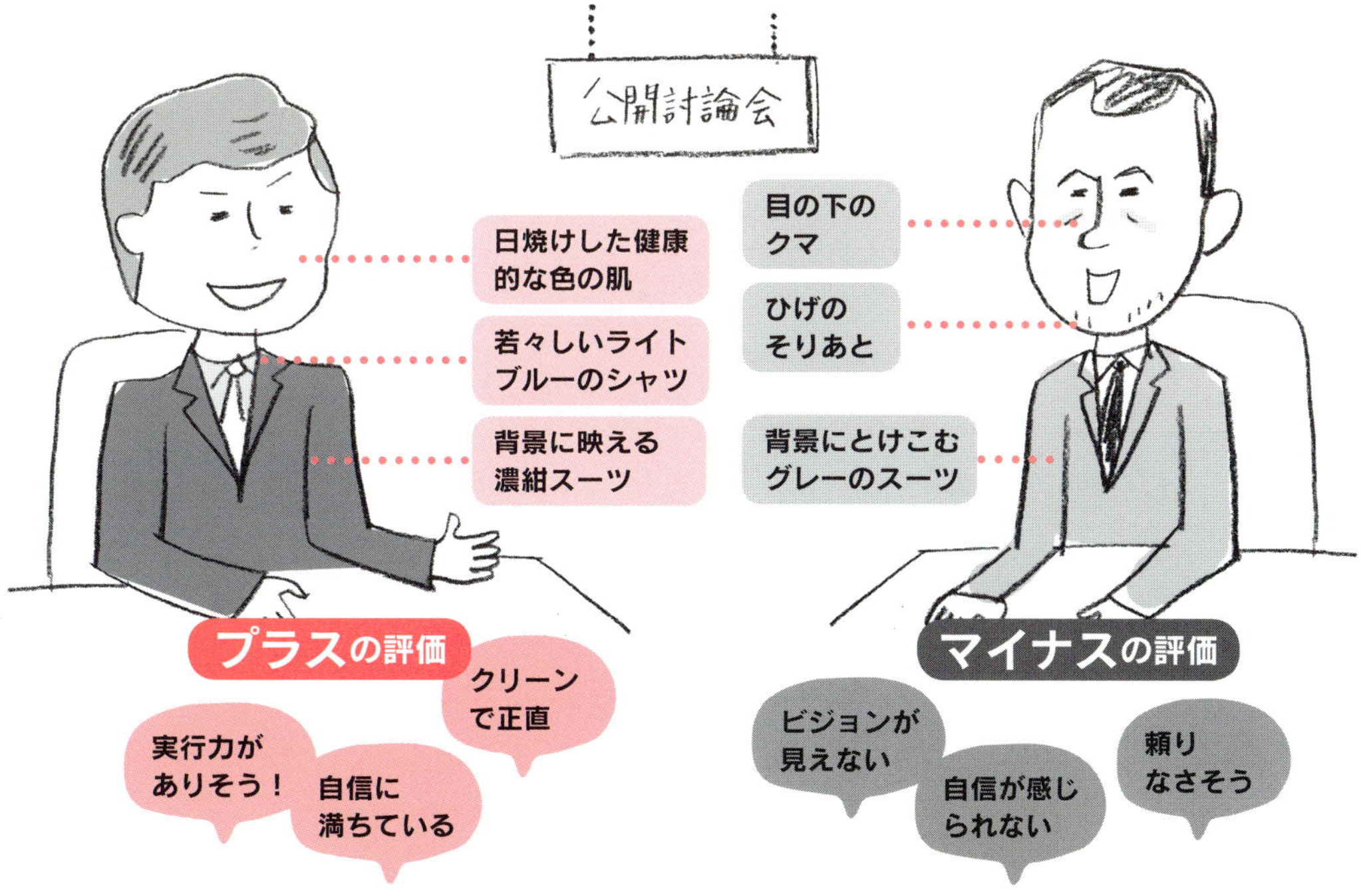
公開討論会
日焼けした健康的な色の肌
若々しいライトブルーのシャツ
背景に映える濃紺スーツ
目の下のクマ
ひげのそりあと
背景にとけこむグレーのスーツ
プラスの評価
クリーンで正直
実行力がありそう！
自信に満ちている
マイナスの評価
ビジョンが見えない
自信が感じられない
頼りなさそう

Sasou,K. & Reason,J.（1999）.「Team errors：Definition and taxonomy.」『Reliability Engineering and System Safety』65，1-9.

佐藤健二（2007-09）.「筆記表現が心身の健康増進に及ぼす影響に関する文化・健康心理学的研究」『科学研究費基盤研究（C）』19530626

潮村公弘・村上史朗・小林知博（2003）.「潜在的社会的認知研究の進展 ――IAT（Implicit Association Test）への招待――」『人文科学論集』人間情報学科編，37，65-84.

Spencer,S.J.，Steele,C.M.，& Quinn,D.M.（1999）.「Stereotype threat and women' s math performance.」『Journal of Experimental Social Psychology』35，4-28.

Steiner,I.D.（1966）.「Models for in ferring relationships between group size and potential group productivity.」『Behavioral Science』11，273-283.

Steiner,I.D.（1972）.『Group process and productivity.』Academic Press.

Sternberg,R.J.（1986）.「A triangular theory of love.」『Psychological Review』93，119-135.

杉谷陽子（2007）.「メールはなぜ「話しやすい」のか？：CMC（Computer-Mediated Communication）における自己呈示効力感の上昇」『社会心理学研究』22（3），234-244.

Sundram,D.S. & Webster,C.（1999）.「The role of brand familiarity on the impact of word of mouth communication on brand evaluation.」『Advances in Consumer Research』26，664-670.

高木 修（監修）池田謙一（編著）（2001）.『シリーズ 21世紀の社会心理学6 政治行動の社会心理学』北大路書房

高木 修（監修）竹村和久（編著）（2000）.『シリーズ 21世紀の社会心理学7 消費行動の社会心理学』北大路書房

高橋幸市・村田ひろ子（2011）.「社会への関心が低い人々の特徴～「社会と生活に関する世論調査」から～」『放送研究と調査』2011年8月号

Taylor,S.E.，Peplau,L.A.，& Sears,D.O.（1994）.『Social Psychology. 8th ed.』Prentice Hall.

Taylor,S.E.，Peplau,L.A.，& Sears,D.O.（1997）.『Social Psychology. 9th ed.』Prentice Hall.

Thomas,K.（1976）.「Conflict and conflict management.」In M.D.Dunnette（Ed.），『Handbook of industrial and organizational psychology.』Rand McNally.

戸田雅裕・門田和之・久保和毅・森本兼曩（2004）.「女子大学生を対象とした携帯電話依存傾向に関する調査」『日本衛生学会雑誌』59，383-386.

辻 大介（2006）.「つながりの不安と携帯メール」『関西大学社会学部紀要』37（2），43-52.

塚元千恵美（2009）.「ソクラティック・ダイアローグとその活用に関する一考察 ～職場のリーダーに対するリーダーシップ育成の視点から～」『経営行動科学学会第12回年次大会』174-177.

槻本邦夫（2006）.「観光行動における消費と欲望の構造――観光行動論 序説（1）――」『大阪明浄大学紀要』6，43-53.

筒井義郎・大竹文雄・池田新介（2010）.「なぜあなたは不幸なのか」大竹文雄・白石小百合・筒井義郎（編著）『日本の幸福度：格差・労働・家族』日本評論社

Walster,E.，Aronson,V.，Abrahams,D.，& Rottman,L.（1966）.「Importance of physical attractiveness in dating behavior.」『Journal of Personality and Social Psychology』4，508-516.

ウェザーニューズ（2011）.「東日本大震災津波調査」

山口裕幸（2006）.「組織の変革と管理者のリーダーシップ――組織やチームを健全な成長へと導くには――」山口裕幸・高橋 潔・芳賀 繁・竹村和久（編著）『経営とワークライフに生かそう！産業・組織心理学』有斐閣

山口裕幸（2008）.『セレクション社会心理学―24 チームワークの心理学――よりよい集団づくりをめざして――』サイエンス社

山中一英（1994）.「対人関係の親密化過程の初期分化現象に関する検討」『実験社会心理学研究』34，105-115.

吉田俊和・高井次郎・元吉忠寛・五十嵐 祐（2005）.「インターネット依存および携帯メール依存のメカニズムの検討 ――認知―行動モデルの観点から――」『電気通信普及事業団研究調査報告書』20，176-183.

湯川進太郎（2005）.『バイオレンス 攻撃と怒りの臨床社会心理学』北大路書房

湯川隆子（2002）.「大学生におけるジェンダー（性役割）特性語の認知：ここ20年の変化」『三重大学教育学部紀要』53，73-86.

参考文献

前田 勇・佐々木土師二（監修） 小口孝司（編）（2006）．『観光の社会心理学　ひと，こと，もの——3つの視点から』北大路書房

政木みき（2012）．「大事故と“節電の夏”を経た原発への態度　～「原発とエネルギーに関する意識調査」から～」『放送研究と調査』2012年1月号，18-33.

松井 豊（編）（1997）．『悲嘆の心理』サイエンス社

松井 豊（2006）．「恋愛の進展段階と時代的変化」齊藤 勇（編）『イラストレート恋愛心理学——出会いから親密な関係へ』誠信書房

松井 豊（編）（2010）．『朝倉実践心理学講座８　対人関係と恋愛・友情の心理学』朝倉書店

Milgram,S.（1965）．「Some conditions of obedience and disobedience to authority.」『Human Relations』18，57-75.

ミルグラム,S.　山形浩生（訳）（2008）．『服従の心理』河出書房新社

三隅二不二（1984）．『リーダーシップ行動の科学（改訂版）』有斐閣

三浦麻子・森尾博昭・川浦康至（編著）（2009）．『インターネット心理学のフロンティア　——個人・集団・社会』誠信書房

Mori,D.，Chaiken.S.，＆Pleiner,P.（1987）．「Eating lightly and the self-presentation of femininity.」『Journal of Personality and Social Psychology』53，693-702.

森尾博昭（2009）．「CMCと対人過程」三浦麻子・森尾博昭・川浦康至（編著）『インターネット心理学のフロンティア——個人・集団・社会』誠信書房

Moscovici,S.，Lage,E.，＆Naffrechoux,M.（1969）．「Influence of a consistent minority on the responses of a majority in a color perception task.」『Sociometry』32，365-379.

村田光二（編）（2010）．『現代の認知心理学６　社会と感情』北大路書房

村田光二・坂元 章・小口孝司（編著）（2008）．『社会心理学の基礎と応用』放送大学教育振興会

内閣府大臣官房政府広報室（2011）．「国民生活に関する世論調査」

OECD（2010）．「Quality of life - Society - Suicides」OECDホームページ

小口孝司（1989）．「自己開示の受け手に関する研究——オープナー・スケール，RJ-JS-DQとSMIを用いて——」『立教大学社会学部研究紀要応用社会学研究』34，82-91.

小口孝司・楠見 孝・今井芳昭（編著）（2009）．『仕事のスキル　自分を活かし、職場を変える』北大路書房

大平英樹（編）（2010）．『感情心理学・入門』有斐閣

奥山忠裕・日比野直彦・森地 茂（2010）．「若年層の観光活動の減少要因に関する研究」『運輸政策研究』13（3），75-84

大竹文雄・白石小百合・筒井義郎（編著）（2010）．『日本の幸福度：格差・労働・家族』日本評論社

大山七穂（2001）．「価値と政治意識」高木 修（監修）『シリーズ21世紀の社会心理学6』政治行動の社会心理学

Papp,L.M.，Commings,E.M.，＆Goeke-Morey,M.C.（2009）．「For richer，for poorer：Money as a topic of marial conflict in the home.」『Family Relation』58（1），91-103.

Pennebaker,J.W.　余語真夫（監訳）（2000）．『オープニングアップ　秘密の告白と心身の健康』北大路書房

Pyszczynsk,T.，Hamilton,J.C.，＆Herring,F.H.（1989）．「Depression，self-focused attention，and the negative memory bias.」『Journal of Personality and Social Psychology』57，351-357.

ロバート・B・チャルディーニ　社会行動研究会（訳）（2007）．『影響力の武器［第二版］——なぜ，人は動かされるのか』誠信書房

Rogers,E.M.（1971）．『Diffusion of innovations.（2nd ed.）』Free Press.

Rosenberg,M.（1965）．『Society and adolescent self image.』Princeton Univercity Press.

Rubin,Z.（1970）．「Measurement of romantic love.」『Journal of Personality and Social Psychology』16，265-273.

Rusbult,C.E.，Johnson,D.S.，＆Morrow,G.D.（1986）．「Impact of couple patterns of problem solving on distress and nondistress in dating relationships.」『Journal of Personality and Social Psychology』50，744-753.

坂元 章（編）（2011）．『クロスロード・パーソナリティシリーズ第２巻　メディアとパーソナリティ』ナカニシヤ出版

坂本真二・佐藤健二（編）（2004）．『はじめての臨床社会心理学——自己と対人関係から読み解く臨床心理学』有斐閣

原田宗忠（2008）.「青年期における自尊感情の揺れと自己概念との関係」『教育心理学研究』56，330-340.

Hemstrom,O.（1996）.「Is marriage dissolution linked to differences in mortality rinks for men and women?」『Journal of Marriage and the Family』58，366-378.

Hochschild,A.R.　石川准・室伏亜希（訳）（2000）.「仕事と感情労働」『管理される心　――感情が商品になるとき――』世界思想社

Hofstede,G.（1991）.『Cultures and organizations：Software of the mind.』McGraw-Hill.

Hovland,C.I. & Weiss,W.（1951）.「The influence of source credibility on communication effectiveness.」『Public Opinion Quarterly』15，635-650.

池田謙一（2010a）.「世論と社会過程：社会の流れを読み，これに関わる」池田謙一・唐沢 穣・工藤恵理子・村本由紀子『社会心理学』有斐閣

池田謙一（2010b）.「マスメディアとインターネット：巨大にみえる影響力はどこまで実像か」池田謙一・唐沢 穣・工藤恵理子・村本由紀子『社会心理学』有斐閣

池田謙一・唐沢 穣・工藤恵理子・村本由紀子（2010）.『社会心理学』有斐閣

池上知子・遠藤由美（2008）.『グラフィック 社会心理学　第２版』サイエンス社

今井芳昭（1998）.「社会的地位と影響集団・組織内行動・勢力動機」『ホワイトカラーの管理技能を探る：暗黙知・影響手段・交渉・コミュニケーションの心理学』日本労働研究機構 資料シリーズ，82，26-57.

今井芳昭（2006）.『セレクション社会心理学―10　依頼と説得の心理学　――人は他者にどう影響を与えるか――』サイエンス社

稲増一憲・池田謙一（2009）.「多様化するテレビ報道と、有権者の選挙への関心および政治への関与との関連：選挙報道の内容分析と大規模社会調査の融合を通して」『社会心理学研究』25（1），42-52.

Jackson,J.M.（1960）.「Structural characteristics of norms.」In G.E.Jensen（Ed.），『Dynamics of instructional groups.』Chicago University Press.

Kahneman,D. & Krueger,A.B.（2006）.「Development in the measurement of subjective well-being.」『Journal of Economic Perspectives』1，3-24.

亀田達也（2010）.「グループとしての協調行為」亀田達也・村田光二『複雑さに挑む社会心理学［改訂版］』有斐閣

亀田達也・村田光二（2010）.『複雑さに挑む社会心理学［改訂版］』有斐閣

Karabenick,S.A. & Knapp,J.R.（1988）.「Effects of computer privacy on helping-seeking.」『Journal of Applied Social Psychology』18，461-472.

狩野素朗（1986）.「集団の構造と規範」佐々木薫・永田良昭（編）『集団行動の心理学』有斐閣

加藤 司（2009）.『離婚の心理学　パートナーを失う原因とその対処』ナカニシヤ出版

加藤由樹・加藤尚吾・千田国弘（2011）.「携帯メールにおける返信のタイミングと感情方略に関する調査　――四種類の感情を伝えるメッセージへの返信に注目して――」『教育情報研究』27（2），5-12.

川上和久（1994）.『情報操作のトリック　その歴史と方法』講談社

木村昌紀・余語真夫・大坊郁夫（2007）.「日本語版情動伝染尺度（the Emotional Contagion Scale）の作成」『対人社会心理学研究』7，31-39.

北村英哉・大坪庸介（2012）.『進化と感情から解き明かす社会心理学』有斐閣

国土交通省総合政策局（2008）.「海外旅行者満足度・意識調査報告書」

小林知博・岡本浩一（2004）.「IAT（Implicit Association Test）の社会技術への応用可能性」『社会技術研究論文集』2，353-361.

Kraiger,K. & Wenzel,L.H.（1997）.「Conceptual development and empirical evaluation of measures of shared mental models as a indicators of team effectiveness.」In Brannick,M.T.，Salas,E.，& Prince,E.（Eds.），『Team performance assessment and measurement：Theory，Methods，and applications.』Lawrence Erlbaum Associates.

Kurdek,L.A.（1999）.「The nature and predictors of the trajectory of change in material quality for husbands and wives over the first 10 years of marriage.」『Developmental Psychology』35，1283-1296.

Lazarsfeld,P，Berelson,B.，& Gaudet,H.（1944）.『The people' s choice.』Columbia University Press.

ラザースフェルド,P.F.　有吉広介（監訳）（1987）.『ピープルズ・チョイス　――アメリカ人と大統領選挙』芦書房

参考文献

Alderfer,C.P.（1972）.『Existence, relatedness, and growth：Human needs in organizational settings.』Free Press.

安藤清志（1987）.「さまざまな測定尺度」末永俊郎（編）『社会心理研究入門』東京大学出版会

安藤清志・大坊郁夫・池田謙一（1995）.『現代心理学入門4　社会心理学』岩波書店

安藤玲子・坂元 章・鈴木佳苗・小林久美子・橿淵めぐみ・木村文香（2004),「インターネット使用が人生満足感と社会的効力感に及ぼす影響：情報系専門学校男子学生に対するパネル調査」『パーソナリティ研究』13（1), 21-33.

Bartholomew,K. & Horowitz,L.M.（1991）.「Attachment styles among young adult：A test of a four category model.」『Journal of Personality and Social Psychology』61, 226-244.

Bass,B.M.（1998）.『Transformational leadership：Industry, military, and educational impact.』Lawrence Erlbaum Associates.

Baumeister,R.F., Twenge,J.M., & Nuss.C.K.（2002）.「Effects of social exclusion on cognitive processes：Anticipated aloneness reduces intelligent thought.」『Journal of Personality and Social Psychology』83, 817-827.

Berry,J.W., Poortionga,Y.H., Segall,M.H., & Dasen,P.R.（1992）.『Cross-cultural psychology：Research and applications.』Cambridge University Press.

Bower,G.H.（1981）.「Mood and Memory.」『American Psychologist』36, 129-148.

Brown,G.W. & Harris,T.（1978）.『Social origins of depression.』Tavistock.

Buss,D.M., Shackelford,T.K., Kirkpatrick,L.A., Choe,J., Hasegawa,M., Hasegawa,T., & Bennett,K.（1999）.「Jealousy and beliefs about infidelity：Tests of competing hypotheses in the United States, Korea, and Japan.」『Personal Relationships』6, 125-150.

Byne,D. & Nelson,D.（1965）.「Attraction as a linear function of propotion of positive reinforcements.」『Journal of Personality and Social Psychology』1, 659-663.

Castella,V.O., Abad,A.M.Z., Alonso,F.P., & Silla,J.M.P.（2000）.「The influence of familiarity among group members, group atmosphere and assertiveness on uninhibited behavior through three different communication media.」『Computers in Human Bihavior』16, 141-159.

Chaiken,S.（1980）.「Heuristic versus systematic information processing and the use of source versus message cues in persuation.」『Journal of Personality and Social Psychology』39, 752-766.

Cohen,A.R. & Bradford,D.L.　高嶋成豪・高嶋 薫（訳）（2007）.『影響力の法則　現代組織を生き抜くバイブル』税務経理協会

大坊郁夫（1988）.「異性間の関係崩壊についての認知的研究」『社会心理学会第29回大会発表論文集』64-65.

大坊郁夫（1996）.「対人関係のコミュニケーション」大坊郁夫・奥田秀宇（編）『親密な対人関係の科学』誠信書房

土堤内昭雄（2012）.「日本の「幸福度」を読み解く　OECD「より良い暮らし指標」から」『ニッセイ基礎研究所 基礎研レター』2012年6月18日号

Duck,S.（1982）.「A perspective on the repair of personal relationships：Repair of what, when?」『Personal relationships 5：Repairing personal relationships』Academic Press.

遠藤由美（2009）.『いちばんはじめに読む心理学の本２社会心理学　―社会で生きる人のいとなみを探る―』ミネルヴァ書房

Essock-Vitale,S. & Mcguire,M.（1985）.「Women's lives viewed from an evolutionary perspective Ⅰ：Patterns of helping.」『Ethology and Sociobiology』6, 155-173.

Fisks,S.T.et al（2002）.「A Model of（often mixed）stereotype content：Competence and warmth respectively follow from perceived status and competition.」『Journal of Personality and Social Psychology』82, 878-902.

藤森和美（1997）.「災害被災者の精神健康と回復への援助」松井 豊（編）『悲嘆の心理』サイエンス社

藤森立男（1996）.「北海道南西沖地震による被災者の精神健康に関する研究」『精神科診断学』7（1), 65-76.

藤原武弘（編著）（2009）.『社会心理学』晃洋書房

藤原武弘・黒川正流・秋月左都士（1983）.「日本版Love-Liking尺度の検討」『広島大学総合科学部紀要Ⅲ　情報行動学研究』7, 39-46.

古川久敬（2004）.『チーム・マネジメント』日本経済新聞社

古川久敬・山口裕幸（2012）.『〈先取り志向〉の組織心理学　プロアクティブ行動と組織』有斐閣

古田富彦（2003）.「安全・危機管理に関する考察（その2）―緊急時の人間行動特性―」『国際地域学研究』6, 239-254.

INDEX

◆監修者　小口孝司（おぐち・たかし）

立教大学現代心理学部教授。博士（社会学）。

東京大学大学院社会学研究科社会心理学専門課程博士課程修了。昭和女子大学、千葉大学勤務などを経て、現職。専門は社会心理学、産業・組織心理学、観光心理学。人が生き生きと働ける社会、産業の活性化のために、応用社会心理学にもとづく幅広い提言をおこなっている。

編著書に『観光の社会心理学』（北大路書房）、共編著に『社会心理学の基礎と応用』（放送大学教育振興会）、『仕事のスキル―自分を活かし、職場を変える―』（北大路書房）などがある。

本文デザイン●南雲デザイン
本文イラスト●須山奈津希（ぽるか）
校　　正●滄流社
編集協力●佐藤道子、オフィス201（川西雅子）
編集担当●木村　結（ナツメ出版企画株式会社）

史《し》上《じょう》最《さい》強《きょう》図《ず》解《かい》　よくわかる社《しゃ》会《かい》心《しん》理《り》学《がく》

2013年 5 月31日　初版発行
2016年 6 月30日　第 2 刷発行

監修者　小《お》口《ぐち》孝《たか》司《し》　　Oguchi Takashi, 2013
発行者　田村正隆

発行所　株式会社ナツメ社
東京都千代田区神田神保町1-52　ナツメ社ビル1F（〒101-0051）
電話　03(3291)1257(代表)　FAX　03(3291)5761
振替　00130-1-58661
制　作　ナツメ出版企画株式会社
東京都千代田区神田神保町1-52　ナツメ社ビル3F（〒101-0051）
電話　03(3295)3921(代表)
印刷所　ラン印刷社

ISBN978-4-8163-5429-8　　Printed in Japan
＜定価はカバーに表示してあります＞
＜落丁・乱丁本はお取り替えします＞